© 2022 Sonya Mosimann und Claudia Dübendorfer

www.sonya-und-claudia.ch

Alle Rechte, insbesondere das Recht der Vervielfältigung und Verbreitung sowie der Übersetzung, vorbehalten. Kein Teil des Werkes darf in irgendeiner Form (durch Fotokopie, Mikrofilm oder ein anderes Verfahren) ohne schriftliche Genehmigung der Autorinnen reproduziert oder unter Verwendung elektronischer Systeme gespeichert, verarbeitet, vervielfältigt oder verbreitet werden.

KINDER UND ANGST

EIN STARKES PAAR

Wie die kindliche Fantasie
den perfekten Nährboden für
Ängste bietet

Sonya Mosimann | **Claudia Dübendorfer**

ÜBER DIE
AUTORINNEN

Sonya Mosimann ist verheiratet und Mutter zweier Kinder. Als Dyslexikerin hat ihr heutiger Werdegang bereits in der Kindheit begonnen. Schon in der Schule musste sie alles, was sie hörte, fühlte oder las visualisieren, damit sie die Informationen verarbeiten und speichern konnte. Diese ausgeprägte Visualisierungsfähigkeit und das Denken in 3D machte sie später zu ihrem Beruf.

Sonya entwickelte ihre eigene Methode, die auf reiner Visualisierungsarbeit aufgebaut ist: mindTV. Sie hat mittlerweile über 600 Visualisierungscoaches ausgebildet, ist eine nationale und internationale Sprecherin und arbeitet an zahlreichen anderen Projekten auf diesem Gebiet.

Am meisten schlägt ihr Herz aber weiterhin für ihre kleinen und großen Klienten, die sie in ihrer Praxis im Einzelcoaching unterstützt. Dort passiert die „Magie". Dort geschehen die „Wunder", die das Fundament für alle anderen Projekte bilden.

Claudia Dübendorfer ist verheiratet und Mutter einer Tochter und eines Pflegesohnes, Head of Training der mindTV-Visualisierungsmethode und begleitet in ihrer Praxis für Visualisierungscoaching täglich Kinder, Jugendliche und Erwachsene. Dabei begegnen ihr Wut-Johnnys, Angst-Hasen, Traum-Fänger, Trauer-Klößchen, Duck-Mäuschen und Puber-Tierchen, die in ihren Gefühlen gefangen sind. Ihre Klienten aus dieser Falle zu locken, hinein in ein freieres, selbstbestimmteres und widerstandsfähiges Leben, ist ihre Spezialität.

Mit viel Humor, Bodenhaftung, Spürsinn und Engagement begleitet sie ihre großen und kleinen Klienten zu ihrem Ziel. Aus ihrem großen Erfahrungsschatz schöpft sie auch in ihrer Tätigkeit als Head of Training der mindTV-Methode, um Visualisierungscoaches in ganz Europa auszubilden.

Inhaltsverzeichnis

Vorwort 11

Angst, das schreckliche Gefühl 15

VON SCHLANGEN, SPINNEN UND ANDEREN BIESTERN
— ANGST VOR TIEREN — 33

Wenn Angst Schatten wirft 35
Mariel, 5 Jahre

Ein Pferd? Totstellen! 40
Manuela, 12 Jahre

Spinnenalarm! 45
Sarah, 15 Jahre

Flugalarm 51
Beni, 9 Jahre

Ausstieg aus der Angst 56

SCHLAFEN? AUF KEINEN FALL!
— ANGST VOR DEM SCHLAFEN — 65

Die Gespenster kommen 72
Ben, 5 Jahre

Geht es Mama gut? 77
Lilli, 8 Jahre

Schlafen ist wie Sterben 81
Silvan, 8 Jahre

Das Monster unterm Bett 85
Melody, 9 Jahre

Ausstieg aus der Angst 89

ZAHLEN, BUCHSTABEN, PRÜFUNGEN
— WENN SCHULE ANGST MACHT — 101

Achtung, Liebesentzug! 103
Lotta, 11 Jahre

Mein Image leidet! 107
Till, 13 Jahre

Mathe raubt mir den Atem 111
Leo, 8 Jahre

Ich ersticke! 116
Sarah, 9 Jahre

Ausstieg aus der Angst 119

KÖRPERMÜLL ENTSORGEN
— ANGST VOR TOILETTEN UND STUHLGANG — 135

Das schwarze Loch 141
Moritz, 7 Jahre

Das Klo-Gate 145
Janosch, 9 Jahre

Dreck? Du stirbst! 149
Lars, 9 Jahre

Die Bakterien-Monster 154
Lionel, 5 Jahre

Ausstieg aus der Angst 157

WAS WIRD, WENN...?
— ÄNGSTE IN DER PERSÖNLICHEN ENTWICKLUNG — 165

Nur die Klugen werden geliebt 172
Letizia, 7 Jahre

Auf in die Dunkelheit 177
Leon, 15 Jahre

Fahrt ins Unbekannte 182
Lana, 8 Jahre

Ich bin nicht Superwoman! 187
Larissa, 14 Jahre

Ausstieg aus der Angst 191

DU, ICH & WIR
— WENN BEZIEHUNGEN ÄNGSTE AUSLÖSEN — 199

Maussteinbeinallein 205
Leonie, 12 Jahre

Wer streitet, geht! 210
Christina, 10 Jahre

Ich genüge nicht! 215
Manuela, 9 Jahre

Der Liebesdieb 220
Yannick, 7 Jahre

Ausstieg aus der Angst 224

ZAHNÄRZTE, FLUGZEUGE, SPRITZEN UND MONSTER — ÄNGSTE VOR DINGEN UND SITUATIONEN — 237

Keine Luft! 239
Luca, 8 Jahre

Der Geräuschableiter 244
Lars, 7 Jahre

Kontrollverlust 248
Larissa, 17 Jahre

Bloß nicht abheben! 253
Tina, 12 Jahre

Ausstieg aus der Angst 257

WERDE ICH ÜBERLEBEN? — ANGST VOR DEM EIGENEN KÖRPER — 271

Angst vor Erbrechen 273
Julie, 9 Jahre

Bloß sauber bleiben! 279
Serena, 14 Jahre

Gemüse ist böse 286
Anita, 11 Jahre

Rot = Tot 291
Paul, 10 Jahre

Ausstieg aus der Angst 295

Dieses und Jenes zum Schluss 305

Vorwort

Wir haben sie versucht zu zählen, alle großen und kleinen KlientInnen, die uns wegen ihrer Angst schon aufgesucht haben. Ehrlich, wir haben uns bemüht, aber es ist uns nicht gelungen. Denn tatsächlich begegnet uns die Angst tagtäglich in unserer Praxis.

Angst beschränkt sich nicht auf eine spezifische Altersgruppe oder ein spezifisches Geschlecht. Sie ist überall zu Hause und betrifft jedes Lebewesen irgendwann und irgendwo. Angst per se ist kein zwingender Grund, zu uns in die Praxis kommen. Wenn du beispielsweise Angst davor hast, von einem Hochhaus herunterzuspringen, dann brauchst du keinen Termin bei uns, denn diese Angst bewahrt dich vor dem sicheren Tod. Sie schützt dich aktiv davor, Blödsinn zu machen. Vielen Dank also, liebe Angst.

Unsere großen und kleinen Klienten kommen zu uns, weil eine Angst sie am Leben hindert. Weil die Angst blockiert, den Weg versperrt, die Hände bindet. Weil sie verhindert, das zu tun, was du eigentlich tun möchtest. So beschäftigen wir uns mit unseren Klienten täglich mit diversen Ängsten: der Prüfungsangst und damit der Angst vor dem Versagen, der Angst, Dinge zu berühren, weil sie gefährlich sein könnten, oder

der Angst, Lebensmittel zu essen, weil sie giftig sein könnten. Bitte verlange nicht von uns, hier detailliert aufzuzählen, mit welchen Ängsten wir während unserer Berufslaufbahn schon begegnet sind, wir würden nicht mehr fertig.

Es gibt kaum endende Listen von Ängsten. Hast du schon von Anatidaephobie gehört? Es ist die Angst, von Enten beobachtet zu werden. Du glaubst nicht, dass es das gibt? Gibt es.

Es gibt kaum etwas, wovor man sich nicht fürchten kann. Viele dieser Ängste beeinträchtigen den Alltag kaum. Wir beide hatten noch nie einen Klienten in der Praxis, der sich davor fürchtet, von Enten beobachtet zu werden. Wohl aber Klienten, die sich vor Gewitter, lauten Geräuschen, Tieren, Schule, Menschen, Monstern, Toiletten und vielem anderem gefürchtet haben. Es gibt Ängste, die uns oft, und andere, die uns weniger oft begegnen. Es gibt Ängste, bei denen sich die Hälfte der Menschheit schüttelt, weil sie selbst von dieser Angst geplagt werden. Spinnen und Schlangen, beispielsweise. Und es gibt Ängste, die uns schmunzeln lassen, weil sie tatsächlich etwas merkwürdig anmuten.

Für uns als Visualisierungscoaches sind die Gründe für die Angst wesentlich. Nur wenn wir herausfinden, weshalb eine Angst so groß ist, dass sie das Leben des Klienten beeinträchtigt und blockiert, können wir die Angst dorthin zurückstecken, wo sie hingehört: in die Schublade «ich beschütze dich vor echter Gefahr». Denn genau das ist ihre Aufgabe und das ist gut so.

Wir können nicht auf alle Ängste eingehen, die uns schon begegnet sind. Du hättest sonst ein Nachschlagewerk in den Händen, welches dich erschlagen würde. Wir haben uns auf die gängigsten Ängste konzentriert, die Kinder und Jugendliche mit sich herumtragen. Wir schlüsseln dir in echten Fällen aus unserer Praxis auf, welche Gründe wir für diese Angst gefunden haben, welche Antworten wir gefunden haben, wie das Kind die Angst besiegen konnte und welche Tipps und Tricks du selbst anwenden kannst, um deinem ängstlichen Kind zu helfen.

Viel Spaß beim Lesen, deine

Sonya Mosimann und **Claudia Dübendorfer**

ANGST

DAS SCHRECKLICHE GEFÜHL

Angst zu spüren ist ein schreckliches Gefühl. Du verlierst die Kontrolle über den Körper, alles zieht sich zusammen, die Knie zittern, Stresshormone fluten den Körper, die Zähne klappern und alle Gedanken kreisen um die drohende Gefahr. Kein schöner Zustand. Dennoch ist die Angst kein böses Gefühl. Sie meldet sich dann, wenn du in Gefahr bist. Spürst du sie, hast du Handlungsmöglichkeiten. Vielleicht flüchtest du, vielleicht kämpfst du, vielleicht stellst du dich tot. Drei Strategien, die dir helfen können, dich aus der Gefahr zu bringen.

Fein. Das macht Sinn, wenn der hungrige Löwe mit gefletschten Zähnen vor dir steht. Aber wenn du gerade in einer Matheprüfung sitzt, dann helfen dir diese drei Möglichkeiten von Flucht, Kampf oder Totstellen nicht weiter. Du musst bleiben, Matheaufgaben lösen und zeigen, was du kannst. Trotzdem spürst du dieses Gefühl, spürst das Verlangen, dich sofort aus dieser Situation zu befreien. Die Argst ist in diesem Fall nicht nützlich, gell?

Es ist so ein Ding mit dieser Angst. Einerseits beschützt sie uns, sorgt dafür, dass wir überleben. Andererseits meldet sie sich in Momenten, wo wir sie überhaupt nicht brauchen können. Manche Ängste sind rational. Beispielsweise die Angst, die du spüren würdest, wenn der hungrige Löwe direkt vor dir steht und sein Magen knurrt. Manche Ängste sind irrational. Beispielsweise die panische Angst, wenn eine Stubenfliege leise surrend im Wohnzimmer umherfliegt.

Wie unterscheiden sich rationale und irrationale Ängste voneinander? Gar nicht!

Es ist vollkommen unwesentlich, ob man sich vor «echten» Gefahren fürchtet, also beispielsweise von einem Wolkenkratzer zu springen, oder ob die gefühlte Gefahr unreal ist. Die Angst zeigt sich genau gleich, triggert die gleichen Reaktionen im Körper und hinterlässt die gleichen Spuren.

Das autonome Nervensystem und die Echse

Wenn wir von Spuren im Körper sprechen, die die Angst hinterlässt, dann sollten wir uns kurz mit der «Gefahrenerkennungszentrale» und der Gefahrenreaktion auseinandersetzen. Wenn wir uns mit der evolutionsbedingten Weiterentwicklung des Lebens – auch des Menschen – auf diesem Planeten beschäftigen, wird eines klar: Das erste genetische Programm jedes Lebewesens heißt überleben und vermehren.

Vermehren und die Art erhalten ist zutiefst in den Programmen aller Arten verankert. Da macht es Sinn, wenn man zuerst dafür sorgt, am Leben zu bleiben. Dafür war schon bei den ersten Säugetieren, die unseren Planeten besiedelten, das Stammhirn zuständig, welches sich u.a. um Atmung, Herzschlag und Blutdruck kümmert. Dieses Stammhirn, auch Reptiliengehirn genannt, ist verantwortlich dafür, das eigene Leben zu schützen und zu erhalten. Zusammen mit der Amygdala, welche bei drohender Gefahr Alarm auslöst, und dem autonomen Nervensystem, welches sofort die nötigen Ressourcen zur Verfügung stellt, verfügten schon die ersten Reptilien über ein erstklassiges Schutzsystem. Das Reptil erhielt reflexartig den Befehl von seinem Stammhirn, sofort zu reagieren. Es wurde von Stresshormonen geflutet, die ihm die nötigen Kraftressourcen für seine Reaktion – Kampf, Flucht, Erstarrung – zur Verfügung stellte.

Wenn wir im Visualisierungscoaching von der «Echse» sprechen, meinen wir genau diesen Schutzreflex, den das Stammhirn bzw. das autonome Nervensystem auslöst. Dieser Reflex ist der dominanteste Reflex jedes Lebewesens. Das eigene Leben zu schützen und zu erhalten, einer Todesgefahr zu entrinnen, das ist die Aufgabe des Reptiliengehirns, unserer Echse. Da wir mit unserer Echse als Metapher für reflexartige Gefühle bzw. der Überreaktionen des Reptiliengehirns im Coaching sehr intensiv arbeiten, erlaube uns, die Reaktion des autonomen Nervensystems mit seinen zwei Anteilen, dem Sympathikus und Parasympathikus, vereinfacht kurz «Echse» zu nennen. Du wirst im Verlaufe dieses Buches unsere Echse genauer kennen- und verstehen lernen.

Wenn wir Angst fühlen, befinden wir uns im Zustand der sympathischen Erregung. Dem Zustand, in dem die Echse in Aufruhr ist. In diesem Moment wird der Körper von Stresshormonen geflutet: Adrenalin, Noradrenalin, Cortisol und Dopamin. Der Körper befindet sich in einem vermeintlichen Gefahrenzustand und die Echse übernimmt das Zepter. Was wir damit meinen: Die Reaktion des Reptiliengehirns überlagert in diesem Moment alle anderen Gehirnbereiche. Sie ist in diesem Moment dominant und macht rationales Denken unmöglich.

Das macht durchaus Sinn. Wenn du Auge in Auge mit dem hungrigen Löwen stehst, dann würde es nicht viel Sinn machen, wenn du in diesem Moment darüber nachdenken könntest, ob dieser Löwe vielleicht gestern noch ein Gnu verspeist und deshalb nicht so viel Hunger hat. Du denkst in diesem Moment gar nicht, sondern rennst um dein Leben. Gute Entscheidung, was? (Nö, eigentlich eben nicht! Der Löwe findet wegrennende Fleischklopse höchst attraktiv! Erstarrung wäre hier das Mittel der Wahl. So schaffen es ja eigentlich schon erlegte Tiere doch zu überleben. In den Klauen der Löwin sich totstellen, die lässt los, um zu verschnaufen und zack, rennt der vermeintlich erlegte Fleischklops weg.)

Starke Angst überschreibt deine Denkprozesse und du läufst im Katastrophenmodus. Hier wird deutlich, wie mächtig und einflussreich das Reptiliengehirn ist. Der Versuch, gegen das Reptiliengehirn zu kämpfen, ist sinnlos. Der einzige effektive Weg, mit Angst umzugehen ist, das Reptiliengehirn anzuerkennen, Verständnis zu zeigen und mit ihm zusammenzuarbeiten. Deshalb haben wir mit unserem „Echsenkonzept" zusammen mit der Visualisierung so viel Erfolg im Umgang mit Ängsten.

In der Regel sind wir keinen schrecklichen Gefahren ausgeliefert. Löwen sind normalerweise in unserer Umgebung nicht frei unterwegs. Auch der Säbelzahntiger ist ausgestorben und wir sind glücklicherweise in einer Umgebung zuhause, wo wir nicht von außen bedroht sind. Tatsächlich aber ist es nicht wesentlich, wie lebensgefährlich eine Bedrohung wirklich ist. Gefahr und Bedrohung werden subjektiv beurteilt und sind nicht allgemeingültig. Um das besser verständlich zu machen, ziehen wir Maslows Bedürfnispyramide zu Rate.

Bedürfnispyramide nach Maslow

Quellenhinweis: Abraham Maslow, Bedürfnispyramide

Die Bedürfnispyramide nach Maslow zeigt, welche Bedürfnisse des Menschen erfüllt sein sollten, um die oberste Stufe zu erreichen. Schauen wir uns an, was das für uns Menschen im westlichen Europa bedeutet.

Stufe 1 – Physiologische Bedürfnisse

Die Basis für Leben ist Nahrung, Wasser, Schlaf und Sexualität. Diese Voraussetzungen sind unerlässlich für das Überleben und den Fortbestand der Art. In unseren Breitengraden müssen wir uns darüber wenig Gedanken machen. Wir leben in einem Sozialstaat, haben Zugang zu Nahrungsmitteln, sauberem Trinkwasser, verfügen in der Regel über einen sicheren Platz zum Schlafen und wir pflanzen uns nachweislich erfolgreich weiter. Unsere physiologischen Bedürfnisse sind gestillt und wir sollten uns immer vor Augen halten, dass das für einen großen Prozentsatz der Weltbevölkerung nicht so ist. Wir sind hier versorgt und sicher.

Stufe 2 – Geborgenheit und Schutz

Hier wird es schon etwas schwieriger. Was bedeutet Geborgenheit und Schutz? Für ein Neugeborenes bedeutet Geborgenheit und Schutz, dass eine Person sich um sein leibliches und seelisches Wohl kümmert. Es wird gefüttert, warm und sauber gehalten, getröstet und mit ihm gelacht. Das verwundbare Wesen ist beschützt und geliebt. Die Art, wie die Bedürfnisse erfüllt werden, ändert sich im Verlaufe des Lebens. Als 15-jähriger Teenager ist es nicht mehr wesentlich, ob die Mutter das Essen in mundgerechte Stücke zerkleinert. Der Teenager ist fähig, den Kühlschrank selbständig zu öffnen, wenn sich der Hunger meldet. In diesem Alter bedeutet Schutz und Geborgenheit nicht mehr dasselbe wie damals im Babyalter. Grob gesagt: Welche Voraussetzungen gegeben sein müssen, um sich sicher, geschützt und geborgen zu fühlen, hängt vom Alter und auch von den Umständen ab. Hier gibt es eine echte Bandbreite, welche man nicht einfach allgemeingültig festlegen kann. Ein 50-jähriger Mann fühlt sich in seiner Sicherheit und Geborgenheit bedroht, wenn er seine Arbeitsstelle verliert und er sich darüber Sorgen machen muss, wie er jetzt den finanziellen Verpflichtungen nachkommen kann: Kann ich das Haus, die Wohnung, das Auto noch halten? Kann ich meine Familie noch ernähren? Oder müssen wir alles, was wir gewohnt sind, aufgeben? Auch wenn hier vermutlich weder Leib noch Leben in Gefahr sind, das autonome Nervensystem ist in Aufruhr und es kommt Angst auf.

Sind diese beiden unteren Stufen der Bedürfnispyramide nicht erfüllt, reagiert das Stammhirn. Wenn physiologische Bedürfnisse, Geborgenheit und Schutz bedroht sind, gerät das autonome Nervensystem in Schieflage. Wie wir schon gelernt haben: Im Notfall überlagert das Stammhirn sämtliche Denkprozesse. Wir sind und handeln nach Katastrophenmodus. In dem Moment der akuten Bedrohung ist es schwer, wenn nicht fast unmöglich, sich um die nächsten drei Bedürfnisstufen zu kümmern: soziale Bedürfnisse wie das Zugehörigkeitsgefühl und Beziehungen, Wertschätzung und Anerkennung bis hin zur Selbstverwirklichung.

Es liegt uns fern, hier auf alle nach Maslow aufgeführten Bedürfnisse einzugehen. Es geht uns darum aufzuzeigen, weshalb Ängste so mächtig sind. Wieso sie uns blockieren und zurückhalten. In unserer Praxis begegnen wir so vielfältigen Ängsten, dass wir mit gutem Gewissen behaupten dürfen: Nicht jede Angst ist behandlungsbedürftig. Es gibt Ängste, mit denen du gut leben und umgehen kannst. Du kannst ihnen ausweichen, sie meiden oder aus dem Weg gehen. Dennoch beeinträchtigt dies nicht den gewünschten Alltag oder Lebensstil. Einer Zahnarztangst beispielsweise können die meisten mit etwas Kraftaufwand begegnen. Oder die Angst vor giftigen Schlangen. Tiere, die in unseren Gefilden so selten auftreten, dass du nicht schon morgens mit dieser Angst aus den Federn steigst. Solche Ängste kann man gut einordnen, man kann sie bewerten und feststellen: «Ich lebe mitten in einer Stadt in Europa, hier gibt es keine Giftschlangen.» Oder: «Auch wenn morgen beim Zahnarzt gebohrt werden muss, ich bekomme eine Spritze und werde keine Schmerzen spüren.» Ganz im Sinne von: «Ich überlebe das». Unser kognitiver Verstand hilft mit, mit solchen Ängsten klarzukommen.

Andere Ängste aber verhindern ein normales Leben. Sie blockieren den Menschen, verhindern, dass sie unter Menschen gehen, in bestimmten Momenten Prüfungen bestehen, Gegenstände anfassen oder Lebensmittel essen können. Sie bedrohen den Menschen und schränken ihren Alltag ein. Genau solchen Menschen begegnen wir in unserer Praxis. Für alle diese Klienten ziehen wir ihre Echse zu Rate.

Kinder und Angst – ein starkes Paar!

Wir wollen uns in diesem Buch um Kinder und Jugendliche und ihre Ängste kümmern, denn hier liegt unsere größte Erfahrung. Wenn wir in der Überschrift von einem starken Paar sprechen, meinen wir dies nicht im Sinne von wie toll, wenn Kinder Ängste haben. Aber die beiden passen halt gut zusammen! Kinder sind besonders anfällig für Ängste. Dies hat mit ihrer blühenden Fantasie, ihrer Vorstellungskraft und ihrer Fähigkeit, zu visualisieren zu tun. Das ist ein Nährboden für unreale Ängste, die sich sogar in eine Phobie verwandeln können. Wie wir bereits erwähnt haben, spielt es keine Rolle, ob die Gefahr real oder unreal ist, die körperlichen Reaktionen sind dieselben.

Kinder sind kleine Menschen, die auf Schutz und Fürsorge angewiesen sind. Sie sind noch nicht fähig, sich selbst durchs Leben zu schlagen. Sie brauchen Bezugspersonen, die für ihre physiologischen Bedürfnisse zuständig sind, Bezugspersonen, die ihnen Geborgenheit und Liebe geben. Menschen, die sich um ihre Unversehrtheit kümmern und die ihnen die Welt erklären, damit sich die kleine Seele entfalten kann.

Als wir in Vorbereitung auf dieses Buch unsere Datenblätter und Notizen durchgingen, fiel uns vor allem eines auf: Eine erstaunliche Anzahl von Kindern und Jugendlichen mit Ängsten hatten Schwierigkeiten bei der Geburt oder sogar ein Geburtstrauma. Immer wieder lesen wir von Frühgeburten, Kaiserschnitten oder Saugglockengeburten.

Warum ist das so? Stell es dir vor dein Leben beginnt an einem warmen, leisen, schummrigen Ort. Ein Ort, an dem du geborgen, beschützt und geliebt wirst. Wenn du nun durch eine negative, traumatisierende oder sogar schmerzhafte Erfahrung aus dieser wohligen Geborgenheit herausgerissen wirst, dann ist das Schutzbedürfnis umso größer und die

Nähe zu Mama und Papa umso wichtiger. Die erste Trennungserfahrung ist wesentlich, weil sie prägend für das ganze, künftige Leben ist. Ist diese Erfahrung negativ, wirkt sich das aus und zeigt sich zum Beispiel in Trennungsängsten oder Verlustangst. Wenn der Schutzmechanismus des Körpers erst einmal aktiviert ist und das Kind seine erste Angst empfindet, ist es wahrscheinlich, dass es weitere Ängste entwickelt.

Natürlich, wenn man es genau betrachtet, haben uns schlechte Erfahrungen davor bewahrt, ausgerottet zu werden. Der Mensch lernt aus negativen Erfahrungen und versucht, sie nicht wieder zu erleben. Hier findest du auch den Grund, weshalb man sich länger an negative Ereignisse im Leben erinnert: um daraus zu lernen und sich vor Wiederholung zu schützen.

Wenn die Geburt für ein Kind ein traumatisches Erlebnis war, wird der Selbstschutzmechanismus alles tun, um Mutter oder Vater in der Nähe zu halten. Das Hauptziel der Angst ist es, uns vor Gefahren zu schützen. Eine traumatische Geburt kann zudem einen Riss oder ein Loch in der sinnbildlichen mentalen Schutzschicht des Kindes verursachen. Wenn diese Schicht beschädigt ist, benötigt es stets äußeren Schutz, um sich sicher zu fühlen. Diese äußere Schutzfunktion wird normalerweise durch die Eltern wahrgenommen.

Viele der Kinder, die zu uns kommen wegen Heimweh, Trennungsangst, Versagensangst, Angst vor Fehlern und vielen anderen Ängsten, haben eine schwere Geburt hinter sich. Das heißt aber nicht, dass jede schwierige Geburt automatisch zu einem ängstlichen, überempfindlichen Kind führt! Aber wir schauen im Coaching da etwas genauer hin.

Ein Kind von der Zeit im Mutterleib bis zum Alter von vier bis fünf Jahren ist deshalb so anfällig für Ängste, weil sein logisches, rationales und analytisches Denken noch nicht so weit entwickelt ist, dass es die Situation rationalisieren kann. Sie saugen äußere Stimuli über ihre Sinnesorgane auf wie ein Schwamm, ohne einen rationalen Filter.

Kinder, deren mentale Schutzschicht verletzt ist, fühlen in der Regel mehr als andere Kinder, sie spüren die Gefühle – ob positiv oder negativ – anderer Menschen deutlicher. Wir stellen oft fest, dass ängstliche, überempfindliche, hypersensible oder hochempathische Kinder über eine beschädigte Schutzschicht klagen. Im Visualisierungscoaching erklären sie meist: «Hier ist ein Riss in meiner Schutzschicht, da dringen alle Gefühle in mich ein.» Die Visualisierung der Reparatur dieser Schutzschicht kann einen großen Unterschied in ihrem Verhalten bewirken. Oft ändert sich ihre Körpersprache während der Sitzung, sobald sie sich wieder beschützt fühlen.

Wir sind weit davon entfernt, in Kindern hilflose, schutzbedürftige Wesen zu sehen. Kinder sind uns in manchem weit voraus. Sie nutzen alle ihre Sinne, um zu lernen. Sie beobachten genau, um es danach nachzuahmen. Sie haben einen ungeheuren Lebenswillen und Kreativität, besonders wenn es darum geht, etwas Neues zu lernen. Sie sind mutig, neugierig und offen. Und sie haben eine blühende Fantasie.

Ihr Gehirn entwickelt sich im rasenden Tempo. Kinder erlangen täglich neue Fähigkeiten und das Gehirn bildet laufend neue Verbindungen. Unsere Kinder sind wahre Maschinen, wenn man ihre Entwicklung betrachtet!

Dies sind Eigenschaften, die allerdings auch dazu beitragen, Ängste zu entwickeln. Gerade ihre ausgeprägten Sinne und ihre Fantasie öffnen die Türe zu Unsicherheiten und Ängsten. Kinder sind fähig, in den Schattenmustern, die Blätter eines Baumes auf den Boden werfen, schaurige

Gestalten zu erkennen. Sie hören nachts Mäuse husten und Gespenster kichern. Ihre Sinne sind ausgeprägter.

Hier paaren sich zwei wichtige Eigenschaften: die erhöhte Wachsamkeit der Sinne und die ungebrochene Fantasie. Beides zusammen lässt Kinder nicht nur die tollsten Abenteuer beim Spiel erleben, sondern schüren auch Unsicherheiten und Ängste. Kommt noch ihre Schutzbedürftigkeit hinzu, haben wir eine Paarung, die oft über das Ziel hinausschießt. Dann verstecken sich Monster unter dem Bett, die Dunkelheit wirkt bedrohlich oder Einbrecher schleichen ums Haus. Ängste werden geboren, wachsen an und hindern das Kind irgendwann daran, ihr Leben so zu gestalten, wie es ohne Angst gestaltet werden könnte.

Mein Kind hat Angst – oder ist es schon eine Phobie?

Das Wort Phobie birgt Unheilvolles. Eine Phobie ist eine übersteigerte Angst mit entsprechender Reaktion (kreischen, schreien, davonlaufen, usw.) und besteht über längere Zeit. «Normale» Ängste lösen starke Unsicherheit aus und lösen sich entweder irgendwann von selbst auf oder können als Erwachsene vom Großhirn relativiert und im Zaum gehalten werden. Gemäß Definition handelt es sich bei einer Phobie um eine unbegründete, nicht nachvollziehbare Angst.

Die gute Nachricht: Aus unserer Sicht und Erfahrung sind Phobien genauso wie andere Ängste in den Griff zu bekommen, sofern man ihre Ursache findet. Und dafür sind wir die Profis.

Wichtig ist, dass du die Ängste deines Kindes weder kleinredest noch als irrelevant abtust. Selbst wenn du überhaupt nicht nachvollziehen kannst, weshalb sich dein Kind vor dieser Sache fürchtet, für dein Kind ist sie real. Versuch herauszufinden, was die Ursache dieser Angst ist, dann bist du auf dem Lösungsweg.

Kann Angst gelernt werden?

Untersuchungen haben gezeigt, dass ein Kind lernen kann, ängstlich zu sein und sich vor bestimmten Dingen zu fürchten. Wenn ein Kind zum Beispiel verbal negative Informationen über ein Tier erhalten hat, wird es seine Aufmerksamkeit länger auf dieses Tier richten. Es wird auf dieses Tier fixiert, denkt mehr darüber nach und verstärkt seine Angstvorurteile und sein Angstniveau.

Wenn das Kind hört, wie gefährlich ein Hund ist, wird es darauf konditioniert, dass Hunde gefährlich sind und gemieden werden müssen. Die verbalen Informationen, die sie von den Menschen um sie herum erhalten, werden visualisiert. Diese Bilder können den Selbstschutzmechanismus aktivieren und Angstgefühle auslösen. Je öfter solche Informationen wiederholt werden, desto mehr werden diese mentalen Bilder die Angst verstärken.

Was bedeutet das für die Eltern?

Kinder haben die natürliche Gabe, mit offenen Augen zu visualisieren. **Deshalb sind deine Worte nicht nur Worte, sondern sie lösen mentale Bilder im Kopf deines Kindes aus.** Was es sich vorstellt ist seine Realität. Wenn deine Worte Bilder von möglichen Gefahren auslösen, dann wird diese Gefahr visualisiert und als Bedrohung gespeichert. Die kleine Echse wird vom limbischen System geweckt und regt sich. Wie schon erwähnt sind Kinder bis zum Alter von fünf Jahren besonders anfällig für verbale Auslöser, weil ihr rationales und logisches Denken noch in der Entwicklung ist. Sie sind oft in ihrer Gefühlswelt gefangen und nicht in der Lage, ihre eigenen Gefühle zu rationalisieren.

Sehr oft werden Gespräche zwischen Erwachsenen von Kindern mitgehört. Selbst wenn sie scheinbar spielen, fernsehen oder sogar schlafen, hören sie zu und nehmen so viele Informationen auf, wie sie können. Dabei ist es nicht wichtig, ob das Kind den Inhalt des Gespräches versteht, es nimmt die Qualität des Gespräches mit all seinen Sinnen wahr. Es spürt die Trauer und Aggression eines Ehestreites, es spürt die Unsicherheit und Angst eines sorgenbeladenen Gespräches und es fühlt die Trauer eines Gespräches über Krankheit oder Tod. Vielleicht hast du schlecht über deinen Partner geredet, einen Nachbarn verflucht, mit einem Freund über die Tragödien anderer Menschen getratscht, oder die Ereignisse in den Nachrichten besprochen. Das kann zu verheerenden Ergebnissen führen. Kinder können solche Gefühle weder einordnen noch verarbeiten, sondern saugen sie ungefiltert auf und tragen sie mit.

Wir werden oft mit Kindern konfrontiert, die etwas gehört haben und sich dann in diese Situation hineinversetzt haben. Sofort wird die Angst vor der Situation ausgelöst, in der sie sich selbst visualisiert haben.

Hier sind einige Beispiele aus der Praxis für Sätze, welche das Kind gehört hat und die dabei Angst oder eine Phobie ausgelöst haben:

„Die arme Lotti ist gestorben und mit dem Aufzug in den Himmel gefahren." - Dieser Satz löste eine Phobie aus, mit dem Aufzug hochzufahren.

„Hast du von dem armen Mädchen gehört, das in der Türkei mit dem Arm in die Poolpumpe gezogen wurde und ertrunken ist?" - Dieser Satz triggerte eine Phobie vor dem Schwimmen.

„In das Haus der Nachbarn wurde über die Feiertage eingebrochen." - Auslöser für die Angst, allein zu schlafen.

„Was? Ein seltsamer Mann hat deine Tochter auf dem Weg zur Schule angesprochen?" - Grund für die Angst, alleine zur Schule zu gehen.

„Wenn der Papa so wütend wird, könnte er fast jemand umbringen."
- Das löste Angst vor dem Vater aus.

„Denk daran, dass Gott zusieht. Wenn du etwas falsch machst, wird er es sehen." - Löste eine panische Angst vor Fehlern aus.

Dein Kind visualisiert, was du sagst. Sei dir bewusst, wie real diese Bilder sind und sprich nicht aus, was du ihm am Fernseher nicht zeigen würdest.

Kinder sind leichtgläubig. Was sie von jemandem hören, dem sie vertrauen, glauben sie. Selbst wenn die Aussage nur als Scherz gemeint war, als Sarkasmus oder weil du dich über jemanden geärgert hast. Verbale Informationen dienen als Weg zur Angst.

Die Welt eines Kindes ist voller Gefahren, realer und imaginierter. Angststörungen gehören zu den häufigsten psychiatrischen Erkrankungen im Kindesalter. Bei vielen Erwachsenen, bei denen eine Angststörung diagnostiziert wird, traten die Angstsymptome bereits in der Kindheit auf.

Kinder können nicht nur Angst lernen, sondern auch die Angst der Eltern erben. Studien haben gezeigt, dass ein traumatisches Ereignis, das ein Elternteil erlebt hat, langanhaltende Auswirkungen haben kann. Ein „Gedächtnis" ihrer Angst ist in ihren Genen kodiert und kann an ihre Kinder und sogar an die nächste Generation weitergegeben werden.

Deshalb ist unsere Arbeit mit Kindern als Visualisierungscoaches so wichtig. Sie hilft dem Kind nicht nur kurzfristig, sondern für ihr ganzes Leben.

Entwicklung der Ängste

Je nach Alter des Kindes können unterschiedliche Ängste typisch sein.

Hier sind die häufigsten Ängste in Verbindung mit der jeweiligen Altersgruppe:

- *Neugeborene* haben oft Angst vor dem Fallen und vor lauten Geräuschen.
- *Kleinkinder* im Alter von 6 Monaten bis 2 bis 3 Jahren haben oft Angst vor Fremden.
- *Vorschulkinder* leiden oft an Trennungsangst, Angst vor großen Tieren, dunklen Orten, Masken und übernatürlichen Wesen.
- *Ältere Kinder* erleben oft Angst vor dem Tod in der Familie, Angst vor Versagen in der Schule, Angst vor Ereignissen in den Nachrichten wie Kriegen, Terroranschlägen, Entführungen.
- *Jugendliche* entwickeln oft sexuelle und soziale Ängste und machen sich Sorgen um ihre eigene Zukunft und die der Welt.

Kinder und Visualisierung

Warum ist Visualisierung so brillant und effektiv, wenn es um Ängste geht? Weil der Schutzmechanismus des Körpers, das Reptiliengehirn, extrem gut auf mentale Bilder reagiert. Wenn es um die Angst vor Tieren, Insekten, Gegenständen oder Orten geht, kann Visualisierung als indirekte Form der Konfrontationstherapie eingesetzt werden, bei der sich die Klientin oder der Klient selbst in bestimmten Situationen visualisiert. Er nimmt am Geschehen als Beobachter teil, ohne direkt in der angstauslösenden Situation zu sein.

Wenn wir mit Kindern in unserer Praxis arbeiten, nutzen wir Bilder, die für das Gehirn leicht verdaulich sind. Das Gehirn, egal ob bei Kindern oder Erwachsenen, kann Bilder besonders gut verarbeiten und unterscheidet dabei nicht zwischen Realität und Einbildung. Du kennst das selbst: Sicherlich bist du schon nachts aus einem Albtraum erwacht und hast dabei festgestellt, dass du schweißgebadet und mit hoher Herzfrequenz im Bett liegst. Der Traum war für dein Gehirn so real, dass er mit körperlicher Aktivität darauf reagiert hat. Das bedeutet, dass die Vorstellung einer Situation für dein Gehirn Anlass genug ist, darauf zu reagieren. Dies nutzen wir im Visualisierungscoaching. Wir lassen unsere kleinen und großen Klienten in eine Erinnerung eintauchen, in der die Angst spürbar war. Diese Angst im Körper zu spüren und sie durch unsere Vorstellungskraft Gestalt annehmen zu lassen, hilft dabei, ein abstraktes Gefühl greifbar zu machen. Die eigene Angst kennenzulernen, ihr zu begegnen und darauf zu reagieren ist der erste Schritt, um sich davon zu befreien.

Kinder reagieren auf Bilder mit ihrer ganzen Vorstellungskraft. Sie tauchen in einen Film ein, in dem sie als Hauptdarsteller fingieren. Weil sie sich mit voller Kraft in ihre innere Bilderwelt stürzen, ist Visualisierungscoaching für Kinder eine wunderbare Methode, um ihre Ängste zu lösen und neue Wege zu beschreiten. Das geht meist – wir bluffen nicht – ruckzuck. Kinder sind im Visualisierungscoaching einfach wunderbar und wir genießen die Sitzungen ungeheuer. Sie stürzen sich lösungsorientiert ins Abenteuer und entwickeln eigene Ideen, wie sie ihrer Angst begegnen können. Gleichzeitig lernen sie, wie sie selbstwirksam für sich sorgen können. Zwei Fliegen mit einer Klappe: Die Angst wird neutralisiert und die Resilienz des Kindes steigt.

Bei Ängsten kommt in unserem Coaching die Echse ins Spiel. Ängstliche Kinder lieben es zu beobachten, was ihre Echse im Kopf macht, wenn sie ihrer Angst begegnen. Manche Echsen laufen nervös im Kreis, andere liegen erstarrt auf dem Rücken, wieder andere schreien, toben oder kämpfen. Wenn wir einem Kind vorab erklären, was es mit der Echse auf sich hat und dass das Kind in einem angsterfüllten Moment gar nicht anders kann als zu bibbern, dann nehmen wir dem Kind Druck und Schuldgefühle. Es ist ja die Echse, die das macht! Gleichzeitig bekommt das Kind mehr Kontrolle, denn es lernt im Coaching, wie es seine Echse und damit sich selbst beruhigen kann. Natürlich gehen wir im Visualisierungscoaching nicht nur dem Verhalten der Echse auf den Grund, wir finden auch heraus, weshalb die Angst überhaupt entstanden ist. Nur wenn wir die Ursache für die Entstehung der Angst kennen, können wir gezielt arbeiten und die Überreaktion der Echse neutralisieren. In späteren Kapiteln nehmen wir dich mit auf eine Reise durch echte Sitzungen – freu dich darauf!

Wie wir zu Beginn dieses Buches erwähnt haben: Einer Anatidaephobie sind wir in unseren Praxen noch nicht begegnet. Scheinbar erschüttert die Angst, von Enten beobachtet zu werden, das Leben von Kindern und Erwachsenen da draußen nicht sonderlich. Aber wir könnten eine sehr lange Liste von Ängsten erstellen, die uns schon in der Praxis begegnet sind. Wir könnten dir in alphabetischer Reihenfolge alle diese Ängste vorstellen, aber wir glauben kaum, dass du daran interessiert bist. Wir haben uns in den folgenden Kapiteln auf die häufigsten Themen konzentriert und sie in Gruppen zusammengefasst. Wir geben dir jeweils vier echte Fallbeispiele aus unserer Praxis, nehmen dich mit ins Echsenreich und helfen dir mit Tipps, wie du deinem Kind helfen kannst.

VON SCHLANGEN,
SPINNEN UND
ANDEREN BIESTERN

ANGST VOR TIEREN

Sollen wir alle Tiere aufzählen, die unsere KlientInnen uns schon als Objekt der Angst mit in die Praxis gebracht haben? Nein, das macht keinen Sinn, denn inzwischen wissen wir, es kann jedes Tier treffen. Es kann sein, dass dein Kind Angst vor Katzen, Fischen, Fliegen, Würmern, Ameisen, Löwen, Dinosauriern, Pferden, Hunden oder Krokodilen hat. In manchen Fällen ist die Angst so groß, dass ein Bild in einem Buch die Angst auslösen kann. Hier haben wir schon alles erlebt! Wie schon eingangs erwähnt, gewisse Tierängste machen Sinn. Andere hingegen sind irrational.

Wodurch entstehen solch irrationale Ängste vor meist harmlosen Tieren? Häufig finden wir dazu einen Schockmoment in der Geschichte des Kindes. Vielleicht verirrte sich eine Stubenfliege bei ihrem Flug durchs Zimmer ins linke Nasenloch eines Kindes. Vielleicht erschrak sich ein Kind, als sich beim Spielen in der Natur unvermutet unter einem Stein ein Wurm einrollte. Vielleicht machte es tatsächlich die Erfahrung, dass ein Bienen- oder Wespenstich Schmerzen verursacht. Oft reicht ein einziges, unangenehmes Erlebnis mit einem Tier, um für eine langanhaltende, blockierende Angst zu sorgen.

Andererseits gibt es auch erlernte Ängste. Du wunderst dich, dass dein Kind genau wie du Angst vor Spinnen hat? Obwohl du dir so Mühe gegeben hast, dir deine Angst vor Spinnen nicht anmerken zu lassen? Täusche dich nicht: Dein Kind spürt und riecht deine Angst und übernimmt sie. Hier sprechen wir von gelernten oder übernommenen Ängsten.

Kleiner Fun Fact: Es gibt Untersuchungen, die vermuten lassen, dass die Angst vor Spinnen und Schlangen über Generationen weitergegeben wird. Ob du dich vor Spinnen oder Schlangen fürchtest, hängt davon ab, ob einer deiner Vorfahren an einem Biss dieses Tiers gestorben ist. Ob diese Vermutung tatsächlich bestätigt werden kann, wissen wir nicht.

Wir nehmen dich mit auf die Reise in unsere Praxen. Du darfst als Zuschauer in vier Coachings dabei sein und erleben, wie diese Kinder ihre Angst besiegt haben.

«Wenn Angst Schatten wirft...» – Angst vor Hunden

SONYA ERZÄHLT AUS DER PRAXIS

Mariel, 5 Jahre

Es ist ein Bild für die Götter: Der Vater, so groß, dass er fast den Kopf am Türrahmen stößt und an ihn geklammert, wie ein kleines Äffchen, die kleine Mariel. Mir ist auf den ersten Blick klar, dass ich es heute mit einem wirklich zurückhaltenden und ängstlichen Mädchen zu tun habe. Die braunen Locken vibrieren leise und ihre dunklen Augen sind weit und ängstlich aufgerissen. Rasch untersucht sie mit ihren Blicken das Zimmer. Sie will sicher sein, dass ich nicht irgendwo einen Hund oder eine Katze verstecke. Ich lächle sie an und sage: «Hier drin bist du sicher. Ich habe weder einen Hund noch eine Katze und auch kein Pferd hier im Zimmer.» Damit entlocke ich ihr ein erstes, kleines Lächeln. Das Datenblatt, welches ich vorab erhielt, bringt das heutige Anliegen auf den Punkt: Mariel fürchtet sich ganz schrecklich vor Hunden, Katzen und Pferden. So schrecklich, dass ein gewöhnlicher Spaziergang mit der Kleinen zur Belastungs- und Mutprobe wird. Auch Besuche bei Freunden mit Haustieren sind nicht drin. «Es ist wirklich unmöglich", erzählt der Vater in der Praxis. «Wir können nirgendwo hin mit ihr. Dabei liebt sie Kinderbücher und Geschichten über Tiere.» Während Mariels Vater und ich zusammen sprechen, wird Mariel immer kleiner. Ich merke, dass es ihr durchaus bewusst ist, wie stark ihre Angst nicht nur sie selbst, sondern auch ihre Eltern einschränkt.

«Wann hat denn diese Angst angefangen?», will ich vom Vater wissen. «Hatte Mariel irgendwann ein traumatisches Erlebnis mit einem Tier?» Der Vater wirft die Hände in die Luft und ich spüre seine Ratlosigkeit. «Das war schon ganz früh so! Und nein, da war nie ein schlimmes Erlebnis mit einem Tier. Stimmt's, Mariel?» Mariel nickt. Die Ursache muss woanders liegen. «Lass uns mal den Grund für deine Angst finden, Mariel. Außer natürlich, du willst diese Angst behalten?» Wild winkend wehrt Mariel ab: «Neiiin! Die will ich nicht mehr haben!» Das ist natürlich die beste Voraussetzung für eine tolle und erfolgreiche Zusammenarbeit.

Im Visualisierungscoaching machen wir erstmal etwas Unangenehmes: Wir schicken das Kind zurück in eine Erinnerung, in der es die Angst gespürt hat. In Mariels Fall in einen Moment, wo sie einen Hund, eine Katze oder ein Pferd gesehen hat. Wenn das Gefühl spürbar ist, die Angst sich meldet, dann spüren wir, wo dieses Gefühl im Körper sitzt, und können es mit den inneren Augen betrachten. Mariel weiß das schon alles, denn ich habe ihr im Vorgespräch erklärt, was heute auf sie zukommt. So ist sie ganz gespannt, wie ihre Angst aussieht. «Aha!», ruft sie aus. «Sie ist giftgrün und sieht aus wie ein Monster.» «Wie ein Monster?», wiederhole ich. «Wollen wir mal schauen, wann dieses Monster bei dir im Körper eingezogen ist? Und herausfinden, was damals passiert ist?» Klar will sie das und so machen wir uns daran, den «Film von Mariels Leben» zu schauen. Lange müssen wir nicht suchen, Mariel entdeckt das Monster im Alter von 2 Jahren. «Brrr... hier ist es!», stößt sie schaudernd aus. «Was ist damals passiert? Wo bist du gerade?» So erfahre ich, dass Mariel als kleines Kind nachts erwacht und einen merkwürdigen Schatten an der Wand sieht. Dieser Schatten sieht aus wie ein großer, böser Hund.

Voller Schrecken merkt Mariel, dass es in der ganzen Wohnung still ist. Ihre Eltern schlafen und so ist sie alleine mit diesem unheimlichen Schatten und ihrer Todesangst. Sie kann nicht mal schreien, so erstarrt ist sie. Mir ist klar, dass eine Zweijährige in einem solchen Moment überfordert ist. Nun wissen wir, woher ihre Angst rührt. Sie hat diesen Schreckmoment mit Hunden und später mit Katzen und Pferden verbunden. Nur, woher kam dieser Schatten? «Mariel, komm, wir spielen mal Detektiv», fordere ich sie auf. «Lass uns schauen, was das für ein Schatten war. Ein echter Hund war das ja vermutlich nicht, oder was meinst du?» «Nein, natürlich nicht. Der hätte mich doch sonst gefressen!» Also knipsen wir das Licht an. Der Schatten ist weg. Wir knipsen das Licht aus. Der Schatten ist da. «Irgendetwas muss vor dem Nachtlicht stehen, Mariel. Sonst könnte kein Schatten entstehen. Lass uns nachschauen, ob irgendwas davor steht.» Wir knipsen das Licht wieder an und entdecken einen kleinen Spielzeugelefanten. «Meinst du, dass dieser Elefant diesen Schatten wirft?», frage ich Mariel. «Kann sein», haucht Mariel gebannt. «Komm, wir drehen ihn mal", schlage ich vor. «Dann können wir am Schatten sehen, ob er sich verändert hat.» Genauso machen wir es und plötzlich verliert der Schatten seine Form. «Genau!», jubelt Mariel. «Der Schatten kam von meinem Elefanten.» Wir spielen noch ein bisschen damit, stellen ihn anders hin und beobachten, wie sich der Schatten verändert. Mariel hat ihren Spaß daran. Irgendwann frage ich sie: «Hast du denn Angst vor deinem kleinen Elefanten?» «Natürlich nicht, den habe ich zum Geburtstag erhalten», lacht Mariel. Plötzlich öffnet sie die Augen: «Schön doof, ich hatte vor meinem Elefäntchen Angst.» Das war der Aha-Moment, den Mariel gebraucht hat. Jetzt konnte sie ihre Angst einordnen und verstehen, dass ihre Angst vor Hunden nichts mit Hunden zu tun hatte. Sie war bereit das alte Gefühl loslassen. Wir neutralisierten diesen Schreckmoment, gaben dem Schatten seine ursprüngliche Gestalt wieder und beruhigten die kleine Echse und damit ihr autonomes Nervensystem. Die Angst beruhte auf einem Missverständnis. Wir wollten dafür sorgen, dass alle beteiligten Schutzmechanismen sich beruhigen konnten und durcherlebten in ihrer Vorstellungskraft einige Male, wie Mariel einem Hund auf der Straße begegnet und beobachteten dabei, wie sie sich damit immer wohler fühlte.

Da sich Mariel auch vor Katzen und Pferden fürchtet, machen wir eine Gedankenreise zu ihren Großeltern aufs Land. Vorher gebe ich Mariel einen mentalen Zaubertrank, der bewirkt, dass sie die Katzen- und Pferdesprache beherrscht. Derart ausgerüstet stellt sich Mariel vor, wie sie auf dem Bauernhof der Großeltern die Katzen besucht. Mariel grinst: «Hier sitzt eine Katze, die blinzelt mich ganz freundlich an und sagt, dass es schön ist, dass ich sie besuchen komme.» Plötzlich streichen mehrere Katzen um ihre Beine, grüßen sie und wollen gestreichelt werden. Mariel nutzt die Chance, um den Tieren viele Fragen zu stellen: «Mögt ihr mich?» «Wollt ihr mich beißen oder kratzen?» «Könnt ihr mich fressen?» Ich kann dabei beobachten, wie sich Mariel entspannt und ein fröhliches Grinsen ihr Gesicht überzieht. Auch den Hund will sie interviewen: «Warum leckst du Menschen immer ab?» Sie zögert ein paar Sekunden und bricht plötzlich in lautes Lachen aus. «Was hat der Hund gesagt?», will ich wissen. «Er hat gesagt, er leckt die Leute ab, weil er keine Lippen hat», kichert Mariel. «Er hat keine Lippen?» Ich verstehe noch nicht so ganz. «Ja, klar! Weil er keine Lippen hat, um mich zu küssen, muss er mich ablecken. Das ist ein Hundekuss», erklärt mir Mariel. Alles klar – ich glaube, mich braucht es an dieser Stelle nicht mehr lange. Jetzt möchte sich Mariel noch etwas von der Seele reden. Sie spricht mit den Tieren auf dem Bauernhof: «Ich hatte so richtig Angst vor euch. Dabei seid ihr überhaupt nicht böse, sondern freut euch, wenn ich komme. Ich bin immer vor euch davongerannt.» Sie macht eine kurze Pause und sagt dann ganz leise: «Das tut mir leid.» Ich spüre, dass Mariel jetzt ihren Durchbruch hatte und animiere sie, noch eine Weile mit den Katzen, Hunden und Pferden zu spielen. Immer wieder kichert sie, plaudert mit ihnen und streichelt die Fellpfoten. Ich weiß, dass ihre Angst der Vergangenheit angehört.

Mariel hat in dieser Sitzung verstanden, dass ihre Angst vor diesen Tieren einfach ein großes Missverständnis war. Sie hat sich ihrer Angst genähert, sie von allen Seiten beleuchtet und erkannt, dass es nicht diese Tiere waren, die so gefährlich sind. Es war ein großes Missverständnis, einfach ein Schatten, der von einem geliebten Spielzeug geworfen wurde. Dieser Fall zeigt deutlich, wie stark die Vorstellungskraft der Kinder ist. Schatten, Geräusche, aber auch Gedanken können in ihrer Vorstellung so unheimlich werden, dass sie zu ausgewachsenen, realen Ängsten werden können. Zum Glück sind solche Ängste für uns in der Praxis einfach zu verarbeiten und können genauso schnell verschwinden, wie sie aufgetaucht sind.

«Ein Pferd! Totstellen!» – Angst vor Pferden

CLAUDIA ERZÄHLT AUS DER PRAXIS

Manuela, 12 Jahre

«Meine Tochter wird bald größere Probleme in der Schule bekommen, wenn wir dieses Problem nicht lösen», erzählt die Mutter von Manuela am Telefon aufgebracht. Vorab hat sie mir erzählt, dass ihre 12-jährige Tochter fürchterliche Angst vor Pferden habe. «Aber diese Angst ist ziemlich doof", merkt sie an. «Wir leben auf dem Land in der Nähe eines Reitstalls. Manuela begegnet auf ihrem Schulweg täglich Pferden.» Ein dumme Situation, tatsächlich. Ich will noch mehr wissen: «Seit wann besteht diese Angst? Wie reagiert Manuela, wenn sie ein Pferd sieht?» So erfahre ich, dass Manuela diese Angst seit jeher hatte. Nähert sich ihr ein Pferd, erstarrt Manuela zitternd und ist nicht fähig, sich vom Fleck zu rühren. Schon jetzt hege ich den Verdacht, dass ihre kleine Echse, das Reptiliengehirn, an diesem Verhalten beteiligt ist. «Wie ist Ihr Verhältnis zu Pferden? Haben Sie oder Ihr Mann auch Angst vor Pferden?» «Überhaupt nicht. Wir sind beide mit Pferden aufgewachsen und ich bin bis zur Schwangerschaft sogar regelmäßig geritten», erzählt die Mutter. «Daran kann es also nicht liegen. Das Problem ist, dass sie wegen ihrer Angst regelmäßig zu spät zur Schule kommt.» Das verstehe ich nun nicht ganz und frage nach: «Wieso kommt sie deswegen zu spät zur Schule?» So erfahre ich, dass Manuela keinen Schritt mehr tun kann, sobald ein Pferd sich nähert. Dazu reicht es, wenn sie aus der Ferne das Hufgeklapper hört. «Sie bleibt stocksteif stehen, lässt sich von niemandem berühren oder ermuntern und bewegt sich erst wieder, wenn das Pferd außer Sichtweite ist.» Da vergehen locker 15 Minuten, denn oft sind mehrere Pferde im Dorf unterwegs und halten Manuela auf. «Gut, packen wir es an", sage ich und mache mit der Mutter einen Termin aus.

Manuela ist ein aufgewecktes, fröhliches Mädchen mit Locken. Sie begutachtet interessiert meine Praxis, stellt Fragen und hört aufmerksam zu als ich ihr erkläre, wie wir zusammenarbeiten werden. Weil ich mir sicher bin, dass ihre Echse überreagiert, erkläre ich ihr, wie ihr Reptiliengehirn funktioniert und was es mit dieser Echse auf sich hat. Sie springt auf und holt sich gleich eine gelbe Echse vom Fenstersims. «Das ist meine!», ist sie überzeugt. «Ich glaube nämlich schon, dass es meine Echse ist, die sich so anstellt», fügt sie erklärend hinzu. «Weil ich wirklich nichts dagegen tun kann!» «Dann behalte sie doch gleich in der Hand und wir werden in der Sitzung schauen, was deine Echse benötigt, um sich zu beruhigen, okay?» Nun sind wir alleine in der Praxis. Manuela flegelt sich in meinen Hängesessel und legt sich ihre Echse auf den Bauch. «Da ist es schön weich», flüstert sie ihr zu. Ich merke, dass Manuela schon Freundschaft geschlossen hat und wir starten mit der Sitzung.

Manuela stellt sich vor, wie sie auf dem Schulweg einem Pferd begegnet. «Beobachte dabei deinen Kopf», ermuntere ich sie. «Hörst du in diesem Moment einen Alarm in deinem Kopf schrillen?» Ich will wissen, ob ihre Amygdala, die Alarmzentrale im Gehirn, Gefahr wittert. Manuela hört aufmerksam in sich hinein: «Ja, tatsächlich. Hier schrillt eine Glocke.» «Aha. Schau dir deine Echse an. Was tut sie in diesem Augenblick?» Einige Sekunden bleibt es ruhig. «Sie liegt ganz ruhig auf dem Rücken», sagt sie. «Liegt sie entspannt und ruhig oder stellt sie sich tot? Schau genau hin.» Jetzt merkt Manuela, dass die Echse so gar nicht entspannt wirkt. «Sie wirkt wie bewusstlos oder tot», meint sie. «Und überhaupt liegen Echsen im Schlaf doch nicht auf dem Rücken?» Es wird uns klar, dass die Echse erstarrt ist und sich totstellt. «Weißt du, warum sie das tut?», frage ich Manuela. «Weil sie glaubt, dass ich in Gefahr bin?», antwortet sie fragend. «Genau. Lass uns herausfinden, weshalb sie glaubt, dass du in Gefahr bist.» Wenn wir herausfinden wollen, weshalb die Echse überreagiert, befragen wir sie und lassen uns von ihr leiten. Manuela legt los und es entsteht ein wunderbarer, lebendiger Dialog.

«Warum reagierst du so, wenn ich einem Pferd begegne?», fragt sie ihre Echse. «Weil du so winzig klein bist. Hast du mal gesehen, wie riesengroß die Hufe eines Pferdes sind? Sie könnten dich in Null Komma Nix zu Brei treten!» «Aber ich bin ja gar nicht so winzig klein, ich bin schon 12 Jahre alt.» «Trotzdem ist ein Pferd unglaublich gefährlich für dich! Es könnte dich furchtbar verletzen. Aber wenn du dich ganz still verhältst, dann erschrickt sich das Pferd nicht und lässt dich vielleicht in Ruhe.» «Aber hör mal, wenn ich jedes Mal, wenn ein Pferd kommt, zur Salzsäule erstarre, dann komme ich immer zu spät zur Schule. Das macht mir Probleme. Von meiner Angst, die ich in diesem Moment verspüre, mal ganz abgesehen.» Ich merke, wie Manuela beginnt, sich gegen den übermäßigen Schutz ihrer Echse zu wehren. «Dann kommst du halt zu spät zur Schule", antwortet die Echse. «Besser zu spät als tot.» Jetzt beginnt Manuela zu lachen. «Aber da sitzen ja Menschen auf diesen Pferden, sie reiten auf ihnen, sie führen sie am Strick, sie satteln sie und die leben auch noch! Das kann doch nicht so gefährlich sein, wenn ein Pferd an mir vorbeigeht?» Es bleibt ein paar Sekunden still. Die Echse überlegt.

Manuela überlegt. Ich greife ein: «Hättet ihr beide Lust, den Pferdehof bei euch im Dorf mal zu besuchen?», frage ich. Manuela nickt und meint: «Warum nicht? Meine Echse ist zwar nicht begeistert, aber das kriegen wir hin.» So stellen wir uns vor, wie wir zusammen die Pferde auf dem Pferdehof besuchen. Wir riechen den eigentümlichen Duft, hören ab und zu ein Pferd entspannt schnauben, gehen an den Boxen entlang und schauen uns die Pferde aus sicherer Distanz an. Ich beobachte, wie Manuela ihre Echse in der Hand hält und sie automatisch streichelt. Sie macht in diesem Moment nichts anderes, als ihr autonomes Nervensystem zu beruhigen: «Es ist alles in Ordnung, atme tief durch!» Ich spüre, dass nun ein guter Zeitpunkt ist, um Manuela mit einem Pferd Kontakt aufnehmen zu lassen. Ganz kurz hält sie die Luft an, ihre Hand streichelt die Echse noch etwas heftiger – dann kommt ein Lächeln: «Das Pferd hat eine ganz weiche Nase! Und es schaut mich so freundlich an.» Wir gehen Schritt für Schritt weiter, bis Manuela von selbst die Bitte äußert, dem Pferd eine Möhre füttern zu dürfen. Die kleine Echse hüpft dabei nochmals ein wenig auf und ab und warnt: «Hast du gesehen, wie groß die Zähne sind? Sie könnten deine Finger abbeißen.» Aber Manuela weiß Bescheid: «Ich halte die Hand ganz flach, so passiert nichts.» Während sich Manuela mit geschlossenen Augen vorstellt, wie die weichen Lippen des Pferdes die Möhre von ihrer Hand nehmen, kichert sie. «Das kitzelt», flüstert sie leise.

Wir dehnen den Besuch noch etwas aus. Ich lasse Manuela von Pferd zu Pferd gehen, allen kurz über die Nüstern streicheln, Möhren verfüttern und beobachte dabei, wie sie immer seltener ihre Echse streicheln muss. Es ist deutlich ersichtlich, wie Manuela den Kontakt zu diesen saften Tieren genießt. Plötzlich fragt sie: «Darf ich hier auch mal reiten?»

«Willst du das denn?», frage ich erstaunt. «Ja, ich glaube, ich traue mich das.» Dieser Mut soll belohnt werden und Manuela erlebt in ihrer Vorstellung einen tollen Ritt. Ihre Wangen sind leicht gerötet, für mich das beste Zeichen, wie lebendig Manuela diesen Moment in ihrer Vorstellung erlebt. Als sie wieder absteigt, frage ich: «Wie hat deine Echse diesen Ritt erlebt?» «Sie hat mich gut beschützt. Sie hat gesagt, dass ich mich gut festhalten soll, weil runterfallen weh tun könnte. Sie meint, dass ich morgen Muskelkater haben werde. Aber sie vertraut mir jetzt, dass ich gut auf mich aufpasse.» Ziel erreicht.

Es war diese eine Sitzung, die den Erfolg gebracht hat. Von diesem Moment an erstarrte Manuela nicht mehr, wenn ein Pferd ihren Weg kreuzte. Einige Wochen später bat Manuela ihre Eltern, Reitstunden nehmen zu dürfen. Die Echse blieb von nun an ruhig.

Es gab in diesem Fall keinen bestimmten, traumatischen Auslöser, der die Überreaktion der Echse ausgelöst hat. Die Angst bestand schon immer und war vermutlich mit der Größe und Kraft dieses Tieres begründet. Hier galt es mit der Echse zu verhandeln, ihr zu erklären, dass ihre Reaktion zwar gut gemeint, aber schädlich für ihren Menschen ist. Durch die Visualisierung konnte das positive Erlebnis mit Pferden zur Beruhigung der Echse führen.

«Spinnenalarm!» – Spinnenphobie

SONYA ERZÄHLT AUS DER PRAXIS

Sarah, 15 Jahre

Die 15-jährige Sarah ist ein intelligentes, beliebtes Mädchen. Sie arbeitet fleißig in der Schule mit, um ihre großen Pläne für die Zukunft umsetzen zu können. Sie ist lebenslustig und möchte die Welt entdecken. Dazu sollte gehören, auch mit Freunden unterwegs zu sein. Aber Sarah ist noch nicht bereit, denn eine fürchterliche, schreckliche Angst vor Spinnen hält sie zurück. Die Arachnophobie verhindert, dass Sarah unbeschwert die Natur und das Leben genießen kann. Denn Spinnen sind überall! Sie könnten jederzeit und immer von irgendwo her auf ihren Kopf springen.

Genau so beschreibt Sarah ihre Angst vor Spinnen. Sie ist damit in ihrer Familie nicht alleine, auch ihre Mutter ekelt sich vor Spinnen. Entdeckt sie eine Spinne in der Wohnung, dann verzieht sie das Gesicht und holt ihren Mann hinzu, der die Spinne nach draußen befördern soll. Sarah kennt diese Reaktionen ihrer Mutter seit jeher. Die ängstliche Stimme, die Unruhe und Nervosität der Mutter, bis die Spinne entsorgt ist, ist ihr vertraut. «Aber so schlimm wie ich ist meine Mutter nicht», sagt Sarah verzweifelt. «Meine Spinnenphobie führte sogar dazu, dass wir umziehen mussten», gibt sie zu. Die Familie wusste sich nicht mehr anders zu helfen und zog aus ihrer Wohnung im Erdgeschoss in eine andere Wohnung um. «Im Erdgeschoss war die Gefahr einfach zu groß, dass eine Spinne in unser Wohnzimmer krabbelt.» In der neuen Wohnung fühlt sie sich sicherer. Trotzdem: Spinnen sind überall. Spaziergänge im Wald – keine gute Idee. Überall entdeckt Sarah Spinnennetze und stellt sich dabei vor, wie Spinnen auf ihren Kopf krabbeln. Egal wo Sarah ist, sie sucht jeden Raum, jede Umgebung als Erstes nach Spinnen ab. Erst, wenn sie sich sicher ist, dass der Raum «spinnenfrei» ist, kann sie sich wohlfühlen.

Viele, sehr viele Menschen ekeln oder fürchten sich vor Spinnen. Aber Sarahs Reaktion ist damit nicht zu vergleichen, sie litt an einer echten Spinnenphobie. Auch wenn es erwiesen ist, dass Eltern ihre Ängste auf ihre Kinder übertragen können, war mir hier schnell klar, dass diese Phobie nicht alleine darauf beruhen kann. Hier musste ein Auslöser der Grund sein. Ihn zu finden war in dieser Sitzung unsere Aufgabe. Weil Sarah so panisch auf Spinnen reagierte, musste ich im Visualisierungscoaching vorsichtig vorgehen.

«Sarah, wenn du bereit bist, dann stelle dir vor, wie du draußen in der Natur herumgehst. Wir möchten deine Angstgefühle spüren und lokalisieren. Wir wollen wissen, wo in deinem Körper du sie wahrnimmst und wie diese Angst aussieht. So wird deine Angst greifbar und wir können gut damit arbeiten.» Sarah ist motiviert dabei, sie will sich endlich von ihrer Phobie befreien. Die beste Voraussetzung für eine tolle Zusammenarbeit. Ich fordere Sarah auf, in der Natur eine Spinne zu finden. Das ist schnell passiert und ich kann beobachten, wie Sarah auf diese Vorstellung reagiert. Sarahs Gesicht verzieht sich, sie kriegt Gänsehaut und ihr Atem geht schneller. Sie merkt, wo ihre Angst im Körper lokalisiert ist und gibt ihr eine Gestalt: es ist eine haarige, vielbeinige, schwarze Spinne im Kopf. Wir suchen in ihrem Film des Lebens den Zeitpunkt, als diese

Spinne, die ihre Angst repräsentiert, zum ersten Mal gefühlt wurde und werden fündig.

Als Sarah fünf Jahre alt war, war sie auf dem Land zu Besuch bei ihren Großeltern. Es war herrlich dort, ein schöner Blumengarten und mittendrin ein kleiner Fischteich. An diesem Teich saß Sarah gerne, denn die kleinen Goldfische zu beobachten machte ihr Spaß. So saß sie an diesem Tag auf einem großen Stein am Teich und entdeckte am Rand einen moosbewachsenen Stein. Ihre kleinen Finger strichen über das weiche Moos und sie brach ein Stück dieses grünen Naturteppichs heraus. In diesem Moment passierte das, was Sarah für die nächsten 10 Jahre so in die Angst trieb. Eine Spinne sprang aus dem Moos und landete direkt auf dem kleinen Mädchen. Sarah erstarrte und war unfähig, sich zu bewegen, bis die Spinne von selbst wieder heruntersprang und verschwand. In diesem Moment wurde die Spinnenphobie geboren. Das kleine Mädchen, welches gerade selbstvergessen und entspannt am Teich saß, wurde von dieser Spinne angesprungen – was für ein Angriff! Sarah rannte ins Haus und erzählte es weinend der Großmutter. Die winkte ab und meinte: «Ach, was kann dir eine so kleine Spinne schon antun!» Damit war das Thema – für die Großmutter zumindest – abgeschlossen.

Hier kamen zwei Faktoren zusammen, die für diese Phobie auslösend waren. Einerseits die Präkonditionierung durch die Mutter, die sich vor Spinnen ekelte, und andererseits dieser traumatisierende Moment, als sie sich von dieser Spinne angegriffen fühlte. Dieser Schock war der Auslöser, dass ihr Gehirn Spinnen als echte Bedrohung einstufte und die Echse auf den Plan rief. Jedes Mal, wenn Sarah einer Spinne begegnete, wurde die Angst stärker und stärker. In der Sitzung war viel Arbeit zu leisten.

«Sarah, bevor wir zusammen diesen Moment am Teich genauer unter die Lupe nehmen, sollten wir schauen, dass die Angst deiner Mutter dich nicht mehr beeinflusst», sage ich zu Sarah, die immer noch etwas Gänsehaut hat. Sarah schaut mit ihren inneren Augen nach, ob es Kabel gibt, die sie und ihre Mutter verbinden und durch die vielleicht die Spinnenangst fließt. Sarah findet zwei Kabel: ein rosafarbenes, durch welches viel Liebe und Geborgenheit fließt, aber auch ein schwarzes, welches die Angst durchfließen lässt. Sarah ist bereit, das negative, schwarze Kabel zu entfernen und dafür zu sorgen, dass Mamas Angst sie nicht beeinflusst. Sie befreit sich davon und spürt, wie zugleich das rosa Kabel viel mehr Kraft erhält. So ist sie gut gerüstet, sich nochmals an den Teich zu setzen. Jetzt geht die Post ab! Kaum springt die Spinne auf Sarahs Bein, schimpft sie mit ihr: «Du doofe Spinne! Was fällt dir ein, mich so anzugreifen? Weißt du, wie sehr ich mich erschrocken habe? Ich habe hier doch nur gespielt! Dann kommst du und springst mir auf das Bein!» Es passiert genau das, was ich mir erhofft habe: die Spinne gibt Antwort. «Wovon sprichst du eigentlich?», brüllt die Spinne zurück. «Ich bin hier gemütlich zuhause, dann kommt plötzlich eine riesige Hand, die mein Haus zerstört und ich blicke einem riesigen Monster ins Gesicht! Was hätte ich tun sollen? Warten, bis du mich erschlägst? Weißt du eigentlich, wie sehr ich mich gefürchtet habe? Also, Mädel, was beklagst du dich eigentlich?» «Ich bin kein Monster», gibt Sarah zurück. «Ich auch nicht!» Nun ist es ein paar Sekunden ruhig in meiner Praxis. Ich beobachte, wie Sarah etwas ratlos ist. Wer ist schuld an der ganzen Sache, ich oder die Spinne? Sie holt tief Luft und sagt: «Okay, verstehe ich. Sorry. Ich wollte dein Haus nicht kaputt machen. Aber du hast mich schon ganz schön erschreckt mit deinen vielen Beinen.» Die Spinne nickt, denkt kurz nach und gibt zur Antwort: «Ja, okay. Verstehe ich auch. Wir haben halt beide nicht miteinander gerechnet. Auch sorry.» Sarah lächelt nun ein bisschen. Ich weiß, dass wir noch etwas mehr Arbeit leisten müssen. Der Schutzmechanismus im Hirn, die kleine Echse, muss noch einbezogen werden. Sarah lässt ihre kleine Echse aus ihrem Kopf an den Teich springen: «Lass uns mal gucken, wie deine Echse in diesem Moment reagiert. Hier haben wir vermutlich auch noch Handlungsbedarf», erkläre ich ihr. Nun erlebt die Echse den Moment, wie die kleine Spinne aus dem Moos springt. Die Echse schreit und zetert, flippt komplett aus, bis die kleine Spinne weinend zusammenbricht. Es ist Sarah, die irgendwann eingreift und ihre Echse anweist, sich doch bitte etwas zu beruhigen. «Die kriegt sich ja gar nicht mehr ein», stellt Sarah erschrocken fest. Wir lassen die Echse mit der Spinne sprechen, genauso, wie das vorher Sarah tat. Auch die Echse erkennt, dass hier kein Angriff passiert, dass die kleine Spinne genauso verängstigt ist wie sie selbst erschrocken. «Hey, sorry, Spinne. Ich wollte dich nicht erschrecken.» Auch die Spinne sieht ein, dass sie trotz ihrer Winzigkeit andere erschrecken kann. Die beiden versöhnen sich.

Ob das in Zukunft wohl klappt? Ich muss es überprüfen. «Sarah, jetzt wo deine Echse und du euch mit der Spinne versöhnt habt, lass uns mal überprüfen, wie du nun auf Spinnen reagierst.» Ich traue mich, Sarah sich vorstellen zu lassen, wie sie eine Spinne auf der Hand hält. Gleichzeitig beobachten wir die kleine Echse. «Wie fühlt sich das an?», frage ich Sarah. «Hmm… noch etwas fremd und die Spinne ist mir schon sehr nahe. Aber es ist okay.» «Was macht deine Echse?», will ich wissen. «Sie blinzelt etwas verwundert", grinst Sarah. «Aber sie hält die Spinne ganz ruhig auf der Hand.» Das klingt schon ganz gut. Ich nehme Sarah trotzdem noch auf ein paar mentale Reisen in die Natur, den Keller und den Dachboden mit. Ich will sicher sein, dass sie und ihr autonomes Nervensystem beim Anblick einer Spinne ruhig und gelassen bleiben. Je öfter Sarah solche Momente erlebt, desto sicherer werden sie und ihre Echse, so dass die Phobie der Vergangenheit angehört.

Nach dieser Sitzung erfuhr ich von der Mutter, dass Sarah als Erstes auf den Dachboden gestiegen ist, um Spinnen zu sehen. Dabei blieb sie ruhig und gelassen. In Sarahs Fall war es wichtig, dass wir alle Fäden zur Angst durchtrennt haben. Einerseits die Vorkonditionierung durch die Mutter, andererseits das Schockerlebnis mit fünf Jahren.

Die Vorkonditionierung sollte nicht unterschätzt werden: Kleinkinder orientieren sich in allen Dingen an ihren Eltern. Spürt ein Kleinkind eine Angst der Mutter oder des Vaters, wird diese Angst übernommen. Im Sinne von: «Wenn meine Mama Angst vor Spinnen hat, dann wird sie damit recht haben. Also muss ich auch vor Spinnen Angst haben, denn sie sind gefährlich.» Dabei kommt es nicht darauf an, ob eine Mutter ihre Spinnenangst versucht vor den eigenen Kindern zu verbergen: Angst kann man riechen! Kinder nehmen diesen Geruch unbewusst auf und reagieren darauf.

«Flugalarm!»
– Angst vor Insekten/Bienen/Wespen

CLAUDIA ERZÄHLT AUS DER PRAXIS

Beni, 9 Jahre

«Wir drehen langsam durch", erzählte mir Benis Mutter am Telefon, als sie mich verzweifelt anrief. «Sobald die Natur erwacht und Insekten durch die Luft schwirren, geht das Theater los.» Beni hat panische Angst vor allem, was fliegt: Bienen, Wespen, Mücken, sogar Fliegen. Das Einfamilienhaus der Familie ist mittlerweile mit Fliegengittern vor allen Fenstern ausgerüstet, um möglichst alle Insekten aus dem Haus fernzuhalten. «Aber ganz ehrlich, so richtig gelingt es uns nicht, das Haus ganz abzudichten. Gerade im Sommer, wenn die Kinder rein und raus springen, finden doch mal Wespen oder vor allem Fliegen den Weg in unsere Stube.» Draußen, in der freien Natur, ist es noch schlimmer. Beni fürchtet sich so sehr vor Insekten, dass er sich kaum aus dem Haus bewegt und wenn doch, dann nur mit langärmliger Bekleidung. So fühlt er sich etwas besser geschützt, dass eine Biene, Wespe oder ein anderes Flugobjekt auf seiner Haut landet. «Summt irgendwas in seiner Nähe, dann ist die Hölle los.», seufzt die Mama. «Er springt panisch davon, schreit, schlägt um sich und flüchtet in den nächstbesten Raum. Zuhause ist das ja noch aushaltbar, aber wenn wir irgendwo unterwegs sind, in der Stadt zum Einkaufen beispielsweise, dann ist es mir schon peinlich, wenn Beni so kreischend ins nächste Geschäft rennt und sich dort irgendwo versteckt. Er ist ja kein ganz kleiner Junge mehr.» Benis Verhalten löst auch bei Umstehenden fragende Blicke aus, die die Mutter ganz besonders treffen.

Beni ist das mittlere von drei Kindern. Seine beiden Schwestern lachen ihn oft aus, wenn er wegen einer Fliege in Panik gerät. «Die stechen ja nicht mal», lachen sie und schimpfen ihn einen Angsthasen. Für Beni macht dieses Verhalten seine Angst nicht leichter. Er fühlt sich dadurch noch schwächer und empfindet sich als Zielscheibe des Spotts. «Aber ich kann nicht anders», erzählt er mir im Vorgespräch. «Sobald es summt, herrscht Alarmstufe Rot bei mir.» Ich spüre, wie Beni unter seiner Angst leidet und wenn ich den Jungen vor mir so betrachte, dann passt sie so gar nicht zu ihm. Er ist ziemlich groß für sein Alter, blitzgescheit, sitzt mit roten Wangen und wachem Blick da. Aber er leidet sichtbar. Wir lernen uns gerade kennen und er erzählt mir von seinen Interessen und Hobbies. Beni ist ein richtiger Technikfreak, schon als Kindergartenkind hat er irrwitzige Mechanismen auf Papier konstruiert. Er tüftelt gerne, baut Maschinen zusammen und interessiert sich für Flugzeuge. Er kann mir genau erklären, weshalb ein Flugzeug fliegt, und kennt die verschiedensten Flugzeugtypen. Er spielt begeistert Eishockey, aufs Fußballfeld im Sommer aber verzichtet er. «Dort hat es Bienen und Wespen, drum tabu», erklärt er entschieden. Er schwimmt auch gerne, aber nur im Hallenbad. «Im Freibad fliegen Bienen, Wespen und Bremsen rum, drum tabu.» Er zählt lange Listen seiner Tabus auf und ich merke, wie stark ihn seine Angst vor diesen kleinen Flugobjekten einschränkt. «Du, da müssen wir was tun», sage ich zu ihm und er nickt bekräftigend. Was mir klar ist: Bei seiner Angst vor fliegenden Insekten geht es gar nicht nur darum, dass er gestochen werden könnte. Da muss etwas anderes der Auslöser sein. Bloß was?

Beni und ich legen los. Er macht es sich im Hängesessel bequem und schaukelt sachte, während er seine Denkräder – unsere Metapher für das rationale Denken – in den Hintergrund schiebt. Er genießt das sichtlich, denn er grinst leise dabei und murmelt: «Jetzt brauche ich euch grade nicht.» Er lässt sich vertrauensvoll darauf ein, als ich ihm vorschlage, dass er sich vorstellen soll, dass eine Wespe um seinen Kopf surrt. Aber hoppla! Sofort reißt Beni seine Augen auf, guckt panisch umher und vergewissert sich, dass die Wespe, die er gerade vor seinen inneren Augen gesehen hat, nicht tatsächlich herumfliegt. Ich lobe ihn: «Hey Beni, du bist ja ein Vollprofi im Visualisieren! Du hast eine tolle Vorstellungskraft, die wird uns noch viel nützen. Hier drin bist du sicher.» Beni atmet kurz durch und ist wieder bereit. Ich habe ihm erklärt, dass er die Angst einmal spüren und im Körper wahrnehmen darf. Wir starten nochmals und diesmal hält Beni durch: «Die Angst schnürt mir den Hals zu, ich kann kaum noch atmen», erklärt er mir. Dieses Gefühl sieht aus wie ein dicker Strick rund um seinen Hals. Ich schöpfe einen ersten Verdacht, möchte aber noch mehr wissen. Spürt er dieselbe Angst, wenn er sich eine Biene oder eine Fliege vorstellt? Wir tauchen nochmals in Bilder ein, wo Beni sich mit einer Biene und mit einer Fliege konfrontiert sieht und siehe da: Jedes Mal fühlt er diesen Strick um den Hals. Seine Reaktion ist jeweils unwillkürlich. Er verzieht das Gesicht, beginnt zu keuchen und will am liebsten auf und davon. Mir dämmert langsam, dass wir es hier mit der Echse zu tun kriegen, seinem Schutzreflex im Reptiliengehirn. Ich habe Beni vorab erklärt, was seine Echse für ihn tut und wie sie ihn manchmal auch behindern kann. Deshalb versteht er mich, als ich ihn nun anweise, seine Echse zu betrachten: «Was tut deine Echse, wenn eine Fliege, Wespe oder Biene rumfliegt?» Beni lacht und ruft: «Die spinnt ja völlig! Sie kreischt, verzieht ihr Gesicht und rennt wie der Teufel!» Aha, der Fluchtreflex. Beni hat gerade denselben Gedanken und sagt: «Das ist also dieser Fluchtreflex, den du mir vorhin erklärt hast.» Was sind wir doch für gescheite Leute!

Wir haben nun zwei Anhaltspunkte, die wir genauer untersuchen wollen: Beni fühlt seine Angst als Strick um den Hals, der ihm die Luft abschnürt und seine Echse flüchtet kreischend. Wir machen uns auf unsere Detektivreise, um herauszufinden, was passiert ist. Benis Echse nutzen wir dazu als Reiseleiter. Sie soll uns sagen, wann dieser Strick um den Hals zum ersten Mal gespürt wurde und vor allem, was damals passiert ist. Die Echse führt uns zurück in Benis frühe Kindheit. Er war damals drei Jahre alt, als er mit seiner älteren Schwester im Garten spielte. Ganz ins Spiel versunken merkte Beni nicht, dass ein Insekt um seinen Kopf schwirrte. Erst als dieses Insekt mit Schwung in sein linkes Nasenloch flog und sich dort verfing, schreckte Beni aus seinem Spiel auf. Er spürte diesen Fremdkörper in der Nase, er spürte ein Kitzeln und Zappeln und vor allem spürte er, dass er dort keine Luft mehr holen konnte. Der Dreijährige bekam es mit der Angst und schrie. Seine Schwester eilte ihm zur Hilfe und versuchte, das Insekt aus seiner Nase zu ziehen. Nun drang noch weniger Sauerstoff in seine Nase und Beni glaubte, dass er ersticken würde. In der Sitzung wird Beni klar, dass in seinem Kopf ein lauter Alarm seine Echse weckte. Sie reagierte auf das Gefühl des Erstickens und begann zu toben. Die Mutter, vom lauten Geschrei im Garten alarmiert, zückte ein Taschentuch und wies Beni an, sich kräftig zu schnäuzen. Das Insekt landete im Taschentuch, Beni konnte wieder atmen. Für die Echse, den großen Beschützer seines Menschen, war fortan klar: Fliegende Insekten, egal welcher Art, sind für meinen

Menschen lebensgefährlich. Also hau ab, Junge, bevor sie dich umbringen! Die Angst war geboren.

Genauso erkläre ich Beni, weshalb seine Echse so reagiert und wir beide schauen uns lächelnd an. Nur wie kriegen wir die Echse dazu, ab sofort wieder ruhig zu bleiben? Wir beschließen, uns in das Insekt zu versetzen, welches ihm in die Nase geflogen ist. Beni stellt sich vor, wie es für diese kleine Fliege war, als sie gemerkt hat, dass sie in einer Sackgasse gelandet ist. «Jesses, hat die eine Angst! Sie wollte gar nicht in mein Nasenloch, es war ein Windstoß, der sie in diese Richtung getrieben hat», erzählt er erstaunt. «Frag sie mal, wie sie sich in deiner Nase fühlt und was sie dort tun will.» «Sie findet es schrecklich dunkel und feucht hier. Jetzt verfängt sie sich in meinen Nasenhaaren und weil sie so klein ist, sind die wie Dolche. Sie hat richtig Angst und will nur wieder raus hier.» Ich beobachte, wie Beni das Geschehen in seiner Nase mitleidig erlebt. «Nun schnäuze ich auch noch, das arme Vieh wird richtig rausgeschleudert. Meinst du, sie hat sich dabei verletzt?» Ich merke, wir kommen auf die Ziellinie. Nun müssen wir noch die Echse überzeugen, dass sie künftig ruhig bleiben kann. Ich gebe Beni eine Echse auf die Hand und frage ihn: «Meinst du, du könntest deiner Echse erklären, dass es sich hier um ein Missverständnis handelt und dass fliegende Insekten keine Mörder sind, die dein Leben bedrohen?» Beni stürzt sich in die Verhandlung. Es sind diese Momente, die mir immer ein breites Grinsen ins Gesicht zaubern. Ich höre zu, wie Beni ernsthaft und engagiert mit seiner Echse spricht. «Du musst nicht ausrasten, wenn was auf mich zu fliegt. Das war damals ein Missgeschick und diese Fliege hatte beinahe mehr Angst als ich. Ich sterbe nicht, wenn eine Fliege oder was anderes um mich herumfliegt, keine Sorge. Du darfst ab sofort ganz ruhig bleiben, wenn irgendwas summt.» Beni übt ein paar Mal in seiner Vorstellungskraft, was zu tun ist, wenn seine Ohren ein Summen oder Brummen hören: Alarm im Kopf ausschalten und die Echse beruhigen. Nach kurzer Zeit höre ich, wie Beni seine Echse streichelt und sie lobt: «Brav…gut gemacht.»

Als Beni und ich uns voneinander verabschieden weiß ich, dass ich ihn nicht wiedersehen werde. Am selben Abend erreicht mich ein Anruf der Mutter: «Wir haben heute draußen im Garten gegessen, Wespen flogen um uns herum und Beni grinste nur. Sagenhaft!»

AUSSTIEG AUS DER ANGST

Diese vier Fälle, die wir dir hier präsentiert haben, dienen als Beispiel, um aufzuzeigen, wie schnell eine Tier-Angst entstehen kann. Wir könnten hier lange Listen von Tieren platzieren, die schon für Kinderängste gesorgt haben: von den typischen, hier erzählten Tieren wie Spinnen, Hunde, Wespen, aber auch Schlangen, Mäuse, Ratten oder Kühen, bis hin zu Elefanten, Wölfen, Ameisen und Fröschen. **Es sind meist nicht die Tiere selbst, die die Angst auslösen, sondern dass, was der Mensch damit verknüpft.** Vielleicht war es ein unangenehmes Erlebnis wie bei Beni, vielleicht ein Schockmoment wie bei Sarah. Vielleicht war es eine erlernte Angst, eine, die anerzogen wurde: «Pass immer gut vor Bienen auf, sie können schreckliche, allergische Reaktionen auslösen.» Oder es war vielleicht eine reale Angst, weil irgendwann ein Unfall oder eine andere echte Bedrohung erlebt wurde. Tatsächlich entstehen die meisten Ängste wie sie bei unseren vier Protagonisten entstanden sind: durch Schockmomente, Missverständnisse oder eben, wie bei Mariel, durch ihre Fantasie und Vorstellungskraft.

Es wäre zu einfach zu behaupten, dass sich diese Ängste im Laufe der Jahre relativieren. Meist werden solche Ängste kultiviert und dadurch konserviert. Wir wollen auf keinen Fall ausschließen, dass sich eine Angst vor Mäusen beispielsweise nicht tatsächlich irgendwann verflüchtigt. Auch das gibt es und manche Erwachsene schauen lachend auf die Kindheit zurück und verstehen nicht mehr, weshalb sie sich damals so sehr vor einem kleinen, süßen Mäuschen gefürchtet haben. Denn klar: Kinder sind prädestiniert für Ängste und viele davon relativieren sich mit zunehmendem Alter und zunehmenden Fähigkeiten. Aber gewisse Ängste, wie diese, die wir hier beschrieben haben, sind durchaus in der Lage, einen Menschen sein Leben lang zu begleiten. Deshalb ist es angebracht, schon im Kindesalter etwas dagegen zu tun. Bloß was? Muss dazu ein Kind unbedingt und immer ins Visualisierungscoaching? Oder gibt es Dinge, die man selbst zuhause tun kann?

Gibt es.

Ausstieg aus der Angst – was du tun kannst

Achte als erstes darauf, dass du in Gegenwart deines Kindes ruhig bleibst, denn es nutzt dich als Vorbild, um nachzuahmen, wie es in neuen und unsicheren Situationen reagieren soll. Genauso wie Nervosität ansteckend ist, gilt das auch für Gelassenheit. Arbeite an deiner eigenen Gelassenheit, damit du sie über deine Stimme und Körpersprache auf dein Kind übertragen kannst.

Die Angst vor kleinen Tieren oder Insekten kann eine sozial bedingte, konditionierte Reaktion sein. Das Kind wurde konditioniert zu denken, dass es auf eine bestimmte Art und Weise auf diese Lebewesen reagieren muss. In Filmen oder Zeichentrickfilmen sehen wir oft, wie Menschen erschrecken und auf einen Tisch oder Stuhl springen, wenn eine Maus den Raum betritt. Das wird als normales Verhalten dargestellt. Diese Reaktion kann von dem Kind übernommen und gespeichert werden. Von nun an ist dies auch seine Reaktion auf das kleine Wesen.

Wenn du deinem Kind erlaubst, der Angst ständig aus dem Weg zu gehen, verschaffst du ihm vielleicht vorübergehend Erleichterung, aber die Angst wird dadurch nur noch größer und in Zukunft noch schwieriger für dein Kind. Anstatt dein Kind zu beruhigen, solltest du ihm beibringen, wie es das Problem lösen und sich selbst beruhigen kann.

Wenn ein Kind Angst vor Hunden hat, sollten Eltern ihr Kind darüber aufklären, was das Verhalten des Hundes bedeutet. Das Kind kann lernen zu beurteilen, was das Bellen, Hochspringen, Ablecken oder Schwanzwedeln bedeutet. Genauso soll es auch den richtigen Umgang und Zugang zu Hunden lernen. Nicht jeder Hund möchte gestreichelt werden. Übe mit deinem Kind, wie es sich richtig verhält, wenn ein Hund auf es zukommt. Das Verständnis für die Körpersprache des Hundes und das Vertrauen in die eigenen Fähigkeiten im Umgang mit dem Tier gibt dem Kind die Kontrolle zurück. Das Kind lernt, seine Angst durch seine Selbstberuhigung und Selbstregulierung zu bezwingen und sieht sich ihr nicht mehr hilflos ausgeliefert.

Empathie wecken

Wenn sich dein Kind vor Spinnen, Schlangen, Insekten oder anderem Getier fürchtet und schon der Anblick dieses Tieres Gänsehaut auslöst, dann versuche, deinem Kind eine andere Sicht auf dieses Tier zu ermöglichen. Vielleicht findest du ein tolles Kinderbuch, einen Kinderfilm oder ein Spiel, in welchem das angstauslösende Tier der Hauptprotagonist

ist. Wenn Kinder die Möglichkeit haben, sicher und spielerisch in den Lebensalltag des Tieres einzutauchen, mitzuerleben, mit welchen Sorgen und Nöten das Tier umgehen muss, was es anstellen muss, um seine Nachkommen zu ernähren, dann eröffnet sich eine völlig neue Welt. Das Kind sieht die Welt plötzlich durch die Augen des Tieres: «Die kleine Spinne weiß gar nicht, welches Bein sie zuerst bewegen soll, sie hat solche Angst vor diesem großen Menschenmonster!» «Die arme Biene: Sie wollte sich nur verteidigen, als ich mit dem Fuß auf sie gestanden bin und nun muss sie trotzdem sterben.» «Die kleine Ameise trägt ja mehr, als ein Mensch je tragen könnte, nur um ihre Jungen zu ernähren.»

Solch kleine Erlebnisse und Erkenntnisse ermöglichen es dem Kind, das Monster, welches ihnen so viel Angst eingeflößt hat, als schützenswertes Lebewesen wahrzunehmen. Du kannst aus deiner eigenen Fantasie schöpfen und tolle Abenteuergeschichten erfinden, die deinem Kind helfen, die Perspektive zu wechseln. Denk daran, auch außerhalb dieser Geschichten, nämlich im Alltag, diesen Perspektivenwechsel immer wieder erleben zu lassen: «Schau mal, wie der Hund da vorne mit dem Schwanz wedelt und an der Leine zieht, er kann es kaum erwarten, dich zu begrüßen.»

Tiersprache lernen

Auch dieser Tipp zielt auf einen Perspektivenwechsel ab. Gerade kleinere Kinder bis circa acht Jahre lieben es, wenn sie plötzlich Tiersprache sprechen und verstehen können. Bei Angst vor Hunden, Wespen, Pferden oder eben Spinnen greift diese Idee meist wunderbar und das Kind taucht mit viel Spaß in eine solche Vorstellungswelt ein. Dieser Tipp eignet sich vor allem bei Tierängsten, die im Alltag oft real werden, bei

Hunden, Insekten, Pferden und anderen Tieren, denen Kinder oft begegnen. Lass dein Kind seine Augen schließen und erkläre ihm, dass es jetzt – auf wundersame Weise – mit diesem Tier sprechen kann. «Erzähl dem Hund, wie sehr du dich vor ihm fürchtest. Lass ihn wissen, was deine Angst auslöst. Ist es das laute Bellen, das übermütige Springen? Erzähl dem Hund, wie sich das für dich anfühlt. Er wird dich verstehen.» Du wirst miterleben dürfen, wie dein Kind in seiner Vorstellung mit dem Hund spricht: «Du machst mir Angst, weil du so große Zähne hast. Du springst immer so auf mich zu und ich habe Angst, dass du mich beißen willst.» Erkläre deinem Kind, dass der Hund antworten wird. «Was sagt der Hund darauf? Erzähl mal.» Achte hier darauf, dass du deinem Kind die Antwort nicht in den Mund legst. Es sind die Erkenntnisse des Kindes, auf die es nun ankommt. Warte, bis dein Kind dem Hund zugehört hat und lass es dann erzählen: «Der Hund hat gesagt, dass er so große Zähne braucht, weil er weder Messer noch Gabel hat, um zu essen. Dass er seine Zähne ganz bestimmt nicht dazu brauchen will, um mich zu beißen. Er hat gesagt, dass man halt seine Zähne sieht, wenn er lächelt. Das ist wie bei uns Menschen. Er hat mir erzählt, dass er Kinder mag und deshalb vor Freude an der Leine springt und es kaum erwarten kann, gestreichelt zu werden.» In diesem Moment erklärt sich das Kind das Verhalten des Hundes selbst und versteht sein Verhalten. Die Angst weicht dem Verständnis und wird neutralisiert.

Wie erwähnt eignet sich diese Visualisierungsmethode besonders für kleinere Kinder. Du kannst sie für jede Tierangst anwenden, um zu bewirken, dass das Tierverhalten besser verstanden und eingeordnet wird. Selbstverständlich kannst du diesen Tipp auch anwenden, wenn dein Kind vor Tieren Angst hat, denen es im Alltag kaum begegnen wird: Elefanten, Löwen, Nilpferde oder auch Wölfe. Im Alltag kann sich kaum eine positive Erfahrung einstellen, wenn das neue Vertrauen und Verständnis zum Tier nicht real wird. Dennoch kann sich auch hier viel tun und die Angst sich deutlich verringern.

Akzeptieren

Manche Ängste vor gewissen Tieren sind durchaus nützlich und angebracht. Ein Kind sollte lernen, niemals ungefragt auf einen unbekannten Hund loszurennen und ihn streicheln. Die Hufe eines Pferdes können wirklich zu schweren Verletzungen führen, wenn ein Kind nicht gelernt hat, dieses Fluchttier zu verstehen und seinen Raum zu respektieren. Und auch in unseren Gefilden kann ein Schlangen- oder Spinnenbiss zu Komplikationen führen. Es ist deshalb wichtig, dass du solche Ängste nicht einfach wegwischst, wenn dein Kind sie äußert. Nimm die Angst ernst und zeige Verständnis: «Ich verstehe, dass du Angst hast, um ein Pferd herum zu gehen. Es hat viel Kraft und kann dich ernsthaft mit seinen Hufen treffen. Aber du kannst lernen, so um ein Pferd herumzugehen, dass ihr beide – du und das Pferd – euch sicher fühlt. Denn ein Pferd tritt auch nur dann aus, wenn es sich bedroht fühlt.» Dann geht es darum, dem Kind das richtige und sichere Verhalten beizubringen und es mit ihm zu üben. Durch die Erfahrung, dass das Kind selbst ganz viel dazu beitragen kann, dass sich das Tier sicher und wohl fühlt – und deshalb friedlich reagiert – wird es immer sicherer im Umgang und das Vertrauen in sich selbst und in das Tier kann wachsen.

Es ist völlig in Ordnung, wenn dein Kind einen großen Bogen um eine unbekannte Schlange macht. Da darfst du deinem Kind Schützenhilfe geben und es für seine Vorsicht loben. Doch wenn dein Kind wegen seiner Angst nicht mehr mit dir ins Freie gehen will, weil es unter jedem Stein und in jeder Ritze eine Schlange vermutet, dann solltest du eingreifen. Vielleicht hebst du selbst ab und zu einen Stein auf und ermöglichst deinem Kind zu erkennen, dass unter den allermeisten Steinen keine Schlange wohnt. Mach solche Aktionen zu einem spannenden Erlebnis und untersuche mit deinem Kind, was unter diesem Stein alles lebt: kleine Käfer, Ameisen, die winzige Sandkörner transportieren, ein Regenwurm, der die Erde weich und nährstoffreich hält. Findet Spaß an dem Mikrokosmos, der unter diesem Stein entdeckt wurde.

Reflektieren

Kann es sein, dass dein Kind dieselbe Angst mit sich herumträgt, wie du? Dass ihr beide Kreischanfälle und Gänsehaut habt, wenn ihr eine Spinne entdeckt? Kann es sein, dass du selbst innerlich erstarrst, wenn ein Hund um die Ecke kommt? Vielleicht wendest du ein: «Ja schon, aber davon weiß mein Kind nichts. Ich habe meine Angst unter Kontrolle.» Meinst du wirklich? So oft begegnen wir in unserer Praxis Kindern mit ihren Müttern, die dieselbe Angst teilen: «Ja, ich habe ja selbst auch Angst vor Spinnen, aber ich bin nicht so panisch wie meine Tochter.» Liebe Mama oder lieber Papa, wir wissen, dass du alles gibst, um deinen Kindern deine Angst nicht weiterzugeben. Leider müssen wir dir mitteilen, dass du das Spiel längst verloren hast. Das ist nicht deine Schuld! Kinder sind mit allen ihren Sinnen und ganz feinen Antennen so eng mit ihren Eltern verbunden, dass sie ihre Angst einfach spüren. Sie nehmen wahr, wenn du dich innerlich verkrampfst, weil ein Hund auf dich zukommt. Sie riechen deine Angst, wenn du die Spinne im Zimmer entdeckst. Sie nehmen wahr, dass du schneller atmest und blasser wirst. Du hast keine

Chance, deine Angst zu verstecken. Weil Eltern die allerwichtigsten Bezugspersonen im Leben ihrer Kinder sind und sie in dieser Funktion für alles stehen, was wahr und wichtig ist im Leben, sind die Ängste der Eltern für ein Kind richtig: «Mama und Papa werden einen triftigen Grund für diese Angst haben. Also ist dieses Ding gefährlich und ich muss auch Angst haben.»

Ach, wie sind wir doch gemein. Da schreiben wir ein Buch über kindliche Angst und plötzlich sitzt du mittendrin statt nur dabei. Es ist die Erfahrung aus unseren Praxen, die dich hier mit ins Boot holt. Falls du dich angesprochen fühlst, laden wir dich herzlich ein, dich selbst mit deiner Angst kurz auseinanderzusetzen und die Entscheidung zu treffen, dagegen was zu tun. Vielleicht magst du selbst mal kurz die Augen schließen und in Hundesprache mit dem Rottweiler da hinten reden?

SCHLAFEN?
AUF KEINEN FALL!

ANGST VOR DEM SCHLAFEN

In diesem Kapitel greifen wir Ängste auf, die mit dem Schlaf verknüpft sind. Diese Angst ist in unseren Praxen sehr häufig, und zwar nicht nur bei kleineren Kindern. Die Angst vor dem Schlafen, dem Einschlafen, dem Träumen oder der Dunkelheit trifft Kinder jeglichen Alters. Im frühen Kindesalter treten solche Ängste deutlich häufiger auf und sind meist mit anderen Ängsten verknüpft. Für Eltern ist diese Angst ziemlich belastend. Am Abend, wenn man vom Tag müde ist und einfach ein bisschen Ruhe bräuchte, geht es los. Das Kind will nicht ins Bett gehen, steht ständig wieder im Wohnzimmer, weint, will Ablenkung, Nähe und am liebsten ins Bett der Eltern kriechen. Hier ein kurzer Abstecher zu dem Thema:

Familienbett

Es etabliert sich langsam, das Familienbett. Die ganze Familie kuschelt sich nachts in dasselbe Bett. Das Rudel bleibt zusammen, wärmt sich gegenseitig und fühlt sich sicher. Dieses Konzept verbreitet sich immer mehr und zieht in viele Familien ein. Aus unserer Sicht goldrichtig. Es entspricht dem Menschen, sich auch im Schlaf möglichst sicher und geborgen zu fühlen. Gerade im Schlaf, wo man tief entspannt keinerlei Kontrolle darüber hat, was im Außen geschieht. Gehen wir kurz zu den ersten Menschen zurück, die in der freien Natur überleben mussten. Da wurde ganz bestimmt kein Kind in ein Bananenblatt gewickelt und von der Sippe abgesondert im tiefen Dunkel schlafen gelegt. Die Gefahr, dass der nächste Säbelzahntiger um die Ecke kommt, war einfach zu groß. Weil damals, wie heute das genetische Programm der Artenerhaltung in uns aktiv ist, hat sich an diesem Bedürfnis nach Schutz und Geborgenheit nichts geändert. Somit ist dem Familienbett nichts entgegenzusetzen, sofern es für alle Familienmitglieder stimmig ist. Es begegnen uns oft Eltern in der Praxis, die leicht verschämt zugeben, dass sie ihre Kinder im eigenen Bett haben. Diese Eltern atmen erleichtert auf, wenn wir zustimmend nicken. Ob die ganze Familie im selben Bett schlafen möchte, ist eine reine Familiensache. Du kannst davon ausgehen, dass diese Form des Schlafens allen Beteiligten ein wunderbares Gefühl der Geborgenheit und Sicherheit gibt. Das ist bei dir zuhause schon so? Genieße es, auch diese Zeit endet irgendwann.

Zurück zum Thema

Die meisten Familien schlafen «traditionell»: Eltern im eigenen Bett und Zimmer, die Kindern in ihrem. Eltern möchten ungestörte Zweisamkeit genießen dürfen und das ist völlig in Ordnung. Viele Kinder genießen ihr eigenes Bett in ihrem eigenen Zimmer. Aber vielleicht kriecht das Kind trotzdem Nacht für Nacht ins Bett der Eltern, weil es durch Ängste vor dem Schlaf oder während dem Schlaf geplagt wird und nach Nähe und Sicherheit sucht. Dann stört diese nächtliche Ruhe. Das Kind schläft nicht ruhig und entspannt bis zum Morgen und die Eltern werden nachts wach, wenn sie sich erholen sollten. Die Angst wird belastend für die ganze Familie.

Untersuchungen zu diesem Thema vermuten, dass bis zu 90% der Kinder und Jugendlichen mindestens eine Art von Schlafproblem haben. Die häufigsten Probleme sind Schwierigkeiten, den Schlaf zu finden und/oder aufrechtzuerhalten, Albträume und die Weigerung, allein zu schlafen. Falls dieses Thema deine Familie betrifft: Du befindest dich in bester Gesellschaft.

Kinder mit nächtlichen Ängsten schlafen deutlich schlechter als andere Kinder. Ihr Schlaf kann in vielerlei Hinsicht gestört sein: Einschlafprobleme, Schlafwandeln, Nachtschreck, mehrmaliges Aufwachen pro Nacht oder Bettwechsel während der Nacht. Wertvoller Schlaf, in dem das Kind seine Batterien vollständig regenerieren kann, geht verloren. Die reduzierte Schlafdauer und Schlafqualität wirken sich langfristig negativ auf das psychische Wohlbefinden aus. Schlafmangel kann das allgemeine Angstniveau erhöhen, was wiederum dazu führt, dass sie noch anfälliger für nächtliche Ängste sind. Eine Negativspirale wird in Gang gesetzt. Schlaf und Angst sind sowohl intrinsisch als auch wechselseitig miteinander verbunden.

Abgesehen davon, dass Angst für das Kind extrem belastend ist, kann die Suche nach der Ursache für die nächtlichen Ängste das langfristige Wohlbefinden des Kindes erheblich verbessern und schlechte Schlafgewohnheiten durchbrechen, denn schlechte Gewohnheiten können sich in gewissen Fällen bis ins Erwachsenenalter fortsetzen.

Hier sind drei Hauptvorteile, die du und dein Kind über gesunde Schlafhygiene wissen müssen:

Schlaf macht gesünder (und schöner ☺), Schlaf macht klüger und Schlaf macht größer!

1. Schlaf macht gesünder

Die Batterien des Kindes werden wieder aufgeladen. Die Zellen des Körpers regenerieren sich während der Schlafphase und das Gehirn setzt chemische Stoffe frei, die das Immunsystem reparieren und stärken.

Schlafentzug kann zu einem erhöhten Cortisolspiegel (Stresshormon) führen, der die Aktivierung des Immunsystems negativ beeinträchtigt.

2. Schlaf macht klüger

Eine der wichtigsten Funktionen des Schlafs ist die Reorganisation im Gehirn, wenn das Erlebte wie katalogisiert und abgeheftet wird. Diese Reorganisation schließt das Lernen und die Gedächtnisleistung mit ein.

Die tagsüber gesammelten Informationen werden während der Schlafphase in das Langzeitgedächtnis übertragen. Tagsüber ist das Gehirn eines Kindes ständig in Betrieb. Es nimmt viele neue Informationen auf, bewältigt alltägliche Aufgaben, trifft Entscheidungen und löst Probleme. Erst im Schlaf werden all diese Informationen gespeichert und im Langzeitgedächtnis verankert. Die Pfade des Gedächtnisses werden im Schlaf angelegt. Das Gehirn verarbeitet in dieser Zeit alles, was es am Tag aufgenommen hat. Somit erhält die Aussage «du lernst im Schlaf» eine völlig neue Bedeutung, nicht wahr? Schlaf ist notwendig, um Erinnerungen zu festigen, damit sie in Zukunft abgerufen werden können. Wenn ein Kind nicht genug Schlaf oder nicht genug Qualitätsschlaf bekommt, kann das seine Fähigkeit beeinträchtigen, Informationen zu speichern, neue Informationen aufzunehmen, sich zu konzentrieren und effizient zu lernen.

3. Schlaf macht größer

Wachsen Kinder nur im Schlaf? Wenn der Schlaf ständig gestört wird oder nicht genug Schlaf erreicht wird, können Kinder und Jugendliche von ihrer normalen Wachstumskurve abfallen. Fast das gesamte Wachstum findet statt, wenn sie entweder schlafen oder sich ausruhen. Ausreichend Schlaf ist besonders wichtig für die Ausschüttung von Wachstumshormonen und somit für ein gesundes Wachstum. Deshalb treten Wachstumsschmerzen oft auf, wenn das Kind entspannt im Bett liegt, kurz vor dem Einschlafen. Wenn das Nervensystem vom Sympathikus auf den Parasympathikus umschaltet, wird das Wachstumsprogramm aktiviert. Manche Kinder wachen sogar wegen starker Wachstumsschmerzen auf.

In extremen Fällen können Schlafstörungen zu dauerhaften Schäden am Hypothalamus führen. Dieser Teil des Gehirns ist für die Regulierung von Appetit und Energie verantwortlich. Deshalb kann Schlafmangel mit chronischer Antriebslosigkeit oder einem erhöhten Risiko für Fettleibigkeit in Verbindung gebracht werden.

So oft hören wir von Eltern, dass ihr Kind Mühe hat, die Gefühle zu kontrollieren, wenn es müde ist oder an Schlafmangel leidet. Dann wird es schneller wütend oder reagiert impulsiv, weil sein Gehirn mehr Ruhe braucht. Eine schlechte Schlafqualität und Schlafverlust können auch zu Konzentrationsproblemen und Hyperaktivität führen.

Der Körper leistet eine Menge wichtiger Arbeit, während wir schlafen:
- Er sortiert und verarbeitet die Informationen des Tages.
- Er schüttet Hormone wie Melatonin aus, das den Schlafrhythmus steuert, und Wachstumshormone, die dem Körper helfen, zu wachsen und sich zu reparieren.

- Das sympathische Nervensystem hat die Möglichkeit, sich zu entspannen.
- Der Cortisolspiegel sinkt.

Auch Jugendliche sind von Schlafproblemen betroffen. Es gibt einen starken Zusammenhang zwischen der Angst, etwas zu verpassen, der übermäßigen Nutzung sozialer Medien am Abend und einem gestörten Schlafverhalten. Unsere Jugend wird tagsüber mit visuellen und akustischen Reizen überflutet. Es gibt weniger Kontakt zur Natur, die die innere Unruhe ausgleichen und die Nerven beruhigen könnte. Durch die sozialen Medien ist das Tempo schneller und man hat das Bedürfnis, ständig erreichbar zu sein. Das ist anstrengend. Seitdem Computer, Telefone und das Internet in den Haushalten Einzug gehalten haben, wissen Kinder und Jugendliche nicht mehr, wie sie sozial agieren können, wie sie interagieren und sich ohne ein Gerät beschäftigen können. Auch wenn die Technologie das Leben einfacher gemacht hat, ist es auf andere Weise komplexer geworden. Es gibt keine Ausreden mehr, nicht rund um die Uhr erreichbar zu sein. Die tatsächliche Auszeit, die Zeit zum Alleinsein und die Zeit zum Entspannen hat abgenommen. Sicher auch deshalb fühlt sich die heutige Jugend die meiste Zeit gestresst.

Viele Jugendliche machen nicht mehr die Dinge, die ihnen guttun würden, wie zum Beispiel persönliche Gespräche führen, Zeit in der Natur verbringen, sich bewegen, kochen, malen, gestalten und einfach mal nichts tun. Nichts zu tun scheint heute eine Sünde zu sein und Schlafen heißt für sie nichts tun.

Kinder empfinden Schlaf oft als Zeitverschwendung. Sie kämpfen dagegen an, weil sie nichts verpassen wollen. Der Schlaf raubt ihnen die Zeit für Spaß, Spiel, Fernsehen und Aufmerksamkeit. Deshalb erklären wir die drei oben genannten Punkte ausführlich. Wenn Kinder nie erfahren, warum wir schlafen, können sie nicht begreifen, wie wichtig dies für ihr mentales, emotionales und körperliches Wohlbefinden und ihre Entwicklung ist. Wenn Kinder zu einer Sitzung zu uns kommen, erklären wir ihnen diese drei Punkte im Vorgespräch, um das Kind in die richtige Haltung zu versetzen und die richtige Motivation für Veränderungen zu aktivieren: „Wenn du schläfst, wirst du gesünder (schöner), klüger und größer!" Welches Kind kann da schon widerstehen?

Gerade die Nachtzeit mit ihrer Dunkelheit und dieser unkontrollierbare Zustand im Schlaf schüren viele Ängste bei Kindern. Diese Ängste können verschiedene Ursachen haben und sie sind sehr vielfältig. Die Dunkelheit, die Dinge plötzlich anders aussehen lässt und mit der Fantasie der Kinder entgleisen kann, die Sinne, die sich im Dunkeln plötzlich anders orientieren müssen, Träume, Monster und Gespenster und auch die Angst vor dem Alleinsein. Die folgenden vier Fälle zeigen einige der typischsten Ängste auf, die mit dem Schlaf verbunden sind.

Die Gespenster kommen! – Angst allein zu schlafen

SONYA ERZÄHLT AUS DER PRAXIS

Ben, 5 Jahre

«Ben ist tagsüber ein richtiger Draufgänger, er spielt Eishockey und ist mutig auf dem Eis, er hat eine große Klappe im Kindergarten und ist überhaupt ein völlig normaler, fröhlicher Junge.» So steht es im Datenblatt, welches mir Bens Mutter zugeschickt hat. «Sobald es aber langsam dunkel wird, erkenne ich meinen Jungen nicht wieder. Da läuft in ihm ein Programm ab, welches wir überhaupt nicht verstehen.» Ich bin nun echt gespannt auf diesen kleinen Draufgänger.

Nun sitzt er da, wacher Blick aus blauen Augen und ein breites Grinsen. Es ist hell draußen, also kein Grund für ihn, plötzlich zu einem ängstlichen, kleinen Kerl zu werden. Seine Mutter schildert das Problem etwas genauer: «Sobald die Dämmerung einsetzt, wird er unruhig, ängstlich und wirkt eingeschüchtert. Schon beim Abendessen beginnt er zu verhandeln. Er setzt alle Kniffe und Tricks ein, um bloß nicht ins Bett zu gehen. Das Thema beherrscht die ganze Familie.» Ben guckt etwas resigniert und zuckt die Schultern. Die Mutter erzählt, dass er im Bett der Eltern problemlos alleine einschläft, in seinem Zimmer aber nur dann, wenn entweder die Brüder oder seine Eltern im Zimmer bleiben.

«Ben, wovor fürchtest du dich so in deinem Zimmer?», frage ich ihn. Für mich ist klar, dass die Angst an sein Zimmer gebunden ist. «Ich habe

KEINE AHNUNG!», betont Ben. «Wir fragen ihn das auch immer wieder», meint die Mutter. «Wir erhalten genau die gleiche Antwort.» Ben gibt diese Antwort so ausdrücklich, dass ich ihm sofort glaube, dass er den Grund seiner Angst nicht kennt. Ich studiere nochmals das Datenblatt. Mein Blick bleibt bei einer Anmerkung hängen: Ben hat oft Bauchschmerzen ohne Grund. Ich markiere mir das gelb, damit ich in der Sitzung auch hier mal einen Blick drauf werfe. Wie sich in der Sitzung herausstellen wird, trügt mich mein Instinkt nicht.

Ben macht es sich im Sessel gemütlich, während ich seiner Mama die Kaffeemaschine im Wartebereich zeige. Er grinst mich breit an als ich zurückkomme und ich grinse zurück. «Wie wäre es denn für dich, wenn dieses Grinsen auch abends noch in deinem Gesicht wäre, Ben?» «Wäre schon cool», meint er und macht sich bereit zum Visualisieren. Wir tauchen ein in seine Bilderwelt, die genau so ist, wie ich erwartet habe. Es zeigt sich die farbenfrohe, wilde Welt eines mutigen, kleinen Kerls. Mir kommt die gelb markierte Stelle im Datenblatt in den Sinn und ich beschließe, Ben auf eine Reise in seinen Körper mitzunehmen. «Stell dir vor, wie du mit deinen Augen durch deinen Körper reisen könntest. Ich möchte, dass du zu deinem Bauch gehst und ihn mit deinen inneren Augen betrachtest. Erzähl mir, wie es dort aussieht.» Ben lässt sich begeistert darauf ein und kichert, als er viele, kleine Blubberbläschen im Magen sieht. «Ah, hier sind die Kekse, die ich noch im Auto gegessen habe. Und da ist noch was von der Tomatensoße des Mittagessens. Cool hier drin.» Er guckt sich begeistert um. «Mancherorts ist es etwas zu dunkel, da sehe ich nicht viel», erzählt er mir. «Möchtest du eine Taschenlampe?», frage ich ihn und er greift natürlich zu. So erkundet er alle Winkel seines Bauches und ruft plötzlich erstaunt aus: «Hier ist ein Spalt! Also, eigentlich eher ein Riss.» «Was ist denn das für ein Riss? Wieso ist er da?», frage ich interessiert. «Ich habe keine Ahnung», gibt er ratlos zurück. Wir beide rüsten uns nun und spielen Detektiv. Woher kommt dieser Riss und was soll er hier? Um herauszufinden, ob der Riss ein Gefühl repräsentiert, forderte ich ihn auf, seine Hand auf seinen Bauch zu legen. Sofort spürt er, dass es die Angst allein zu schlafen ist. «Komm Ben, wir schauen mal, wann dieser Riss, diese Angst, entstanden ist in deinem Bauch. Aus irgendeinem Grund ist er hier. Vermutlich ist er der Grund, weshalb du so oft Bauchweh hast.»

Wie immer im Visualisierungscoaching schauen wir im Film des Lebens, woher ein Gefühl, und in diesem Fall die Verletzung, kommt. Wir nutzen das intuitive Wissen des Klienten und lassen uns davon leiten. Wir werden fündig.

«Ich hab's!», ruft Ben aus. «Hier ist der Riss entstanden.» «Wo? Was passiert gerade, Ben?» Ben taucht in einer Erinnerung und erzählt: «Ich sitze in meinem Zimmer und entdecke einen neuen Riss in der Wand. Der Riss war vorher nicht da. Ich frage mich, woher dieser Riss kommt.» «Aha. Was denkst du, woher dieser Riss herkommt?», frage ich nach. «Von Einbrechern. Einbrecher haben diesen Riss gemacht. Nun kommen Gespenster durch den Riss in mein Zimmer. Die Einbrecher und Geister arbeiten zusammen. Immer nachts, wenn ich schlafen will. Durch diesen Riss kommen Gespenster», flüstert er gebannt. «Hm», sage ich. «Woher weißt du, dass Einbrecher diesen Riss gemacht haben?» «Ich weiß das einfach», gibt er zur Antwort. «Also hör mal zu Ben, wir beide sind ja Detektive. Detektive finden immer die Wahrheit heraus. Lass uns untersuchen, ob dieser Riss wirklich von Einbrechern gemacht wurde. Stammt er von einem Einbrecher, werden wir bestimmt Fingerabdrücke oder andere Spuren finden.» Wir rüsten uns mit Wärmekameras, Blaulicht und chemischen Substanzen aus, die Fingerabdrücke erkennbar machen. Ben ist fleißig bei der Arbeit und wir untersuchen Zentimeter um Zentimeter. «Hmmm…», Ben überlegt fieberhaft. «Bisher habe ich keine Fingerabdrücke gefunden. Und du?» «Ich auch nicht. Was meinst du, was das bedeuten könnte?» Ben überlegt. «Vielleicht, dass da gar keine Einbrecher waren?» «Ja, das glaube ich auch. Woher könnte der Riss denn sonst stammen?» «Böh, keine Ahnung», meint Ben. «Vielleicht weil unser Haus schon alt ist?» «Ach so. Ja, das wird der Grund sein.» «Meinst du, dass durch diesen Riss keine Gespenster kommen?», fragt er mich gespannt. «Nein. Nur wenn der Riss von einem Gespenster-Einbrecher gemacht wurde, kommen auch Gespenster. Aber da hier kein Einbrecher am Werk war, sondern nur das alte Haus, kommen auch keine Gespenster durch», erkläre ich ihm. «Ach soooo.» Er schweigt einen kurzen Moment. «Dann ist das einfach ein ganz normaler Riss.» Ich beobachte, wie Ben sich im Sessel räkelt, man sieht ihm seine Entspannung deutlich an. «Also Ben, wenn dieser Riss einfach nur ein Riss ist, brauchst du dann deine Angst noch?», frage ich ihn. «Sicher nicht", lacht er. «Das wäre ja blöd. Dann müsste ich ja auch vor zerrissenem Papier Angst haben.» Ich weiß in diesem Moment, dass von nun an Ben auch der mutige, draufgängerische Junge ist, wenn die Sonne untergegangen ist.

Nach der Sitzung erzählen wir der Mama, was wir gemeinsam erlebt haben. Sie ist erstaunt: «Der Riss in der Wand? Ja, den hast du mal erwähnt und wir dachten uns nichts weiter dabei. Aber wir haben dich doch so oft gefragt, wovor du Angst hast und immer hast du gesagt, du wüsstest es nicht. Das glaube ich ja nicht.» Ja, solche Antworten kommen an die Oberfläche, wenn man genau hinhört, hinschaut, nachfragt und den

Hinweisen nachgeht. Hier, in diesem Fall, war die Antwort im Körper gespeichert und ich bin froh, dass ich meinem Impuls, das Bauchweh als Hinweis zu nutzen, gefolgt bin.

Ich war nicht überrascht, als mich einige Zeit nach dieser Sitzung die Nachricht erreichte, dass Ben wunderbar einschläft, alleine in seinem Zimmer, und dass auch sein Bauchweh verschwunden ist.

ANGST VOR DEM SCHLAFEN

«Geht's Mama gut?» – Verlustangst

CLAUDIA ERZÄHLT AUS DER PRAXIS

Lilli, 8 Jahre

«Lilli ist ein ganz besonderes Kind. Sie ist sehr fürsorglich, kümmert sich sehr liebevoll um andere Menschen und ganz besonders um mich. Es vergeht kein Tag, an dem sie mich nicht fragt, wie es mir geht und ob sie mir was helfen kann. Sie ist wirklich etwas ganz Besonderes.» So beschreibt die Mutter ihre 8-jährige Tochter im Datenblatt. Lilli muss ein wahrer Engel sein. Es geht weiter: «Lilli geht meist mit mir einkaufen und trägt mir die Einkaufstaschen in die Küche. Sie hängt die Wäsche auf und ist überhaupt sehr anhänglich und verschmust. Am liebsten verbringt sie ihre Zeit mit mir und ich muss sie manchmal fast überreden, sich mal mit Freundinnen zu verabreden. Obwohl sie viele Freundinnen hat und auch in der Schule sehr beliebt ist, so ist sie doch am liebsten Zuhause oder möchte etwas mit mir unternehmen.» Gespannt lese ich weiter, wo liegt der Hund begraben? Die Mutter beschreibt, weshalb Lilli zu mir kommen soll: «Abends wird es schwierig. Schon beim Abendessen wird sie weinerlich, hängt wie eine Klette an mir und möchte überall hinbegleitet werden: zum Zähneputzen, aufs Klo – Dinge, die sie sonst selbstverständlich ohne mich macht. Wenn ich sie zu Bett bringe, muss ich mich fast gewaltsam befreien, damit ich das Zimmer wieder verlassen kann. Das ist kein schöner Tagesabschluss.» Ja, das sehe ich auch so. Ich bin gespannt, was mir Lilli dazu erzählt.

Lilli scheint wirklich ein besonders liebes Kind zu sein. Sie begrüßt mich artig mit den Worten: «Guten Tag Frau Dübendorfer, schön, Sie kennenzulernen.» Ich grinse innerlich, so was höre ich selten von Kindern. Bin ja gespannt, was sich in dieser Sitzung zeigen wird. «Lilli ist toll», erzählt jetzt die Mutter. «Sie ist viel reifer als andere Kinder in ihrem Alter.» «Wie meinen Sie das?», frage ich nach. «Nun, sie ist sehr vernünftig, stellt nie was an, hält tolle Ordnung im Zimmer und ist eine fleißige, zuverlässige Schülerin.» Lilli lächelt stolz. «Du hilfst deiner Mama ja ganz viel zuhause», wende ich mich an Lilli. «Da machst du ihr wirklich viel Freude!» Lilli nickt lächelnd. «Aber abends, da geht es dir nicht so gut, nicht wahr?» «Nein. Ich möchte halt bei Mama bleiben.» «Die ganze Nacht?», frage ich nach. «Ja, am liebsten schon.» Die Mama greift ein und erklärt ihrer Tochter, dass sie selbst abends müde ist und Ruhe braucht. «Aber du lässt mich nicht, ständig willst du was von mir, möchtest überallhin begleitet werden und lässt mich kaum mehr aus dem Zimmer, wenn ich dir gute Nacht gewünscht habe.» Lilli zieht den Kopf ein und schrumpft sichtlich auf dem Stuhl. Ich spüre, dass sie sich schämt, ihre Mutter so zu belasten. «Sag mal Lilli, wollen wir mal schauen, was bei dir abends los ist?» Lilli ist einverstanden. Los geht's!

Lilli schließt ihre Augen und lässt einen ganz normalen Tag in ihrem Leben an sich vorbeiziehen. Wir ergründen, welche Gefühle sie hat, wenn sie mit ihrer Mutter einkaufen geht, wie sie sich fühlt, wenn sie ihrer Mutter beim Kochen zusieht oder was es für sie bedeutet, mir ihrer Mutter ihre Freizeit zu verbringen. «Es ist schön», lächelt sie. «Mama ist da und lacht mit mir. Es geht ihr gut und wir haben eine gute Zeit zusammen.» Sie ist gerade in eine Erinnerung eingetaucht, als sie mit ihrer Mutter zum Schlittschuhlaufen ging. «Mama bewundert mich, weil ich schon so schöne Pirouetten drehen kann. Sie kann nicht so gut Schlittschuhlaufen wie ich.» Ich lasse Lilli ein bisschen in dieser schönen Erinnerung schwelgen, bevor wir den Tag weiter erleben. Schon geht es los: «Es wird jetzt dunkel draußen, deine Mama bereitet gerade das Abendessen zu. Wie geht es dir jetzt?» Lilli schildert, wie sich langsam ein dunkler Knäuel in ihrem Magen bildet. Sie spürt ihn wie eine böse Ahnung. Dieser Knäuel wird immer größer und schwerer, je später der Abend wird. Lilli wird weinerlich, hängt nur noch an der Mama und will ihre Hand nicht mehr loslassen. «Ich habe Angst, dass Mama etwas passiert, wenn ich nicht bei ihr bin!», merkt Lilli und beginnt zu weinen. «Lass uns schauen, woher diese Angst kommt, Lilli», sage ich tröstend und wir beginnen, uns auf die Suche nach der Ursache zu machen.

Lange müssen wir nicht suchen. Lilli spürt den Knäuel schon bei ihrer Geburt. Er ist entstanden, weil ihre Mutter während der Geburt viel Blut verloren hatte und sofort operiert werden musste. Anschließend wurde sie für zwei Tage auf der Intensivstation betreut. Für die neugeborene Lilli eine furchtbare Zeit. Plötzlich war sie alleine, mit fremden Stimmen und Gerüchen und fühlte sich vollkommen alleine. Zusätzlich spürte sie die Angst ihres Papas. Wird Mama wohl wieder gesund? In diesem Moment merkt Lilli, dass nicht nur ihr Gefühl des Verlassenwerdens sich in ihr eingenistet hat, sondern dass sie auch Papas Angst aufgesaugt hat, wie ein Schwamm. «Sag mal, sind diese Ängste noch nötig?», frage ich Lilli. «Ist deine Mama schwach oder krank?» «Nein, Mama ist kerngesund und fit. Eigentlich brauche ich diese Angst nicht mehr zu haben.» Jetzt weiß ich, dass Lilli den Ursprung ihrer Angst erkannt und richtig eingeordnet hat. Sie kann sich davon lösen.

Als 8-jährige erkennt Lilli, dass ihre Mutter sie gesund und munter an ihrer Seite durch das Leben begleitet. Die Angst und Trauer von damals sind heute nicht mehr nötig. Lilli kann ihre Angst loslassen und ihre Mutter nicht mehr ständig umsorgen. Im Coaching erlebt sie in ihrer Vorstellung, wie fröhlich und zufrieden sie sich abends im Bett von Mama verabschiedet und sich auf einen neuen Tag in ihrem Leben freut.

Eine Woche nach dieser Sitzung erreichte mich ein E-Mail von Lillis Mutter: «Liebe Frau Dübendorfer, es ist wie ein Wunder. Lilli bleibt abends ganz fröhlich, sie geht zufrieden ins Bett, genießt unser Abendritual und lässt mich dann ohne Schwierigkeiten das Zimmer verlassen. Es ist wunderbar! Nur einen Nachteil hat das Ganze: Ihre Fürsorge mir gegenüber hat deutlich nachgelassen. Meist schickt sie mich nun alleine zum Einkaufen, sie wisse ja nun, dass ich das schaffe.» Ich grinse. Well done!

«Schlafen ist wie Sterben» – Angst vor dem Sterben

SONYA ERZÄHLT AUS DER PRAXIS

Silvan, 8 Jahre

Der kleine Silvan erscheint ängstlich in meiner Praxis. Er ist ein schmächtiger, kleiner Junge mit blondem Haar und einer runden Brille auf seiner Nase. Und äußerst kreativ: «Sie glauben nicht, was Silvan für Ausreden erfindet, um bloß nicht ins Bett zu gehen», erzählt die Mutter. «Seine Fantasie möchte ich haben.» Sie lacht zwar, während sie das sagt, ich spüre aber, wie verzweifelt sie ist. Der Junge wehrt sich täglich mit Händen und Füssen, wenn es Zeit ist, ins Bett zu gehen. Zähne putzen, Schlafanzug anziehen, im Zimmer bleiben – ein täglicher Kampf. Liegt er dann im Bett, findet er tausend Gründe, um wieder aufzustehen. Er will einfach nicht einschlafen.

«Das ist doch nicht gesund», sagt die Mutter verzweifelt. «Es dauert ewig, bis er endlich schläft. So bekommt sein Körper nicht genügend Schlaf.» «Stimmt», bestätige ich. «Gerade in diesem Alter ist ausreichend Schlaf ganz wichtig.» Ich blicke Silvan lächelnd an. «Weißt du, weshalb du nicht einschlafen willst? Ist da etwas in deinem Zimmer, was dir Angst macht? Oder träumst du schlecht?», will ich wissen. Silvan zuckt nur mit den Schultern und antwortet lakonisch: «Nein. Ich will einfach nicht schlafen.» Wir überlegen gemeinsam hin und her und finden keine Antwort. «Komm, Silvan, lass uns zusammen schauen, welches Gefühl dich am Schlafen hindert. Hast du Lust? So, dass du fortan schlafen kannst und dein Körper sich nachts erholen und für neue Abenteuer auftanken kann?» Silvan nickt. «Also gut, wir können es ja mal versuchen», meint er.

«Schließ deine Augen, Silvan», weise ich ihn an. «Jetzt stell dir vor, du liegst zuhause in deinem weichen Bett. Du spürst, dass du müde bist. Was fühlst du dabei?» Da stößt Silvan hervor: «Ich spüre eine große Angst und darf nicht einschlafen!» «Und warum nicht?», will ich wissen. «Weil es sein kann, dass ich nie wieder aufwache!» «Du hast Angst, dass du im Schlaf stirbst?», hake ich nach. «Ja. Das passiert nämlich.» Das will ich genauer wissen. Seine Angst spürt Silvan im ganzen Körper wie einen bösen, schwarzen Schatten. «Komm, wir schauen, woher dieser Schatten kommt», sage ich und nehme Silvan mit ins Kino, wo wir den Film seines Lebens schauen.

Mit fünf Jahren spürt Silvan den großen, schwarzen Schatten. «Was ist da passiert?», frage ich. «Mein Opa ist gestorben», seufzt Silvan. Er erzählt mir, wie sein Papa traurig war. Silvan wollte alles von Papa wissen: Warum ist mein Opa tot? Was ist passiert? War er krank? Wieso musste er sterben? Wo ist er nun und vor allem, wie ist er gestorben? Sein Papa antwortet: «Mach dir keine Sorgen, Silvan. Opa war alt und er ist ganz friedlich im Schlaf gestorben. Er schläft jetzt für immer.» Diese Sätze mögen uns harmlos erscheinen, aber denk daran, dass Kinder alles visualisieren, was sie hören. Silvan stellte sich vor, wie sein Opa friedlich schlief und nie mehr aufwachte. Plötzlich dachte er: Wenn das meinem Opa passiert ist, dann kann das auch mir passieren. Von diesem Moment an war der Schlaf mit dem Sterben verbunden. Je mehr er darüber nachdachte, einzuschlafen und nie wieder aufzuwachen, desto stärker wurde seine Angst vor dem Schlaf.

Silvan erzählt traurig diese Geschichte, für mich aber erschließt sich in diesem Moment alles. «Dein Opa ist im Schlaf gestorben? Glaubst du deshalb, dass Schlafen gefährlich ist?» «Ja, klar», sagt Silvan. «Siehst du ja bei meinem Opa. Wenn es meinem Opa passiert ist, kann es auch mir passieren.»

«Silvan, ich glaube das ist ein Missverständnis», sage ich. «Wir sollten deinen Opa besuchen.» Silvan reist bereitwillig mit mir dahin, wo sein verstorbener Opa wartet. Sein Opa sitzt gemütlich in einem bequemen Sessel und lächelt. «Los, Silvan, frag ihn, wie es ihm geht. Frage ihn, weshalb er im Schlaf gestorben ist.» Jetzt entsteht ein munterer Dialog zwischen Silvan und seinem Opa. «Es geht ihm sehr gut», erzählt er. «Er erklärt mir, dass nur sein Körper gestorben ist.» Er hält einen Moment inne und fährt fort: «Aha, er sagt, sein Körper sei alt gewesen und hätte nicht mehr so gut funktioniert.» Silvan öffnet sein linkes Auge und blinzelt mich an: «Weißt du, er konnte nicht mehr mit mir Ball spielen.» Aha, ich grinse. «Und weiter? Frag ihn, ob man unbedingt und ganz sicher sterben muss, wenn man einschläft.» Es bleibt eine Zeit ruhig. Plötzlich: «Ach so! Opa sagt, dass man schon sehr alt sein muss oder ganz krank, um einfach so zu sterben. Dass mein Körper aber noch sehr jung und gesund ist und dass das nicht passieren kann.» Ich merke, wie wir uns der Ziellinie nähern.

Nach diesem einleuchtenden Gespräch mit seinem Opa will Silvan wissen, ob sein Körper wirklich so jung und stark ist, wie Opa das versprochen hat. «Lass uns deinen Körper mal fragen», schlage ich vor und Silvan stellt sich vor, wie er mit seinem Körper sprechen kann. Er wird ganz aufgeregt. «Hallo Körper», sagt er laut. «Was passiert mit dir, wenn ich schlafe? Sterbe ich dann?» Er horcht ganz aufmerksam in sich hinein.

«Mein Körper lacht mich aus!», sagt er etwas beleidigt. «Wieso lacht er dich aus?», frage ich. «Er sagt, dass er kerngesund ist, mächtig stark und gerade daran ist, noch viel stärker und größer zu werden. Er hätte weder vor zu sterben, noch habe er Zeit dazu. Er will mit mir noch viele Abenteuer erleben.» «Aha! Was meinst du, wenn du das hörst?» «Ich find's cool! Warte, ich muss ihn noch was fragen...» Wieder vergehen einige Sekunden. Dann lacht er: «Er hat gesagt, dass er ganz viel zu erledigen hat, wenn ich schlafe: er wächst, repariert mein aufgeschürftes Knie, spult mir Filme ab, damit das Schlafen nicht ganz so langweilig ist. Er will sogar, dass ich schlafe!» Zack – Ziellinie überschritten.

Silvan hat von seinem Körper nicht nur die Erlaubnis, sondern sogar die Anweisung erhalten, dass er schlafen soll und darf. Er versteht, dass Schlafen nicht nur ungefährlich, sondern geradezu gesund und lebenswichtig ist. Es war diese eine Sitzung, die dafür gesorgt hat, dass Silvan ab sofort ohne Angst ins Bett kriechen und sich ins Land der Träume entführen lassen kann.

«Das Monster unter dem Bett» – Angst vor Phantasiewesen

Claudia erzählt aus ihrer Praxis

Melody, 9 Jahre

«Melody steht sich mit ihrer ausgeprägten Fantasie und Vorstellungskraft selbst im Weg", stöhnt die Mutter am Telefon. «Sie bildet sich so viel ein, dass sie daraus richtige Ängste generiert. Dabei ist sie sonst ein lebenslustiges und fröhliches Mädchen.» Kinder mit einer großen Vorstellungskraft sind mir die liebsten, man kann mit ihnen so wunderbare Abenteuer erleben im Visualisierungscoaching. Aber mir ist klar: darin liegt auch noch ein anderes Potential. Ich will mehr wissen. «Wo tritt sie sich denn selbst in die Falle?» «Abend für Abend ist es dasselbe. Kaum ist sie im Bett, beginnt sie laut zu schreien und zieht sich die Bettdecke über den Kopf. Sie will raus aus dem Bett und am liebsten bei uns im Zimmer schlafen.» Das ist sogar oft die letzte Möglichkeit, um das Mädchen zu beruhigen und ihr ein paar Stunden Schlaf zu gönnen. «Wir kapitulieren », seufzt die Mutter. «Wir nehmen sie zu uns ins Bett.» Melody erzählt, dass unter ihrem Bett ein Monster wohnt, welches hervorspringt, sobald es im Zimmer dunkel ist. «Wir haben schon alles versucht. Licht im Zimmer brennen lassen, mit der Taschenlampe unter dem Bett das Monster gesucht, einen Bettkasten unter das Bett geschoben, wir haben sogar eine Weile lang jeden Abend unter ihrem Bett gesaugt. Nichts bringt was.» Das muss ein ganz schlaues Monster sein, wenn es sich so nicht vertreiben lässt! Ich bin gespannt.

Melody wirkt etwas aufgekratzt, als sie meine Praxis zum ersten Mal betritt. Sie untersucht den Hängesessel, lässt sich reinfallen und schaukelt kichernd. Ihrer Mama ist das nicht recht und sie weist sie zurecht: «Komm jetzt her, Melody!» «Lassen Sie sie doch», wehre ich ab und höre zu, was die Mutter noch zu berichten hat. Sie erzählt mir, wie kreativ und fantasievoll ihre Tochter ist. «Sie kann aus Nichts etwas zaubern», erzählt sie. «Sie bastelt wahre Kunstwerke aus Dingen, die sie irgendwo in der Wohnung zusammensammelt. Mit Melody im Sommer im Garten zu liegen ist ein echtes Erlebnis: Sie erkennt Gesichter und Formen in den Wolken, sie hört die Ameisen lachen und findet Fabelwesen in den Blättern der Bäume. Unglaublich, was sie sich alles vorstellen kann!» Melody kraxelt aus dem Hängesessel und setzt sich zu uns. Sie grinst stolz, es tut ihr gut, ihre Mutter so sprechen zu hören. «Aber du hast es nicht ganz einfach», spreche ich Melody direkt an. «Denn bei dir wohnt ein Monster unter dem Bett?» Melody verzieht ihr Gesicht und nickt. «Wohnt es schon lange bei dir?», will ich wissen. Melody zuckt mit den Schultern: «Keine Ahnung!» Die Mama legt den Kopf schief und meint: «Etwa, seit du fünf Jahre alt bist.» «Kann sein.» «Das muss ein anhängliches Monster sein», mutmaße ich. «Wollen wir zusammen nachsehen, was es dort will?» Nun wird Melody ein bisschen ängstlich. Sie ist sich unsicher, ob sie dieses Monster genauer kennenlernen möchte. «Keine Angst, Melody», beruhige ich das Mädchen. «Wir bleiben hier im Zimmer und gehen nicht direkt zu dir nach Hause. Alles absolut sicher.» Jetzt grinst sie auch und wir legen los.

Melodys Fantasie kommt mir zugute. Bevor wir uns vorstellen, wie wir ihr Zimmer betreten, lasse ich Melody ihre Vorstellungskraft nutzen und ihre innere Welt betreten. «Weißt du, das ist ein Ort, den nur du kennst. Vielleicht ist das ein Ort in der Natur, vielleicht auch irgendwo sonst. Ich habe keine Ahnung.» Melody erkundet begeistert ihre innere Welt, ein Ort, den ich dazu nutze, um herauszufinden, wie es gerade um Melody steht. Wie erwartet landet sie an einem kunterbunten Ort mit Häusern, die Schneckenhäusern gleichen, fliegenden Kutschen, Marshmallow-Bäumen und Zäunen aus Lakritzstangen. Ich kriege Hunger. «Hier ist es toll!», lobe ich Melody. «Lass uns dein Zimmer besuchen.» Wir rüsten uns mit Taschenlampen, Monsterkäfigen und anderem Material, welches Melody nutzen will und betreten ihr Zimmer.

«Wir tun jetzt so, als ob du abends im Bett liegen würdest», sage ich zu Melody. «Dann sehen wir, was passiert. Einverstanden?» Melody legt sich ins Bett und spürt sofort eine «gruslige Angst in meinem Kopf». Sie sieht aus wie ein böser Vogel mit großen, leeren Augen. Brrrr..., was für ein schreckliches Gefühl! Da Melody erst seit vier Jahren unter dieser Angst leidet, will ich herausfinden, was passiert ist: «Wollen wir in deinem Lebensfilm nachschauen, warum dieser böse Vogel in deinen Kopf geflogen ist? Irgendwas muss da passiert sein.» Wir gehen zusammen ins Kino, wo Melody ganz gespannt darauf wartet, dass der Film ihres Lebens gespielt wird. Mit fünf Jahren erkennt Melody den Vogel im Kopf. «Was ist hier passiert, Melody?», frage ich und Melody taucht in diesen Moment ein. Sie sieht, wie ihr vier Jahre älterer Bruder ihr ein Bild auf dem Handy zeigt. Es ist ein Bild eines unheimlichen Mädchens, halb Huhn, halb Mensch. «Dieses Mädchen hat genau die leeren Augen, wie dieser Vogel in meinem Kopf!», ruft Melody aus. Wir kommen der Sache auf die Spur. Damals wurde per WhatsApp ein Bild verbreitet, ein wirklich verstörendes Bild, welches nicht nur bei Melody für Albträume sorgte.

Es war Teil einer WhatsApp-Challenge, die über eine gewisse Zeit in den Medien kursierte. Als ihr Bruder ihr das Bild vor die Nase hielt, sagte er zu ihr: «Sie ist ein Monster. Die kommen nachts zu kleinen Mädchen, die ihren Bruder nerven.» Er fand das lustig, für Melody allerdings war das bitterer Ernst. Sie wusste, dass sich ihr Bruder oft über sie ärgerte, sogar dann, wenn sie sich keiner Schuld bewusst war. In diesem Moment zog das Monster in ihrem Kopf und unter ihrem Bett ein.

Melody und ich besuchen den Designer, der dieses Wesen im Handy kreiert hatte. Wir schauen ihm zu, wie er sich selbst gruselt, wenn er ein weiteres Detail seiner Zeichnung hinzufügt. Melody spricht mit ihm: «Wieso tust du das? Weißt du, dass ich mich seither furchtbar fürchte nachts?» Der junge Mann lacht und sagt: «Du sollst dich doch auch etwas gruseln! Aber nur kurz, nur, wenn du das Bild betrachtest. Das ist mein Auftrag.» «Aber ich grusle mich immer noch», ruft Melody aus. «Das tut mir leid, Kleine», antwortet er. «Das sollst du nicht. Schau, ich kann mit wenigen Bleistiftstrichen aus diesem Monster einen Clown machen.» Melody schaut gebannt zu, wie dieses furchterregende Monster ganz schnell zu einem lustigen Clown wird. «Siehst du?», lacht er. «Das ist nur eine Zeichnung. Wenn du magst, darfst du jetzt weiterzeichnen. Und hey: Monster gibt es nicht.» Melody macht aus dieser Schreckgestalt schnell einen lustigen, fröhlichen Clown. Wir verabschieden uns vom jungen Zeichner. «Was meinst du, wollen wir diesen bösen Vogel in deinem Kopf auch in was Lustiges verwandeln?» Melody bleibt einige Sekunden still und sagt: «Der ist gar nicht mehr da! Er ist ausgeflogen.» Die Angst hat sich aufgelöst in dem Moment, als sie dem jungen Zeichner über die Schultern geschaut hat. «Dann lass uns gucken, ob wir unter deinem Bett auch wirklich kein Monster finden!» Eifrig kriecht Melody unter ihr Bett, leuchtet mit der Taschenlampe in jede Ecke und kommt dann wieder hervor: «Nix! Außer ein paar Staubflusen.» Wir lachen beide und sie nimmt sich vor, wieder einmal gründlich unter ihrem Bett zu putzen.

Mit diesem Perspektivenwechsel war es Melody ab sofort möglich, ganz angstfrei und wohl geborgen in ihrem Bett zu schlafen.

AUSSTIEG AUS DER ANGST

Diese vier Fälle stehen für typische Fälle in unserer Praxis. Sie zeigen die häufigsten Gründe, weshalb sich ein Kind vor dem Schlafen fürchtet. Vielleicht rufst du jetzt aus: «Ja, mein Kind schläft auch nicht, aber es hat keine Angst.» Natürlich ist es nicht nur Angst, was Kinder davon abhält, abends ins Bett zu gehen. Manche sind einfach noch nicht müde, andere finden schlafen langweilig und möchten lieber noch spielen, wieder andere fühlen sich ungerecht behandelt, wenn das ältere Geschwister später ins Bett darf. Es gibt viele Gründe, warum ein Kind nicht ins Bett will.

Aber für Kinder, die sich mit Ängsten quälen, ist die Abendstunde prädestiniert, um die Ängste zu schüren. Es wird dunkel und alles wirft seltsame Schatten. Es wird leise im Haus und man fühlt sich alleine. Die Sinne schärfen sich, vor allem auch, weil die Dunkelheit die Farben verschlingt. Alleine im Bett kommen plötzlich Gedanken, die tagsüber nicht so laut sind. Hat da nicht jemand etwas von Einbrechern erzählt? War dieses leise Knacken vorhin ein Gespenst? Sind Mama und Papa morgen noch da, wenn ich erwache?

In Kinderköpfen geht vieles vor, wenn sie im Bett liegen und darauf warten, dass sie der Schlaf einholt. Wie du in den geschilderten Fällen gelesen hast, kann es sogar sein, dass das Kind sich vor dem Tod fürchtet. Manchmal reicht es aus, wenn es eine gut gemeinte Information fehlinterpretiert. Hier Verständnis zu schaffen ist das Wichtigste, um eine solche Angst loslassen zu können.

Wenn du ein Kind hast, welches mit Ängsten zu Bett geht, solltest du versuchen herauszufinden, wovor es sich fürchtet. Vielleicht hast du in einem der vorhin geschilderten Fälle dein eigenes Kind erkannt? Wir geben dir einige Tipps zur Hand, wie du deinem Kind helfen könntest.

Angst vor Gespenstern und Monstern – was du tun kannst

Wenn dein Kind Monster und Gespenster im Zimmer hat, nützt es nicht viel, wenn du es darüber aufklärst, dass es beides nicht gibt. Es wird von Erfolg gekrönt sein, wenn ihr das ganze Zimmer absucht. Dein Kind weiß genau, dass Monster und Gespenster unsichtbar werden, wenn Erwachsene im Zimmer sind. Versuche, die Gespenster und Monster positiv zu nutzen. Lass dein Kind die Augen schließen und sich das Monster oder Gespenst vorstellen. Nun soll es mit ihm reden: Wieso bist du hier? Was suchst du hier? Warum willst du mich erschrecken? So erfährt dein Kind, dass das Monster einsam war, das Gespenst seine Mama verloren hat, das Monster nur ein trockenes Plätzchen gesucht hat oder das Gespenst hier angestellt ist, um unter dem Bett sauber zu machen. Hilf mit, eine lustige und einleuchtende Geschichte zu kreieren, die es dem Kind ermöglicht, a) entweder das Wesen im Zimmer nutzbringend einzusetzen – also staubwischen oder als Albtraumfresser, oder b) Empathie zu wecken. Ein einsames Gespenst oder ein hungriges und frierendes Monster weckt Mitleid und das Kind freundet sich damit an.

Angst vor dem Alleinsein – was du tun kannst

Wenn es dunkel und still wird in der Wohnung, fühlt sich das für viele Kinder furchterregend an. Gedanken, alleine wach zu sein, während alle anderen schlafen, führen das Kind tiefer in die Angst und eine negative Spirale entsteht. Hier gibt es verschiedene Möglichkeiten, wie du dem entgegenwirken kannst.

Das Einschlafritual

Keine Bange, jetzt drehen wir dir kein 60-minütiges Ritual an. Zehn Minuten aber solltest du dir und deinem Kind gönnen. Kreiere ein Ritual, welches den Tag schön abschließt. Vielleicht liest du deinem Kind ein Kapitel aus einem Buch vor, ihr singt zusammen ein Gute-Nacht-Lied und kuschelt noch miteinander. Nutze diese Zeit, um mit deinem Kind auf den Tag zurückzublicken. Vielleicht hattet ihr tagsüber Streit und du möchtest deinem Kind sagen, dass ihr wieder fröhlich auf den nächsten Tag blicken könnt. «Morgen machen wir es beide besser als heute», wäre beispielsweise ein guter Ansatz. Vielleicht warst du heute ungeduldig mit deinem Kind und möchtest dich dafür entschuldigen. Es ist wunderbar, wenn Kinder erfahren dürfen, dass Erwachsene auch Fehler machen, zu diesen stehen und sich dafür entschuldigen können. Vielleicht möchte dein Kind etwas loswerden, was du liebevoll quittieren kannst. Im Tagesrückblick sollten unbedingt auch Dinge Platz finden, für die ihr dankbar seid. Es ist ein tolles Spiel, mit dem Kind einen Wettbewerb zu starten, wer mehr Dinge findet, für die er dankbar ist. Einschlafrituale geben dem Kind die Gelegenheit, Dinge loszuwerden, sich über Gelungenes zu freuen und mit dir wertvolle Zeit zu verbringen.

Die Nabelschnur

Wenn dein Kind sich im Bett alleine fühlt und abends noch anhänglicher wird als sonst, kannst du mit ihm «Nabelschnur-Ping-Pong» spielen. Erkläre deinem Kind, dass ihr beide bis zum letzten aller Tage mit einer unsichtbaren Nabelschnur verbunden seid. Gerade Heimwehkinder profitieren unglaublich von dieser Vorstellung, wenn es darum geht, mal auswärts zu übernachten. Erkläre dem Kind, dass diese Nabelschnur unendlich dehnbar ist, niemals zerreißt und dass ihr euch so gegenseitig ganz viel Liebe und Geborgenheit senden könnt. Dann könnt ihr Ping-Pong spielen: «Spür mal ganz genau: Ich schicke jetzt eine große Portion Liebe durch die Nabelschnur. Gib mir Bescheid, wenn sie bei dir ankommt.» Dein Kind wird gespannt warten, bis es die Liebe spürt. Angekommen, fordere dein Kind auf, dir auch Liebe durch die visualisierte Nabelschnur zu schicken. Lass dein Kind sehen, wie sehr du seine Liebe spürst, wenn sie bei dir ankommt. Wenn ihr beide ein paar Mal Liebe und Geborgenheit hin und her geschickt habt, wirst du erleben, wie zufrieden und glücklich sich dein Kind fühlt. Berühre dein Kind nicht, während ihr dieses Spiel spielt, denn es muss die starke Bindung zwischen euch spüren, auch wenn du nicht im Raum bist. Ein tolles Spiel, um deinem Kind zu zeigen, dass es deine Liebe und Geborgenheit jederzeit fühlen kann, egal, wo es sich befindet. Probiere es aus.

Der Kokon

Verwandle das Bett in einen Kokon, um die wohlige Geborgenheit im Mutterleib zu simulieren. Schiebe, wenn möglich, das Bett in eine Ecke des Zimmers, trenne es vom restlichen Raum dekorativ ab: mit einem Sternenvorhang, Stoffen, in denen vielleicht Schmetterlinge oder Sterne hängen. Nutze flauschige Kissen, die dein Kind schützend um sich drapieren kann. Auch kleine Leuchtelemente, wie dämmrige Nachtlichter sind nützlich. Natürlich soll das Lieblingskuscheltier genauso im Bett Platz haben wie die flauschige Kuscheldecke, die so herrlich vertraut riecht.

Düfte

Kinder sind sehr geruchsaffin. Sie reagieren gut auf ätherische Öle und feine Düfte. Lavendel als ätherisches Öl wird sehr gerne zur Angstlösung und Beruhigung eingesetzt. Achte beim Kauf eines Öls darauf, ob es für Kinder entwickelt wurde und trage niemals ein reines, ätherisches Öl auf die Haut auf. Duftsprays mit Lavendel sind gute Helfer im kindlichen Schlafzimmer. Es kann auch einfacher sein: Vertraute Düfte vermögen ein Kind zu beruhigen und zu trösten. Vielleicht darf dein Kind ein getragenes T-Shirt oder einen Schal von Mama oder Papa mit ins Bett nehmen? Das tiefe Einatmen des Duftes desjenigen Menschen, der das Kind so lieb umsorgt und beschützt, löst Unsicherheiten und verhilft zu einem Gefühl der Geborgenheit.

Kreiere eine Traumwelt

Ein schönes, kleines Einschlafritual ist, dein Kind seinen eigenen Traumplatz bauen zu lassen. Frag es, wie ein Ort aussehen müsste, an dem es sich gänzlich wohl, sicher und geborgen fühlt. Wäre das ein Ort draußen in der Natur oder sonst wo? Wie würde es dort aussehen, riechen, klingen? Begib dich mit deinem Kind in seine Fantasiewelt und achte darauf, dass dort alles genau so schön ist, wie sich dein Kind das wünscht. Vielleicht hilfst du mit und bringst eigene passende Ideen ein, wie zum Beispiel einen Popcorn-Automaten, Pizzabäcker oder einen Eisstand. Lasst euch hier so viel Schönes einfallen, bis dein Kind selig lächelt und Spaß daran findet, dort in seinen Gedanken zu verweilen und tolle Dinge zu erleben. So kann sich dein Kind in dieser Fantasiewelt in den Schlaf träumen.

Laut sein!

Kinder, die Mühe damit haben, dass es abends so leise und still zu geht, profitieren davon, wenn sie bei Einschlafen eure Stimmen hören. Seid ruhig etwas laut, lasst den Fernseher an, geht ein paarmal an der Kinderzimmertüre vorbei. Dein Kind registriert, dass es beruhigt einschlafen kann, Mama und Papa sind ja da. Es spricht auch nichts dagegen, die Zimmertüre einen Spalt offenstehen zu lassen. Ein kleiner Lichtschimmer, etwas Hintergrundgeräusche und schon merkt das Kind, dass es nicht alleine ist. Bei Kindern, deren Ängste durch verschiedene Geräusche ausgelöst werden, kann es sinnvoll sein, sie zu leiser Musik oder einem Hörbuch einschlafen zu lassen. Da es sich dabei um eine passive Erfahrung handelt, ist ihr Verstand beschäftigt, aber der Schlaf nicht blockiert.

Sonyas Lieblingstipp: Die Massage

Alles, was du brauchst, sind 5-10 Minuten vor dem Schlafengehen. Benutze ein Massageöl mit einem feinen Duft, so verankert sich dieser Duft in deinem Kind und verknüpft sich mit dieser wohligen Wärme, der Stimme und den positiven Gefühlen. Die meisten Kinder genießen eine sanfte Hand- oder Fußmassage, aber auch sanfte Streichbewegungen auf der Stirne mit dem wohlriechenden Duft wirken unsagbar besänftigend. Die Massage ist ein effektives Mittel, um unruhige, ängstliche oder hyperaktive Kinder zu beruhigen. Die Massage hilft ihnen, in einen entspannten Alpha-Zustand zu kommen, in dem sie in den Schlaf finden können.

Nutze die Zeit, während du massierst, um dein Kind mit positiven Vorschlägen zu überfluten. Du kannst ihm zum Beispiel Liebe, Mut, gute Träume oder alles andere, was es braucht, einmassieren. Oder du besuchst mit deinem Kind während der Massage ihre Traumwelt und massierst die guten Gefühle, die es dort spürt, ein. Schon als kleines Kind hatte Sonyas Tochter Schlafprobleme. Sie hatte große Angst davor, allein zu schlafen. Sonya hat alles ausprobiert, was es gibt: «Ich habe sogar die „Lass-sie-weinen-Taktik" ausprobiert, bei der ich immer wieder in das Zimmer zurückging und immer mehr Zeit zwischen den Besuchen ließ. Das war das Schlimmste, was ich hätte tun können. Meine Tochter war durch diese Erfahrung so traumatisiert, dass sie anfing, tagsüber anhänglich zu sein. Es gab nur eine Sache, die Wunder wirkte, und das war die Massage. Jeden Abend massierte ich ihr ein „positives Gefühl" in die Hände oder Füße und sie schmolz in ihrem Bett dahin. Sie beruhigte sich, hatte keine Angst und schlief viel schneller ein als sonst.» Sonyas Tochter ist jetzt mittlerweile 17 und fragt immer noch ab und zu nach einer Fußmassage zum Einschlafen.

Angst vor dem Sterben – was du tun kannst

Für Eltern ist es eine große Herausforderung mit dieser Angst umzugehen. Auch deshalb, weil viele Erwachsene selbst Angst vor dem Tod haben. Wie aber erklärt man einem Kind, was der Tod ist, warum man sterben muss und weshalb das der Kreislauf des Lebens ist? Je nach eigener Auffassung des Todes kann dem Tod eine gewisse Sinnhaftigkeit gegeben werden, sei dies nun religiöser oder spiritueller Natur. Rein wissenschaftlich betrachtet bedeutet der Tod vermutlich einfach das Ende eines Organismus.

Sobald Kinder realisieren, dass Leben endet, kann das große Verlustängste schüren. Urplötzlich bangt es um seine eigene Sicherheit. Wenn Mama weggeht, kommt sie auch wieder? Gerade in sehr jungem Alter wird kognitiv noch nicht verstanden, dass Menschen, die sich nicht im Sichtfeld befinden, überhaupt noch hier sind. Weg ist weg. Um die Ängste vor dem Tod zu verstehen, muss unterschieden werden, wovor sich das Kind fürchtet. Fürchtet es den Tod eines geliebten Menschen oder den eigenen?

Wie bei Silvans Geschichte wurde die Angst vor seinem Tod durch eine missglückte Beschreibung des Todes ausgelöst. Das zeigt, dass der Tod nicht mit Schlaf in Verbindung gebracht werden sollte.

Wenn ein Kind Angst vor seinem eigenen Tod hat, hat das oft damit zu tun, dass es seine Liebsten verlassen muss, dass es allein, verloren und hilflos ist. Es hat Angst vor dem Unbekannten, davor nicht zu wissen, was danach passiert. Das ist verständlicherweise beängstigend, denn niemand kann uns wirklich sagen, was passiert.

Die Befürchtung, einen geliebten Menschen zu verlieren, beruht oft auf einer negativen oder sogar traumatischen Erfahrung, oder auf etwas, das sie gehört haben. Dies kann auf unterschiedliche Weise ausgelöst werden:

- Durch den Tod eines geliebten oder nahestehenden Menschen.
- Wenn es von einem Elternteil verlassen wurde und Angst hat, den anderen durch den Tod zu verlieren.
- Wenn ein Elternteil ernsthaft krank war, aber überlebt hat. Wenn ein Kind realistisch mit der Möglichkeit konfrontiert wird, einen Elternteil zu verlieren, klammert es sich an diese Person und ist auf

sie fixiert. Die Angst, sie zu verlieren, kann sich schnell zu etwas Größerem auswachsen.
- Wenn das Elternteil eines Freundes stirbt, wird die Möglichkeit, dasselbe zu erleben, plötzlich real. Die Gedankenspirale beginnt: „Wenn es meinem Freund passiert ist, der ein guter Mensch ist, dann könnte es auch mir passieren."
- Durch den Tod eines Familienmitgliedes und die dabei erlebte Trauer der Angehörigen.

Durch den Tod geliebte Menschen zu verlieren ist nicht nur für Kinder, sondern auch für uns Erwachsene ein tiefgreifendes Erlebnis. Wenn wir in der Trauerbegleitung mit solchen Kindern arbeiten, hilft es ihnen immer, wenn sie offen und ungeschönt über diese schwere Zeit sprechen dürfen. Es hilft Kindern nicht, wenn man den Tod verharmlost oder verniedlicht, in dem man Gespräche darüber vermeidet oder die damit verbundenen Gefühle klein redet. **Ein Tod löst Trauer aus und diese Trauer ist erlaubt.** Es hilft Kindern, wenn man ihnen erlaubt, diese Trauer zu spüren: «Du darfst traurig sein, weil Oma gestorben ist. Du hattest viele schöne Momente mit ihr, hast oft mit ihr gelacht und gekuschelt. Es ist vollkommen in Ordnung, dass du traurig an diese schönen Zeiten zurückdenkst.» Die Erlaubnis, Trauer fühlen zu dürfen, ist enorm wichtig.

Wenn ein Kind einen geliebten Menschen verloren hat – was du tun kannst

Es ist für Eltern schwer, die Trauer der eigenen Kinder mitzuerleben. Gerade dann, wenn auch die Eltern trauern. Es wäre aber falsch, vor den Kindern die eigene Trauer zu verstecken. Nehmt euch gemeinsam Zeit, zu trauern, weinen, sich gemeinsam an diesen Menschen zu erinnern.

Oft passiert es genau dann, dass lustige, fröhliche Erinnerungen hochkommen, die man einander erzählt und aufgrund derer man sogar in der tiefsten Trauer lachen kann. Zeig deinem Kind, dass seine Trauer zwar schwer zu ertragen, im Moment aber angemessen ist. Nimm dir Zeit, wenn es weint, tröste es. Vermeide es, die Trauer zu überspielen. Äußerungen wie «komm, sei nicht so traurig» oder «Jetzt sei doch wieder fröhlich» geben dem Kind das Gefühl, dass seine Emotionen nicht angebracht sind.

Ein schöner Tipp für ein kleines Abschiedsritual: Nehmt euch Zeit, an diesen Menschen zurückzudenken und kramt gemeinsam in schönen, lustigen Erinnerungen. Nehmt wahr, dass jeder schöne Gedanke, jede schöne Erinnerung, diesen Menschen wiederaufleben lässt. Solche Erinnerungen können aufgeschrieben werden, mit Bildern illustriert oder kleinen, passenden Naturgeschenken ausgeschmückt werden. Dazu kann jedes Familienmitglied ein paar persönliche Worte an den Verstorbenen richten: «Es war eine so schöne Zeit mit dir, danke.» «Auch wenn du nicht mehr unter uns bist, werde ich jedes Mal lächeln, wenn ich an dich denke.» Diese Erinnerungen und Botschaften können entweder an einem schönen Ort zuhause aufbewahrt werden, wo jeder die Möglichkeit hat, darin zu kramen, oder aber man schickt sie in den Himmel. An einen Heliumballon gebunden steigen sie auf zu einem unbekannten Ort. Eine weitere Möglichkeit, sofern die örtlichen Gegebenheiten das erlauben, ist es, die Erinnerungskiste im Garten zu vergraben und darauf eine schöne Rose, ein Obstbäumchen oder die Lieblingsblume des Verstorbenen zu pflanzen. Gerade Kinder mögen die Vorstellung, dass aus all diesen schönen Erinnerungen eine Pflanze wächst, die diese Erinnerungen aufgesaugt hat.

ZAHLEN, BUCHSTABEN,
PRÜFUNGEN

WENN SCHULE ANGST MACHT

Ach, diese Schule... So viele Kinder spüren Unsicherheit und Angst bis hin zu klaren somatischen Symptomen, wenn sie an die Schule denken. Manche Ängste beziehen sich spezifisch auf ein Schulfach, andere auf Mitschüler, Lehrpersonen oder eben Prüfungen. Viele Kinder spüren eine generelle Angst, wenn sie an die Schule denken.

Die Schule fordert einem Kind viel ab. Sie sollen mit ihren Mitschülerinnen und Mitschüler sozial interagieren, sie sollen stillsitzen, sich konzentrieren – auch auf Dinge, die sie nicht interessieren –, sie sollen sich aktiv am Unterricht beteiligen, selbständig arbeiten und um Hilfe bitten, wenn sie nicht weiterkommen. Sie sollen ihre Freizeit opfern, um Dinge zu lernen, deren Sinn sich ihnen nicht erschließt, sie sollen fleißig sein, aber doch keine Streber und sie sollen – bitte schön – unauffällig sein und Top-Leistungen erbringen. Ganz schön viele Anforderungen.

Wir wollen uns nicht über die Schubladen, die das Schulsystem für unsere Kinder bereithält, auslassen. Sie sind nun mal da und es liegt an uns, damit klarzukommen. Dass sich viele Kinder kaum in eine bestimmte Schublade pressen lassen, sollte klar sein. So wundert es nicht, dass wir es mit Kindern in der Praxis zu tun haben, die den Glaubenssatz haben «Mit mir ist was nicht richtig». Wie ein Kind neulich in der Praxis sagte: «Mein Kopf ist rund, wie soll er in eine eckige Schublade passen?»

Gerade der Übertritt vom Kleinkinderalter in die Schule bringt für viele Kinder große Unsicherheit mit. Bisher wurde jede erbrachte Leistung gelobt: «Du kannst aber schon gut Fahrradfahren. Du warst wirklich mutig, dass du dich ins Wasser getraut hast. Das ist aber eine schöne Zeichnung.» Und plötzlich wird nicht mehr nur gelobt, es wird beurteilt. Anhand eines einheitlichen Maßstabes wird die individuelle Leistung des Kindes gemessen und es hat gefälligst dort reinzupassen. Eine Anforderung, die Kinder bisher noch nicht erlebt haben. Dass da Gedanken wie «Werde ich das schaffen?» «Bin ich gleich gut wie die anderen Kinder?» sich in diese Kinderhirne und -herzen schleichen, ist verständlich. Sie beginnen, sich mit anderen zu vergleichen. Ihre Unvollkommenheiten und Schwächen werden sichtbar.

Alle diese Ängste und Unsicherheiten verhindern, dass ein Kind sein Potential in der Schule entfalten kann. Wir erinnern uns: Ängste wecken die Echse. Wenn die Echse im Kopf nervös hin- und her tänzelt, sich schüttelt, Nägel beißt und leichtes Bauchweh hat, dann überlagert dieser Teil des Gehirns den kognitiven Verstand. Die Echse stört die Denkprozesse, verhindert klares, ruhiges Nachdenken und Konzentrieren und stört damit das Lernen. Ganz zu schweigen davon, dass sie Freude, Neugier und Wissensdurst verhindert. Hier gibt es viel Handlungsbedarf, wenn wir dafür sorgen wollen, dass Kinder voller Freude und Neugier in der Schule neue Welten erkunden.

Wieder nehmen wir dich mit in unsere Praxen und zeigen dir anhand von vier typischen Ängsten auf, was Kinder von der Lernfreude abhält.

«Achtung – Liebesentzug!» – Prüfungsangst

Claudia erzählt aus der Praxis

Lotta, 11 Jahre

Lotta kommt fröhlich in meine Praxis, sie kennt mich nämlich schon. Genauer gesagt: Wir kennen uns nicht wirklich und sehen uns heute zum ersten Mal. «Aber mir kommt es so vor, wie wenn ich Sie schon lange kenne», grinst Lotta. «Ich weiß ganz genau, was hier abläuft.» Ich grinse zurück: «Hat dir dein Bruder seine Sitzungen bei mir so genau geschildert?» Denn tatsächlich kenne ich die Familie. Lottas größerer Bruder war drei Jahre zuvor bei mir. «Ja umso besser», sage ich zu Lotta. «Dann muss ich dir nicht mehr großartig erklären, wie wir heute arbeiten werden.»

Lotta kommt wegen Prüfungsangst zu mir. Am Telefon erzählte mir die Mutter, dass Lotta ein ehrgeiziges Kind mit großen Plänen ist. «Sie will unbedingt nächstes Jahr ans Gymnasium. Bisher war sie eine ganz tolle Schülerin, so dass wir keinen Zweifel daran hatten, dass sie das schafft.» Doch plötzlich war alles anders. Egal, wie gut sich Lotta auf Prüfungen vorbereitete, an der Prüfung selbst war alles weg. Sie hatte keinerlei Zugriff mehr auf das Gelernte und so sank ihr Notendurchschnitt rapide. «Mit diesem Notenschnitt schafft sie es nicht mal zur Aufnahmeprüfung», seufzte die Mutter. «Dabei will sie unbedingt und ausschließlich Tiermedizin studieren.»

«Du hast große Pläne, Lotta, nicht wahr?», nehme ich diesen Faden auf. «Aber es gelingt dir nicht, dein Wissen im entscheidenden Moment abzurufen, gell?» Lotta nickt. «Ich habe keine Ahnung, woran das liegt», meint sie. «Ich lerne wie verrückt und zuhause sitzt der Stoff, kaum aber liegt die Prüfung vor mir, kommt es mir vor, wie wenn ich nicht mal mehr wüsste, welcher Tag heute ist.» Mittlerweile, so erzählt sie weiter, getraut sie sich kaum noch, aktiv am Unterricht teilzunehmen. «Ich habe immer Angst, dass ich eine falsche Antwort gebe.» «Glaubst du denn, dass du keine Fehler machen darfst?» «Naja, Fehler werden halt bestraft mit schlechten Noten», sagt sie schulterzuckend. Ein Teufelskreis. Mir ist klar, dass die plötzliche Prüfungsangst durch irgendetwas ausgelöst wurde, hier ist Detektivarbeit angesagt. Andererseits deutet vieles darauf hin, dass es in Prüfungssituationen zu einer Überreaktion des autonomen Nervensystems kommt, die Echse verhindert den Zugriff auf das rationale Denken. Das Kind läuft im Notfallprogramm und ist ihm hilflos ausgeliefert. Zudem muss bei Lotta unbedingt wieder Mut zu Fehlern geweckt werden. Eine gute Liste, um mit der Arbeit zu beginnen.

Durch ihren Bruder weiß Lotta bestens Bescheid, was Visualisierungscoaching ist und stürzt sich voller Elan in den Sessel. Sie hat Spaß mit unseren Metaphern, die ihr dazu dienen, sich ihr rationales Denkvermögen vorzustellen: «Aha, hier ist ein verbogenes Denkrad, das eiert ganz schön beim Drehen.» Es fällt ihr leicht, sich an vergangene Momente zu erinnern und in diese Erinnerungen einzutauchen. Das nutzen wir, um herauszufinden, was sie fühlt, wenn es um Prüfungen in der Schule geht. «Was hast du für ein Gefühl, wenn der Lehrer eine Prüfung ankündigt?» «Brrrr...», Lotta schüttelt sich. «Das jagt mir grad einen Schauer über den Rücken.» So suchen wir Gefühl um Gefühl, welches Lotta spürt, wenn sie für eine Prüfung lernt, am Morgen vor einer Prüfung aufsteht oder eben an einer Prüfung sitzt. Wir finden Angst vor Versagen, Angst, ausgelacht zu werden, Druck, Stress und Resignation. «Okay, Lotta. Du fühlst dich nicht gut, wenn es um Prüfungen geht. Jetzt lass uns mal schauen, was deine Echse in diesen Momenten macht.» Wir beobachten ihre Echse, wie sie nervös hin- und herläuft, wenn sich Lotta für eine Prüfung vorbereitet. Wie sie immer nervöser wird und wie sie versucht zu fliehen, sobald Lotta an der Prüfung sitzt. «Sie rennt wie irre umher», erkennt Lotta. «Sie versucht, einen Ausgang zu finden.» Klar, dass man mit einer so verängstigten Echse im Kopf nicht denken kann. Ich habe Lotta im Vorgespräch erklärt, was passiert, wenn die Echse überreagiert: «Ihre Reflexe überlagert das Denken. Das heißt, dass du nicht mehr klar nachdenken kannst.» Jetzt, wo Lotta ihre Echse beobachtet, ruft sie aus: «Wie soll ich so nachdenken können, das ist ja ätzend!» «Stimmt, aber denk daran: sie will dich nur beschützen. Offenbar hat sie was falsch verstanden, deshalb sollten wir gemeinsam herausfinden, was der Grund für dieses Missverständnis ist.»

Wir nutzen ihre Echse, um im Film des Lebens den auslösenden Moment zu finden. Die Echse führt uns in einen Moment zurück, als Lotta in der dritten Klasse war. Schon damals war Lotta eine fleißige und gute Schülerin. Eine Tatsache, die ihrer damals besten Freundin nicht in den Kram passte. Sie begann, Lotta zu mobben, sie als Streberin zu schimpfen. Sie wollte plötzlich nicht mehr mit ihr spielen, weil sie zu langweilig sei. Das führte dazu, dass sogar Kinder, die Lotta bisher wegen ihren guten Schulleistungen bewundert hatten, sich von ihr abwandten. Lotta wurde für ihre guten Schulleistungen gemobbt und lernte daraus, dass gute Schulleistungen im sozialen Miteinander bestraft werden. Eine kurze, aber intensive Leidensgeschichte begann, während der Lotta mit den Gefühlen von ausgestoßen zu sein, Anerkennung zu verlieren und Liebesentzug konfrontiert wurde. Lotta hing in diesen Gefühlen fest und das vegetative Nervensystem reagierte darauf.

Im Visualisierungscoaching erkennt Lotta, wie ihre Freundin gelb vor Neid auf ihre guten Schulnoten war. Nicht mal mit viel Einsatz und Fleiß hätte sie Lottas Noten übertreffen können. «Sie ist eifersüchtig», erkennt Lotta. «Das hat nichts mit mir zu tun.» Durch stimmige Perspektivenwechsel und Beruhigung der Echse gelingt es uns in dieser Sitzung, Lottas Erinnerungen an diese Zeit zu neutralisieren, Mut und Freude zu finden und die Echse wieder vernünftig mit ins Boot zu holen. Wir haben den Auslöser für die Prüfungsangst gefunden, mit der Echse am runden Tisch ein Gespräch geführt und Missverständnisse aus dem Weg geräumt. Als ich mich von Lotta verabschiede, weiß ich ganz sicher, dass sie mich nicht mehr brauchen wird. Sechs Wochen nach diesem Termin rief mich Lotta selbst an: «Ha – alles ist gut! Meine Echse bleibt ja sowas von entspannt während Prüfungen. Ich schreibe wieder mühelos gute Noten.»

«Mein Image leidet!» – Angst vor öffentlichem Reden

SONYA ERZÄHLT AUS DER PRAXIS

Till, 13

Till ist genauso, wie man zu sein hat: cool, trendy, gutaussehend. Er kommt bei seinen Klassenkameraden gut an, ist beliebt, kann vieles und traut sich noch mehr zu. Das ist wichtig in diesem Alter und darauf ist er stolz. «Ich kann tanzen, spiele toll Fußball, bin klug», erzählt er. «Nur eines geht einfach nicht. Ich kann nicht vor der Klasse sprechen.» Er beginnt dann zu zittern. Das sieht man nicht nur deutlich, sondern man hört es auch seiner Stimme an. «Das ist voll peinlich!», erzählt er entsetzt. «Das schädigt mein cooles Image.»

Das Ganze dauert schon eine ganze Weile an, erzählt die Mutter. «Eigentlich war das schon ganz früh so, in der ersten Klasse. Dabei passt das so überhaupt nicht zu unserem Jungen.» Sie erzählt, wie wagemutig sich Till schon als kleines Kind in jedes Abenteuer gestürzt hat. Wie beliebt er schon im Kindergarten bei den anderen war. «Das passt einfach nicht zusammen», sagt sie verzweifelt. Till beißt sich auf die Lippen und ich spüre, wie peinlich ihm das ist, dass er bei mir sitzt. Es ist auch nicht der erste Anlauf, den er unternommen hat. Voller Hoffnung hat er schon andere Therapien und Methoden genutzt, um dieses Problem zu lösen. «Hat alles nix gebracht», meint er enttäuscht. «Kaum war ich in der Schule, war alles wieder beim Alten.»

Wenn Eltern das Datenblatt zum Ausfüllen erhalten, haben sie dort die Möglichkeit, Besonderheiten im Leben des Kindes zu schildern. In Tills Datenblatt stand nur: «Keine Besonderheiten bekannt.» Keine traumatische Geburt oder andere einschneidende Erlebnisse im Leben von Till? «Nein, sein Leben war bisher ganz normal. Keine Todesfälle, Scheidungen oder sonst was, was ihn besonders erschüttert hätte», erzählt die Mutter. Till schüttelt ebenfalls verneinend den Kopf. Trotzdem bin ich mir sicher, dass es ein Ereignis gab, welches verantwortlich für seine Angst ist. «Komm, wir packen das mal an», sage ich zu Till und schicke die Mutter in das Wartezimmer.

Im Visualisierungscoaching spüre ich Tills Verzweiflung, er stürzt sich ganz verbissen in die Arbeit. Immer wieder sagt er: «Warten Sie, ich muss das hier noch etwas deutlicher spüren.» Ich lächle, so macht das Spaß! Wir sammeln die Gefühle ein, die ihn so blockieren und beobachten seine Echse. «Ja, die ist auch nicht gerade hilfreich», erkennt Till etwas enttäuscht. «Die zieht sich völlig zurück und hält sich den Mund zu.» «Du, dann soll sie uns mal sagen, warum sie das tut», schlage ich vor.

Ich bin mir sicher, dass es ein Ereignis im Leben von Till gegeben haben musste, welches für diese Überreaktion verantwortlich ist. So suchen wir im Film seines Lebens nach diesem Moment. «Hier!», ruft Till plötzlich aus. «Hier spüre ich zum ersten Mal diese Angst.» Er erzählt mir, wie er sich in der ersten Klasse bloßgestellt fühlt. «Mein Lehrer fragt mich etwas und ich gebe eine wirklich saublöde Antwort», erzählt er. «Die Antwort war so weit daneben! Ich höre, wie die anderen Kinder kichern. Mein Lehrer lässt meine Antwort nicht so stehen und bohrt nach. Immer weiter fragt er und ich bin immer unsicherer. Je mehr die anderen Kinder lachen, desto schlimmer wird es.» Der Lehrer versuchte, Till mit weiteren Fragen auf die richtige Spur zu bringen und löste damit ein großes Gelächter in der Klasse aus. Für Till hingegen war diese Situation nicht lustig, er fühlte sich bloßgestellt und gedemütigt. «Eigentlich meinte er es nicht böse", erkennt Till. «Aber für mich war es schlimm.» Wir beide spüren, dass hier die Saat für seine spätere Angst gesät wurde und beim ersten Trieb meldete sich die Echse. Wir suchen einen Ausweg aus dieser unangenehmen Situation: «Till, wenn du heute auf diesen Moment zurückschaust und dir selbst zuhörst, findest du nicht selbst, dass deine Antwort damals lustig war?» Er kichert und meint: «Doch, schon. War schon ein bisschen doof, jetzt muss ich selber lachen.» Plötzlich geht ihm ein Licht auf: «Ich verstehe, dass alle lachen mussten. Ich hätte auch gelacht.» «Sie meinen es nicht böse, was meinst du? Was glaubst du, hätte diesen Moment besser gemacht?» Till überlegt. «Mitlachen! Ich hätte mitlachen sollen!» Genau, und so erleben wir diesen Moment nochmals, lachen mit seinen Klassenkameraden mit und haben Spaß dabei. Till spürt, wie das Gefühl von Demütigung und Spott verfliegt und genießt den Moment. Denn man kann sich nicht gleichzeitig schämen, Angst haben und darüber lachen, so funktioniert unser Gehirn nicht. «Also Till, den Samen haben wir gefunden. Lass uns schauen, wann die Echse zum ersten Mal eingegriffen hat und deine Angst stärker geworden ist.» Wir suchen weiter im Film seines Lebens.

«Ich bin neun und muss einen Vortrag vor der Klasse halten", erzählt Till. «Ich verliere komplett die Kontrolle. Mein Körper zittert, ich habe nasse Hände und kann kaum sprechen.» «Was macht deine Echse?», frage ich nach. «Genau dasselbe", sagt er. «Beziehungsweise ich mache dasselbe wie sie.» Uns beiden ist klar was die Echse macht: Sie beschützt Till davor, was Falsches zu sagen. Denn was dann passiert, hat Till in der ersten Klasse erlebt. «Sie will nicht, dass ich wieder ausgelacht und bloßgestellt werde.» Wir setzen uns mit der Echse an den runden Tisch und verhandeln. «Du willst nicht, dass ich ausgelacht werde?», fragt Till seine Echse. «Das ist zwar nett, aber wenn du so reagierst, wenn ich was sagen muss, dann sorgst du genau dafür», erklärt er ihr. Die Echse versteht, muss jetzt aber etwas üben. Till besucht mit seiner Echse solche Erinnerungen, wo sie mit ihrem Verhalten dafür gesorgt hat, dass er kaum sprechen kann. Er fängt an, sie zu beruhigen: «Komm, chill mal. Wenn du so bibberst, kann ich nicht sprechen. Alles ist in Ordnung, ich bin cool und hab's im Griff.» Es ist großes Kino, Till dabei zuzusehen, wie intensiv und lebendig er mit seiner Echse verhandelt, übt und dann endlich den Durchbruch erzielt: «Jetzt ist sie entspannt! Cool! Und ich zittere auch nicht mehr.»

Till zieht die Sitzung in die Länge, er findet so viel Spaß daran, zusammen mit seiner Echse in Momente zu springen, wo er locker und selbstbewusst vor seiner Klasse spricht. «Das fühlt sich richtig cool an, jetzt passt es zu meinem Image. Ich BIN nämlich cool!», grinst er.

Till ist ein gutes Beispiel dafür, wie schnell solche Blockaden und Ängste entstehen. Das Gelächter der Klasse wird als Angriff auf die eigene Person, die Glaubwürdigkeit, die Intelligenz empfunden, das Nachbohren des Lehrers als Demütigung. Gefühle, die dem Menschen gefährlich werden können und die so die Überreaktion des vegetativen Nervensystems triggern.

Till konnte sich durch diese Sitzung aus seinem Gedankenkarussell und seiner Angst befreien – und sein Image retten.

«Mathe raubt mir den Atem» – Angst vor Mathematik

CLAUDIA ERZÄHLT AUS DER PRAXIS

Leo, 9 Jahre

«Wenn es so weiter geht, muss er die dritte Klasse wiederholen», erzählt mir Leos Mutter verzweifelt am Telefon. «Mein Sohn ist doch nicht dumm. Er lernt so schnell Neues, kapiert Zusammenhänge, ist so vielseitig interessiert. Aber Zahlen? Furchtbar.» Ich habe mich schon mit dem Datenblatt vertraut gemacht und weiß, dass Leo das einzige Kind seiner Eltern ist. Er ist aktiver Pfadfinder, ein Pragmatiker, der für jedes Problem eine praktische Lösung findet, fantasievoll, neugierig, kreativ und allseits beliebt. Aber in der Schule, da hapert es: «Schon seit der ersten Klasse hat er richtiggehend Angst vor Zahlen. Er kann nichts mit ihnen anfangen, Rechnen ist seine ganz große Schwäche. Wir üben und üben zuhause und er kapiert es einfach nicht. Manchmal, das gebe ich zu, reißt mir der Geduldsfaden.» Sie erzählt, dass Leo weint, wenn er Mathe-Hausaufgaben lösen soll. Vor der Mathestunde hat er Bauchweh und die Schule wird für ihn zur Qual. «Mathe wird so hoch gewichtet. Noch heute hat man den Eindruck, dass ein Kind dumm ist, wenn es schlechte Matheleistungen bringt. Aber Leo ist alles andere als dumm», führt die Mutter weiter aus.

Das bestätigt sich, so wie Leo vor mir sitzt. Ein aufgeweckter, neugieriger Junge mit wachem Blick. Er stellt mir viele Fragen zu meinem Privatleben. Vielleicht will er noch ein bisschen vom Thema ablenken. «Ja sag mal, Leo. Mathe ist nicht so dein Ding, was?» Er schüttelt heftig den Kopf und wehrt ab: «Nein, gaaar nicht! Muss ich heute mit dir rechnen?» «Gott bewahre", entgegne ich. «Ich rechne auch nicht so gerne.» Er strahlt, lehnt sich zurück und meint: «Rechnen ist doof, gell?» «Ja, aber ich bin schon froh, dass ich es kann», zwinkere ich ihm zu. «Ja, können würde ich es auch gerne», sagt er und verzieht seinen Mund. Sein Gesicht erhellt sich, als ich sage: «Ich bin ganz sicher, dass du rechnen kannst.»

Leo erzählt mir, wie er sich fühlt, wenn er es mit Zahlen zu tun bekommt: «Im Bauch zieht sich alles zusammen, wie ein dicker, schwerer Knäuel und ich kriege einen ganz trockenen Mund. Und weinen will ich.» Er fühlt sich verzweifelt, dumm und hat das Gefühl, weniger wert zu sein als jene Kinder in der Klasse, die sich mit Mathe nicht abmühen müssen. «Die können das einfach, weißt du.» Wenn Leo hört, wie der Lehrer solche Kinder lobt, fühlt er sich noch kleiner. «Das schnürt mir richtig die Luft ab», ergänzt er. «Dann wird es ganz matschig in meinem Kopf und ich kann nicht mehr denken.» Hui, da haben wir aber viele, schädliche Gefühle in diesem kleinen Kerl. Hier muss Abhilfe geschafft werden. «Wollen wir mal schauen, was bei dir los ist?», frage ich Leo und er blickt mich etwas erschrocken an. «Aber ich muss wirklich nicht rechnen?», versichert er sich nochmals. «Nein, rechnen musst du nicht. Wir fliegen vielleicht zusammen auf den Zahlenplaneten.» Eine Strategie, die Kindern hilft, sich mit abstrakten Zahlen anzufreunden und ihre Abneigung abzulegen. «Aha, und dort muss ich dann rechnen?» «Ach Quatsch! Wir erleben ein paar Abenteuer mit den Zahlen, trinken etwas süßen Zahlensirup und tauchen ins Zahlenbad ein. Rechnen musst du dort nicht.» Jetzt grinst er und ist bereit, eine tolle Reise in seinem Kopf zu erleben.

«Es schnürt mir die Luft zu.» Diese Aussage von Leo ist bei mir hängengeblieben und ich habe einen Verdacht. Einen Verdacht, den ich gerade bei diesem Thema immer wieder bestätigt bekomme. Aber zuerst mal schauen, welche Gefühle Leo sonst noch blockieren. Er ist mit Begeisterung dabei und spürt in seinen Körper hinein, um diese «ätzenden Gefühle zu enttarnen", wie er selbst sagt. Wir finden Angst im Bauch, die alles zusammenzieht und er spürt, wie es ihm die Luft zuschnürt: «Wie ein dicker, fetter Strick um den Hals!» «Was spürst du zuerst?», will ich wissen und Leo zeigt auf seinen Hals. «Ich kriege kaum Luft.» Ich lade Leo ins Kino im Kopf ein, um den Film seines Lebens anzuschauen. Wir bewaffnen uns mit Popcorn, Cola und Gummibärchen und machen es uns in seinem Kino gemütlich. «Lass uns mal schauen, wann dieser Strick um deinen Hals gekommen ist.» Ich wundere mich nicht, als Leo schon zu Beginn seines Filmes ausruft: «Hier, er ist da!» Leo erkennt, wie schon im Mutterleib ein Strick um seinen Hals ist. Er ringt immer wieder nach Luft, je nachdem, wie er sich bewegt. Zieht sich der Strick an, spürt er auch gleich diese Angst im Bauch, den Knäuel, der alles zusammenzieht. Löst sich der Strick, verfliegt die Angst. Es ist ein Hin und Her, hier im Mutterleib und es findet seinen Höhepunkt während seiner Geburt. «Hier ist es ganz schlimm!», ruft er aus. «Ich kann fast nicht atmen und im Bauch ist der Knäuel ganz hart und fest.» Seine Atemnot und Angst steigert sich noch. Wir arbeiten mit diesen Momenten, lösen den Strick, lassen Sauerstoff fließen, bis Leo spürt, dass er frei atmen kann. Wir lösen den Knäuel aus dem Bauch und spüren, wie die Angst verfliegt. Leo atmet und spürt, wie alle seine Zellen Sauerstoff tanken und er sich sicher und wohl fühlt. Immer wieder schiele ich auf das Datenblatt. Stand da irgendwo etwas von Komplikationen bei der Geburt? Hatte Leo wohl die Nabelschnur um den Hals? Ich finde keinen Hinweis. Egal, was Leo visualisiert hat einen Grund und ich arbeite damit.

«Weißt du Leo", erkläre ich ihm. «Wenn zu wenig Sauerstoff in deinem Gehirn ist, dann mag es nicht richtig denken. Lass uns dein Hirn belüften.» Leo stellt sich vor, dass sein Stirnhirn ein großes Cockpit ist, wo alle Informationen gefiltert, verarbeitet und gespeichert werden. «Hier ist es muffig», befindet er und öffnet alle Fenster. Wir untersuchen das Cockpit, schauen, ob alle Leitungen sauber und klar sind, bereinigen, belüften, sortieren, reparieren und suchen das «Rechenzentrum». «Das ist nicht hier», sagt Leo. «Das ist woanders.» Wir suchen und finden es im Bauch, packen es zusammen und ziehen damit in den Kopf um. «Jetzt ist es da, wo es hingehört", erkennt Leo. Wir haben viel zu tun und Leo findet Spaß daran, auch sein Zahlenzimmer im Kopf zu lüften und aufzuräumen. Zur Belohnung fliegen wir zum Zahlenplaneten und kommen mit der Neun als Zahlenfreund zurück. Eine irrwitzige Fahrt durch sein Gehirn ist das und wir hören erst auf, als wir sicher sind, dass überall aufgeräumt und frische Luft ist. Die Sauerstoffzufuhr ist nun intakt und Leo meint: «Meinst du, dass es jetzt klappt mit dem Rechnen?» «Lass es uns ausprobieren", sage ich und freue mich, dass ich mit diesem Vorschlag auf keinen Widerstand stoße.

Leo springt mit mir in die Schule und schlägt sein Mathebuch auf. «Spürst du einen Strick um den Hals oder etwas, was deinen Bauch ganz doll zusammenzieht?» Leo zögert ein paar Sekunden: «Nein, hier ist nichts.» «Und beim Hausaufgaben machen?» «Nix.» «Und wenn du eine Matheaufgabe lösen sollst in der Schule?» «Nix.» Überall nix. Leo spürt keine blockierenden Gefühle mehr, sein Cockpit in der Stirn ist belüftet, arbeitet auf Hochtouren und ist aufgeräumt. «Magst du was rechnen?», frage ich ihn. «Ja okay, wir können es versuchen», antwortet er gedehnt. Ich stelle ihm ein paar Matheaufgaben. Leo strengt sich an, kneift die Augen zu und rechnet. «Richtig!» Er reißt die Augen auf und jubelt: «Das habe ich bisher immer falsch gerechnet!» Gut gemacht, Leo.

Mit so vielen Erfolgserlebnissen schließen wir die Sitzung ab. Doch eines will ich noch wissen. «Gab es bei der Geburt Komplikationen?», frage ich die Mutter. «Ja, direkt nicht. Leo hatte während der Schwangerschaft die Nabelschnur um den Hals und bei der Geburt musste sie zuerst gelöst werden. Ging aber alles gut.» In mir drin lächelt es. Was Kinder visualisieren und spüren während der Sitzung, ist halt immer richtig.

«Ich ersticke!»
– Angst zur Schule zu gehen

SONYA ERZÄHLT AUS DER PRAXIS

Sarah, 9

«Wir sind wirklich in einer Notsituation», schreibt die Mutter im Datenblatt. «Seit drei Monaten bekommen wir Sarah nicht dazu, in die Schule zu gehen. Sie verweigert total. Aber es muss was passieren, sonst bekommen wir wirklich Ärger.» Die Mutter schildert, dass Sarah richtig panisch reagiert, wenn man versucht, sie in die Schule zu zerren. «Nichts nützt etwas. Belohnung, Zwang, Diskussionen, alles erfolglos. Wir wissen nicht mehr weiter.» Alles wurde schon versucht, Sarah ist austherapiert. «Aber was nützt uns das?», schreibt die Mutter verzweifelt. «Das Problem besteht immer noch und die Schule macht nun echten Druck.»

Dass Sarah «austherapiert» ist, zeigt sich deutlich bei unserem Kennenlernen: Sie tobt und schreit. Sie weiß genau, dass dies ein weiterer, verzweifelter Versuch ihrer Eltern ist, um sie wieder in die Schule zu bewegen. Aber das will – nein, sie kann es nicht! Ich brauche viel Zeit, um Sarah mit ins Boot zu holen, sie traut mir einfach nicht. «Ich brauche Sarahs' Vertrauen", erkläre ich der Mutter. «Bitte geben Sie uns die Zeit, die sie benötigt.» Ein Vertrauensverhältnis zum Klienten ist das A und O einer erfolgreichen Zusammenarbeit, das versteht auch die Mutter. Ich bin ihr dankbar, dass sie keinen weiteren Druck aufbaut. Es passiert selten, aber tatsächlich ist es uns erst beim dritten Termin möglich, am Anliegen zu arbeiten. Endlich hat Sarah Vertrauen geschöpft und startet mit mir in eine erste Sitzung. Es beruhigt sie zu wissen, dass alles nur in ihrer Vorstellung passieren wird und dass ihr keine Gefahr droht. Wir legen los.

«Sarah, stell dir vor, wie du auf dem Schulgelände bist. Vor dir liegt das Schulhaus, rund um dich herum springen deine Klassenkameraden. Was fühlst du hier?» Sarah lässt sich auf diese Vorstellung ein und spürt, wie sie nervös wird. Ich weiß, dass das noch nicht das zugrundeliegende Gefühl ist, es muss tiefer sitzen. Wir gehen weiter. «Gut, stell dir vor, wie du im Klassenzimmer bist. Deine Lehrerin kommt rein, schließt die Tür und der Unterri…» «Neiiin!», schreit Sarah. «Hilfe! Ich kriege keine Luft!» Sarah wird panisch, sie will raus aus dem Klassenzimmer, die Fenster sind geschlossen und sie hat das Gefühl zu ersticken. Mir ist sofort klar, dass hier der Schlüssel zu ihrer Schulangst liegt. «Mach die Augen auf, Sarah», sage ich zu ihr und stehe auf, um das Fenster zu öffnen. «Es ist hier alles in Ordnung, spürst du das?» Ich sehe Sarah an, wie aufgewühlt und gestresst sie ist. Wir besprechen miteinander, was wir gerade herausgefunden haben. «Du hast Angst in diesem geschlossenen Raum, nicht wahr?» Sarah nickt. «Das wusste ich nicht", sagt sie erstaunt. «Das ist mir noch nie aufgefallen.» «Es ist gut, dass du bis jetzt so toll mitgemacht hast, so dass wir das herausgefunden haben", lobe ich Sarah. «Unsere nächste Aufgabe ist es, herauszufinden, weshalb du so große Angst vor geschlossenen Räumen hast», erkläre ich ihr und wir machen uns daran, den Film ihres Lebens zu schauen. Nur wenn wir die Ursache für diese Angst finden, können wir sie neutralisieren und dafür sorgen, dass Sarah entspannt im Klassenzimmer sitzen kann.

Sarah findet es lustig, sich selbst im Mutterleib zu betrachten. «Es ist hier alles rosa, dunkelrosa und warm und gemütlich." Sie fühlt Mamas Freude, spürt Liebe und Geborgenheit und fühlt sich rundum wohl. Hier finden wir keinen Anhaltspunkt für ihre Angst. «Komm, jetzt schauen wir mal, wie du zur Welt gekommen bist, Sarah», sage ich und starte den Film wieder. Jetzt, bei der Geburt, erklärt sich uns alles. Sarah spürt furchtbare Angst, sie hat Atemnot und fühlt sich zu etwas gezwungen, was ihr nicht gefällt. Es ist hektisch und ich sehe Sarah den Stress im Gesicht an. Mir erschließt sich in diesem Moment alles. Im Datenblatt beschrieb die Mutter, dass die Geburt sehr hektisch und gewaltsam war. Sarah blieb im Geburtskanal stecken und muss mit der Saugglocke entbunden werden. Alles musste schnell gehen, es wurde laut im Gebärsaal. «Das Kind benötigt Sauerstoff, macht vorwärts!» und «Keine Zeit mehr, zieht sie raus!» Für Sarah ein traumatisches Erlebnis. Sie spürte die Enge, den Sauerstoffmangel, den Druck im Geburtskanal, den Schmerz der Saugglocke und die gewaltsame Trennung von der Mutter. Die Angst war geboren und zeigte sich im Verlauf ihres Lebens immer deutlicher, bis sie zu einer ausgewachsenen Panik vor geschlossenen Räumen anwuchs. Vor allem wenn es sich um einen Ort handelte, an den sie hinzugehen gezwungen war, wie zum Beispiel zur Schule. An jenem Morgen war sie schlecht gelaunt, müde und wollte nicht zur Schule. Sobald sich die Klassenzimmertür schloss, kamen all die unterdrückten Gefühle in ihr hoch, überfluten ihren Körper und sie geriet in Panik. Sie stand auf, rannte aus dem Klassenzimmer und weigerte sich, nochmals hinzugehen. All die schlummernden Gefühle von Angst, Panik und Enge kamen in der Schule hoch und wurden damit verbunden. In diesem Moment hatte sie keine Ahnung, dass diese Gefühle auf ihre traumatische Geburt zurückzuführen waren und nichts mit der Schule zu tun hatten.

In solchen Fällen reichen kleine, unbemerkte Momente im Leben eines Kindes, um dieses Erlebnis weiter zu triggern, bis aus einer akuten Angst eine anhaltende Panik erwächst. Das Geburtserlebnis verknüpfte sich in Sarahs Fall mit dem geschlossenen Klassenzimmer und der Schutzmechanismus des Menschen begann zu greifen: Klassenzimmer = Lebensgefahr. So fiel Sarah in die Erstarrung, die es unmöglich machte, das Klassenzimmer zu betreten. Die Echse beschützte seinen kleinen Menschen.

Es benötigte intensive Arbeit an diesem Tag, um das traumatische Geburtserlebnis aufzuarbeiten und die Gefühle, welche an das Klassenzimmer geknüpft waren, zu neutralisieren. Sarah arbeitete ernsthaft mit und es gelang uns beiden, ihre Angst zurückzulassen und ihr Reptiliengehirn zu beruhigen. Diese intensive, aufschlussreiche Sitzung war alles, was sie brauchte, damit dieses fröhliche, wissbegierige Mädchen wieder zur Schule gehen zu konnte.

AUSSTIEG AUS DER ANGST

Das Geschehen in und rund um die Schule kann vielfältigste Ängste schüren. Genau betrachtet ist das verständlich: Kinder befinden sich plötzlich in einem Umfeld, welchem sie zum Teil noch nicht gewachsen sind. Sie müssen sich mit größeren Schülern messen, die die Kleinen müde belächeln. Was können die schon? Sie werden bewertet für Fehler, die sie machen. Sie setzen sich mit einem neuen, sozialen Umfeld auseinander und lernen vielleicht Ablehnung kennen. Sie werden aus ihrem gemütlichen Gefüge zuhause herausgerissen und dazu angehalten, brav fleißig zu sein. Gerade Kinder, die mit Wehmut aus dem Kindergarten entlassen werden, tun sich oft mit dem Neuen im Schulalltag schwer. Dies ist meist eine Phase der Eingewöhnung, die oft wieder verfliegt.

Zeigt ein Kind aber plötzlich Ängste, dann sollte man genauer hinsehen. Diese Ängste verhindern in aller Regel, dass ein Kind sein ganzes Potential ausschöpfen kann. Wird die Echse getriggert, übernimmt sie das Denken. Logik ist keine Stärke der Echse. Wenn dein Kind plötzlich ängstlich auf die Schule reagiert, solltest du versuchen herauszufinden, wovor es sich fürchtet. Sind es andere Kinder? Ist dein Kind vielleicht Ziel von Mobbern und Spott geworden? Ist es die Lehrperson, die Ängste schürt? Bezieht sich die Angst auf ein spezielles Schulfach wie Mathe oder Lesen? Ist dein Kind vielleicht unterfordert und spürt unaushaltbare Langeweile? Oft können Kinder genau benennen, was in ihnen die Angst auslöst, dann hast du ein einfaches Spiel. Kann dein Kind nicht genau sagen, was es ängstigt, solltest du es die Augen schließen lassen und es in seiner Vorstellung einen Schultag erleben lassen. Es soll «Stopp» sagen, sobald es ein unangenehmes Gefühl spürt. So kommst du dem Auslöser auf die Schliche und kannst reagieren.

Prüfungsangst – was du tun kannst

Die Prüfungsangst ist in der Regel die Angst, bei einer Prüfung durchzufallen. Ein Thema, das sehr viele Kinder und Jugendliche betrifft und manche sogar bis ins Erwachsenenalter begleitet.

Eine Untersuchung mit Sekundarschülern, die vor einer Hochschulaufnahmeprüfung standen, zeigte eine extreme Zunahme von Gefühlen wie Angst, Unbehagen, Besorgnis, Verzweiflung und Panik. Sie betrachteten die Prüfungen unter dem Aspekt von Druck, familiären Erwartungen und Verantwortung. Einige assoziierten das Scheitern bei den Prüfungen mit Todesangst. Hier gilt es zu unterscheiden:

- Nervosität, leichte Ängstlichkeit oder auch Stressgefühle können in Anbetracht einer großen Prüfung angemessen sein.
- Starke Ängste oder gar Todesangst hingegen sind Überreaktionen und somit der Situation nicht angemessen.

Leider entwickeln Kinder durch die Populärkultur eine destruktive Sichtweise auf das Scheitern. So gelten Menschen, die scheitern, als arm, machtlos, körperlich unattraktiv und unbeliebt. Diese Sichtweise des Scheiterns wird im Fernsehen und in Filmen verstärkt, wenn Verlierer, unattraktive Menschen, schlechte Sportler oder sozial Unbeholfene gemobbt, gehänselt und abgelehnt werden. Diese Definition hat bei den Kindern Angst vor dem Scheitern geweckt, denn sie lernen daraus, dass sie von ihren Mitschülern geächtet und als Verlierer abgestempelt werden, wenn sie versagen. Auch die Eltern können dazu beitragen, vielleicht ohne es zu merken, indem sie ihre Anerkennung und oft auch ihre Liebe mit dem Erfolg in der Schule, im Sport und bei außerschulischen Aktivitäten verbinden. Kinder assoziieren soziale Ausgrenzung, Alleinsein oder Einsamkeit damit. Kein Wunder, dass die Fälle von Stress, Angst und Depressionen in der Kindheit zunehmen.

Wenn du befürchtest, dass dein Kind Angst vor dem Versagen hat, dann achte auf folgende Signale, die man oft in Verbindung mit Versagensängsten findet:

- Dein Kind hat null Interesse oder Motivation für eine Aktivität: «Wo ich nicht mitmache, kann ich auch keine Fehler machen».
- Dein Kind klagt oft über Unwohlsein oder verletzt sich ständig: ein guter Grund, nicht zur Schule zu gehen.
- Dein Kind verliert immer wieder Schulmaterialien, Stundenpläne,

Hausaufgaben: Es schafft sich die unangenehmen Dinge aus den Augen.
- Es findet ständig Entschuldigungen, wenn etwas in der Schule nicht gut geklappt hat: «Die anderen Schüler waren so laut.» «Ich hatte eine Erkältung und konnte mich nicht konzentrieren.» «Ich habe zu spät von dieser Prüfung erfahren und konnte mich nicht vorbereiten.» «Die Lehrerin mag mich nicht.»

Prüfungsangst ist der weitaus häufigste Grund, weshalb Kinder bezüglich Schulthemen in unsere Praxis kommen. Zugrunde liegt fast immer die Angst vor Fehlern, dem Versagen, vor Spott, dem Verlust von Anerkennung und Liebesentzug. Unterstütze dein Kind mit einer guten Fehlerkultur zuhause. Erkläre deinem Kind als Erstes, dass Fehler herzlich willkommen sind. Nutze dazu ein Wortspiel: «Verschiebe die Buchstaben des Wortes FEHLER so lange, bis ein neues Wort daraus entsteht.» Lass dein Kind mit diesen Buchstaben spielen und sie verschieben und hilf ihm ein wenig dabei: «Leg den Buchstaben H an erste Stelle." Manche Kinder sehen die Lösung sofort, anderen darf man unter die Arme greifen: Aus FEHLER wird HELFER. Fehler helfen uns, als Person zu wachsen, uns zu entwickeln und im Leben voranzukommen. Kinder, welche mit uns in der Praxis an diesem Thema arbeiten, genießen auch folgende Vorstellung: «Als du noch ein kleines Baby warst, waren Fehler deine besten Freunde. Nur weil du den Mut und die Freude an Fehlern hattest, kannst du heute laufen. Du hast irgendwann beschlossen, es mal zu versuchen, einen Fuß vor den anderen zu stellen und bist hingefallen. Fehler! Aber das hat dich nicht entmutigt, im Gegenteil. Du hast dich wieder hingestellt und es nochmals versucht. Nach sehr vielen Fehlversuchen ist es dir gelungen. Du hast aus allen deinen Fehlern gelernt, dich selbständig fortzubewegen.» Kinder, die das hören, verstehen, dass jeder Erfolg erarbeitet werden muss, und dazu gehören Fehler.

Helft euren Kindern zuhause, indem ihr ihnen sagt, dass ihr Wert niemals von ihren Leistungen abhängt. «Egal, was du in der Schule für Noten schreibst, du bist MEIN perfektes Kind und ich liebe dich aus ganzem Herzen.» ist beispielsweise ein Satz, der Kinder bekräftigt. Oder: «Fehler macht jeder. Aber es nochmals zu versuchen, das können nur ganz besondere Kinder.» Was auch sehr gut ankommt ist der Satz: «Wenn wir uns schämen, Fehler zu machen, dann schämen wir uns menschlich zu sein, denn als Menschen machen wir alle Fehler.» Untermauert eure Ansagen im Alltag: Mache selbst Fehler, gib sie zu und entschuldige gegebenenfalls dafür. Im Sinne von: «Ach, ich wollte doch heute noch einen Kuchen kaufen - total vergessen! Tut mir leid, aber du hast mich trotzdem noch lieb, nicht wahr?» Eine gute Fehlerkultur zuhause hilft deinem Kind dabei, Fehler nicht als Feinde, sondern als Helfer zu verstehen. Fehler machen gehört dazu, wenn man Meister seines Faches werden will und sie sind deshalb erwünscht.

Erkläre deinem Kind auch, dass sein Gehirn von Fehlern profitiert: «Jedes Mal, wenn du einen Fehler gemacht und daraus etwas gelernt hast, wächst dein Gehirn und wird stärker.» So weckst du im Kind den Gedanken und die Freude daran, aus Fehlern etwas zu lernen. Achte dabei darauf, dass das Kind mit sich selbst in positiver Art und Weise spricht: «Morgen habe ich eine Prüfung, ich schaffe das. Ich habe mein Bestes gegeben und das reicht auf alle Fälle.» Korrigiere dein Kind, wenn du von ihm Aussagen hörst, wie «Das klappt sowieso wieder nicht!» oder «Ich werde sowieso wieder eine schlechte Note bekommen.»

Um nochmals darauf zurückzukommen: Die heutige Gesellschaft

vermittelt ein negatives Bild vom Scheitern. Erkläre deinem Kind, was *echtes* Scheitern bedeutet:

«Nur wenn du nicht dein Bestes gibst, bist du gescheitert.»

«Wer lügt und betrügt, um erfolgreich zu sein, ist gescheitert.»

«Wer keine Verantwortung für seine Fehler übernimmt, hat versagt.»

«Wer sich nur um sich selbst kümmert und andere schlecht behandelt, ist ein Versager.»

Angst vor Mobbing – was du tun kannst

Mobbing ist Gewalt pur und oft kommt man hier nicht um eine professionelle Begleitung und einen klaren Strich unter der Sache drumherum. Es ist nicht nur für das Kind, sondern auch für die Eltern eine sehr schmerzhafte und teils traumatische Erfahrung, die ein Kind sein ganzes Leben lang prägen kann. Hier ist schnelles und wirksames Handeln angesagt. Es sind traurige Fälle, die wir in unseren Praxen zu diesem Thema zu Gesicht bekommen. Mobbing macht ein Kind komplett machtlos, denn oft passiert es im Verborgenen. Kommen noch Drohungen dazu, die dem Gemobbten den Mund verbieten, wird es doppelt schwierig. Du kannst dein Kind stärken, wenn es noch am Anfang des Mobbings stehst.

Vielen Mobbing-Kindern hilft es, wenn sie einen Perspektivenwechsel erleben können: «Was glaubst du, bringt es den Mobbern, wenn sie dich immer heruntersetzen und klein machen können?» Viele Kinder verstehen es nämlich intuitiv: «Sie fühlen sich dann besser.» Tatsächlich sind in der ganzen Mobbingspirale nämlich die Mobber die eigentlichen Opfer. Die Mobber sind unsicher, fühlen sich klein und unbedeutend und setzen so alle Kraft darauf, ein anderes Opfer in den Vordergrund zu stellen. Es gelingt ihnen so, mächtig und groß dazustehen. Dabei ist Mobbing Mittel zum Zweck, um von der eigenen Unsicherheit abzulenken. Wir haben schon oft in der Praxis erlebt, wie erleichternd es für ein gemobbtes Kind ist, wenn es diese Strategie durchschaut. «Also finden die mich eigentlich besser, als sie sich selbst und machen mich so klein, damit sie größer sind.» Diese Erkenntnis hilft, Verständnis und Empathie für die Mobber zu entwickeln. Das ermöglicht dem Gemobbten, sich selbst wieder im richtigen Licht zu betrachten und es aus der Vorstellung «mit mir stimmt was nicht, niemand will was mit mir zu tun haben» rauszuholen. Wir könnten ein ganzes Buch über Mobbing und dessen Beweggründe schreiben und vielleicht tun wir das noch. Hier und heute aber möchten wir dir zwei Tipps mitgeben, die einem gemobbten Kind helfen können.

Schlagfertigkeitstraining

Veranstaltet beim gemeinsamen Essen zuhause einen Wettbewerb: Wer von uns ist der Schlagfertigste? Derjenige, der am meisten das letzte Wort hat, oder der mit seinen Antworten die anderen zum Lachen gebracht hat, ist der Sieger. Eltern sind aus purer Lebenserfahrung zu Beginn meist die Gewinner, aber warte nur ab. Wird Schlagfertigkeit humorvoll und in sicherem Rahmen zuhause geübt, kannst du dir sicher sein, dass deine Kinder alles daransetzen werden, um bald mit der Siegermedaille dazustehen. Diese Fähigkeit kann in der Schule eingesetzt werden, wenn das Kind verbal beleidigt wird. Dem Kind in Aussicht zu stellen, dass es bald jeden Angriff auf witzige Weise kontern kann, hilft neuen Mut zu fassen. «Stell dir vor, wie du dem Mobber eine witzige Antwort auf seine Beleidigung gibst. So witzig, dass die Umstehenden lachen müssen. Was meinst du, wie sich der Mobber dann fühlt?» Der Mobber merkt sofort, dass er sein Opfer nicht mehr kontrollieren kann und wird sich in Zukunft in Acht nehmen.

Sozialkompetenz und Empathie – das wäre ein sinnvolles Schulfach!

Aus unserer Sicht wären Sozialkompetenz und Empathie für Kinder deutlich wichtiger, als die Fähigkeit geometrische Winkel zu berechnen. Dies ein Aufruf an dich, liebe Mama und lieber Papa: Vermittelt euren Kinder Werte. Kinder sollen lernen, dass innere Werte deutlich wichtiger sind als Äußerlichkeiten. Einfühlungsvermögen, Hilfsbereitschaft, Freundlichkeit gegenüber anderen Mitmenschen, den Tieren und der Natur, das wäre echte Intelligenz. Eine Intelligenz, die das Miteinander auf diesem Planeten wieder neugestalten würde. Dazu gehört auch Zivilcourage, die Fähigkeit und den Mut, für andere einzustehen, Schwächere zu schützen und zu verteidigen. Denn eins soll gesagt sein: Mobber hätten keine Chance, ein Kind aus einem ganzen Klassenverband auszustoßen, wenn die anderen Schüler den Mut und die Courage hätten, sich dem Mobber entgegenzustellen. Du als Elternteil kannst hier wirken. Bring deinem Kind bei, sich für Andere stark zu machen, den Mund aufzumachen, wenn Unrecht geschieht. Schule es in Empathie und ermögliche deinem Kind, eine neue Welt aufzustoßen: die Welt der Gefühle seiner Mitmenschen. «Was glaubst du, fühlt deine Freundin, wenn du so gehässig mit ihr umgehst?» Lass dein Kind nachdenken, was seine Handlungen im Menschen bewirken und ob es selbst so behandelt werden möchte. So lernt dein Kind, sich und sein Verhalten zu reflektieren und daraus zu lernen.

Die innere Schatzkiste

Gerade gemobbte Kinder beginnen, sich selbst anzuzweifeln und sich kritisch zu fragen. «Was stimmt mit mir nicht? Die offenkundige Ablehnung durch andere Schüler muss ja irgendwie begründet sein.» Es beginnt eine Negativ-Spirale, die so schnell wie möglich gestoppt werden muss. Es lohnt sich eine kleine Visualisierungsreise zur eigenen Schatzkiste.

Leite dein Kind an, seine Augen zu schließen und in seinem Körper zu spüren, wo sich seine Schatzkiste verbirgt. «Irgendwo in dir drin ist deine eigene Schatzkiste. In dieser Kiste stecken alle deine Begabungen, deine Talente, deine schönen Eigenschaften. Alles, was dich ausmacht, findest du darin. Möchtest du mal darin wühlen?» Du kannst dir sicher sein, dass sich dein Kind begeistert darauf einlässt. Hilf deinem Kind, die Schatzkiste zu finden und sie zu öffnen. Vielleicht findet es darin Pokale, Fotos, Notizen, Bücher, Medaillen. Finde mit deinem Kind zusammen heraus, wofür diese Dinge stehen: «Schau, hier ist dein Pokal für deine sportlichen Leistungen. Du bist ja wirklich beweglich und kräftig und du hast sogar den Mut, bei Wettbewerben anzutreten.» Oder: «Schau mal dieses Foto mit deiner Schwester. Das steht für deine Hilfsbereitschaft und deine Geduld, die du oft aufbringen musst.» Vielleicht findet ihr ein Stofftier: «Ach, schau, hier ist deine Fähigkeit, mit Tieren umzugehen.» Kramt so in den positiven Eigenschaften deines Kindes und hebe dabei die Stärken hervor: «Du bist sportlich, kräftig, mutig, hilfsbereit, geduldig, tierlieb…» Diese eigenen Stärken und Talente so zu entdecken, stärkt dein Kind in seiner eigenen Wahrnehmung und in seinem Selbstvertrauen.

Angst vor Zahlen oder Buchstaben – was du tun kannst

Insbesondere Zahlen erzeugen bei vielen Kindern kein Bild im Kopf. Es sind lediglich Ziffern, mit denen sie erst etwas anfangen können, wenn sie einen Wert erhalten. Die Ziffer 5 bedeutet so lange nichts, bis ihr ein Wert, also beispielsweise fünf Kekse, beigemessen wird. Es fällt vielen

Kindern schwer, einen Bezug zu Zahlen herzustellen. Ähnlich bei Buchstaben: Ein Buchstabe allein erzeugt kein Bild und ergibt keinen Sinn. Deshalb hilft es, wenn mit Zahlen und Buchstaben Geschichten entstehen können. Vielleicht erfindest du Gute-Nacht-Geschichten aus dem «abenteuerlichen Leben der Zahlen von 1 bis 9»? So ermöglichst du deinem Kind, Zahlen als Helden aus Abenteuergeschichten zu erleben. Es schließt Freundschaft mit ihnen und du kannst dabei spielerisch Matheaufgaben einbauen. Oder du erfindest lustige Buchstabenspiele: Nimm dafür ein Wort und geh das ganze Alphabet durch, indem du jeweils den ersten Buchstaben des Wortes durch einen anderen Buchstaben ersetzt. Hier ein Beispiel. Nimm das Wort «Elch» und ersetze den ersten Buchstaben durch ein A: «Alch». So entstehen lustige Wörter und das Kind merkt, dass Buchstaben auch ein Tummelplatz für Spaß sind. Auch Zeichnungen von Buchstaben anzufertigen kann helfen, den vorsichtigen Respekt vor diesen unbekannten Zeichen beim Kind abzubauen.

Leider zeigen Studien, dass die Zahlen der Mathematikangst in einigen Ländern eher zu- als abnehmen. Matheangst wurde erstmals in den 1950er Jahren entdeckt und ist immer noch nicht vollständig verstanden oder anerkannt. Um das zu ändern, haben Forscher der Universität Standford die Gehirne von Kindern mit Rechenangst mit Hilfe von Scans beobachtet, während sie versuchten, Rechenaufgaben zu lösen. Zu ihrer Überraschung stellten sie eine erhöhte Aktivität in den Angstzentren der Kinder fest, so wie eine Person mit Phobien auf Spinnen oder Schlangen reagiert. Gleichzeitig verringerte sich die Aktivität in den Problemlösungsbereichen ihres Gehirns. Das machte es für sie schwieriger, richtige Antworten zu finden. Das zeigt, dass Matheangst real ist und Hilfe braucht, wenn sie überwunden werden soll.

Häufiger als du denkst hören wir Eltern im Vorgespräch sagen: „Ich weiß, woher mein Kind das hat, ich war auch schlecht in Mathe.", „Mathe war auch nicht meine Stärke!" oder „Ich verstehe mein Kind, ich habe Mathe auch gehasst!". Diese Aussagen sind negative Verstärkungen und könnten der Auslöser für die Angst sein.

Auch soziale Faktoren wie der Mythos, dass Jungen besser in Mathe sind als Mädchen, halten sich hartnäckig und können Ängste verstärken. Bei Mädchen, dass sie nicht den richtigen Verstand für Mathe haben und bei Jungen, dass sie irgendwie gut in Mathe sein sollten, nur weil sie männlich sind.

Ganz generell möchten wir dich ermuntern, gerade bei kleineren ABC-Schützen noch entspannt zu bleiben. Sie entdecken neue Welten und müssen sich darin zuerst zurechtfinden. Schimpfe nicht, wenn dein Kind sich mit Mathe oder Lesen noch schwertut. Ermuntere es, es weiter zu versuchen. Vielleicht erinnerst du dich an deine eigene Kindheit und erzählst deinem Kind, dass du R und B immer verwechselt hast. Oder dass die Neun eine Zahl war, mit der du auf Kriegsfuß standst. So lernt dein Kind, dass Eltern wie auch Lehrpersonen und andere Erwachsene mal an einem Anfang standen – und ihr Ziel erreicht haben. Weiter solltest du wissen, dass sich die Intelligenz deines Kindes keinesfalls an seinen Mathefähigkeiten bemessen lässt. Leider besteht noch heute die Tendenz zu diesem Glaubenssatz und diese Haltung wird in keiner Weise der Denkleistung gerecht.

Du kannst Mathe auch in den Familienalltag einbauen, so dass Zahlen eine alltäglichere und pragmatischere Bedeutung erhalten:

- Lass dein Kind die Pizza in Viertel, Achtel oder Sechstel schneiden.
- Zieh es beim Kochen hinzu und lasse es die Zutaten abmessen.

Singe mit ihm Matheaufgaben: Findet eine spezifische Melodie, um Zahlenreihen auswendig zu lernen und tanzt dazu. Bewegung beim Lernen ist außerordentlich hilfreich.

Falls du mit ihm Mathe üben willst, baue täglich zehn Minuten dafür ein, anstatt 2x pro Woche 60 Minuten zu büffeln. Lieber kleinere Einheiten als Monster-Stunden.

Angst vor Menschen zu sprechen – was du tun kannst

Es benötigt viel Extrovertiertheit und Selbstsicherheit, um gänzlich ohne Nervosität oder Angst vor anderen Menschen zu sprechen. Ein bisschen Lampenfieber gehört dazu. Wenn diese Gefühle aber überhandnehmen, kann das zu belastenden Situationen in der Schule führen. Gerade Gefühle von Scham, Versagensangst und Demütigung werden besonders gespürt.

Glossophobie, wie die Angst vor öffentlichem Sprechen im Fachjargon heißt, ist eine Unterform der sozialen Phobie, der Angst vor sozialen Situationen. Dennoch haben die meisten Menschen oder Kinder, die darunter leiden, kein Problem damit, andere Aufgaben vor anderen Menschen zu erfüllen, vielleicht sogar zu tanzen oder für andere zu singen, solange sie nicht sprechen müssen. Eine der häufigsten Situationen, in denen Kinder davon betroffen sind, ist das Beantworten von Fragen während dem Unterricht. In diesem Fall können sie Strategien entwickeln, um zu vermeiden, dass sie gefragt werden. Sie vermeiden Blickkontakt zum Lehrer, machen sich klein oder geben vor, die Frage nicht verstanden zu haben.

In der Mittelstufe konzentriert sich das Selbstwertgefühl von Kindern stark auf die Bewertung durch Gleichaltrige. Wenn sie öffentlich vor anderen sprechen müssen, wird die Angst, zu versagen, ineffektiv zu wirken oder eine negative soziale Bewertung von Gleichaltrigen zu erhalten direkt angesprochen.

Der Einsatz von Visualisierungstechniken ist unter den weltbesten Sportlern und Entertainern zur gängigen Praxis geworden. Mit etwas Training kann ein Kind lernen, eine ganze Situation zu visualisieren, in der es in der Öffentlichkeit sprechen muss. Es kann sich vorstellen, dass es aufgefordert wird, eine Frage zu beantworten, sich einen Moment Zeit nimmt, um über die Antwort nachzudenken, sie ruhig gibt und dann die Lehrkraft anlächelt, um zu zeigen, dass es fertig ist. Oder es kann sich vorstellen, wie es für einen Vortrag zum Thema recherchiert, den Vortrag übt und ihn dann gelassen und flüssig der Klasse präsentiert. Eine sonst eher angstauslösende Situation so mehrfach vor dem inneren Auge positiv zu erleben, beruhigt das Nervensystem und sorgt für Ruhe und Gelassenheit: Ich kann das, weil ich es schon so oft gemacht habe.

Du kannst dein Kind auch zuhause wunderbar unterstützen:

- Spiele Publikum für dein Kind. Bitte Geschwister, liebe Nachbarn, Freunde, sogar die Haustiere auf, dem Vortrag (wohlwollend) beizuwohnen. So bekommt dein Kind die Gelegenheit, seinen Vortrag in einer positiven Atmosphäre zu üben, sich an das ungewohnte Gefühl zu gewöhnen und Sicherheit zu gewinnen.
- Trägt dir dein Kind seinen Vortrag vor, vermeide es, zu unterbrechen, zu korrigieren oder nachzufragen. Warte bis zum Ende und gib erst dann Feedback. Beginne immer mit dem Positiven. Gibt es Kritik zu üben, dann verpacke dieses nicht in Worte wie «was du noch besser machen kannst...», sondern verwende «was du noch anders machen könntest...». So gibst du dem Kind ein wertschätzendes und hilfreiches Feedback. Schließe auf jeden Fall mit einer positiven Rückmeldung ab.

- Wenn dein Kind seinen Vortrag üben möchte, gib ihm genügend Raum und Privatsphäre. Es soll so laut sprechen und proben können, wie es will, ohne sich dabei beobachtet oder belauscht zu fühlen.
- Besonders spaßig wird das Üben vor Publikum, wenn ihr Accessoires nutzt. Verkleidet euch mit albernen Hüten oder Kostümen, um der Situation den drückenden Ernst zu nehmen. Selbst wenn dein Kind beim Vortragen immer wieder kichern muss: Wer lacht, kann keine Angst haben.

KÖRPERMÜLL
ENTSORGEN

ANGST VOR TOILETTEN UND STUHLGANG

Vielleicht ist dieses Thema bei dir zuhause völlig irrelevant und du denkst: Was? Dafür ein ganzes Kapitel? Du würdest dich wundern, wie oft wir mit Kindern konfrontiert werden, die sich davor fürchten, sich zu entleeren. Damit verknüpfen Kinder viele Ängste, auf die wir hier eingehen.

Eine kleine Klammer, welche auch mit Toilettenthemen zu tun hat, wollen wir hier öffnen:

Immer wieder rufen uns verzweifelte Mütter von Kindern an, die nachts zwar längst trocken sind, aber tagsüber einnässen. Oft handelt es sich um Kinder zwischen 6 und 9 Jahren, die tagsüber einfach nicht trocken bleiben. In den allermeisten Fällen liegt hier keine Angst zugrunde, sondern schlicht und einfach keine Lust! In diesem Alter ist es Kindern eher egal, ob ihre Hose mal feucht oder nass ist, wenn sie gerade mitten ins Spiel vertieft sind. Sie tauchen so intensiv ins Erleben ein, dass sie ihre Körpersignale einfach ausblenden, zur Seite schieben und ignorieren mit dem Gedanken: «Jetzt nicht, keine Zeit.» Dann fordert die Natur irgendwann seinen Tribut. Auch Kinder, die befürchten etwas zu verpassen, nässen gerne mal ein: «Wenn ich jetzt zum Klo gehe, spielen die anderen ohne mich weiter und ich verpasse was.» Du kannst mithelfen vorzubeugen, indem du das Kind vor dem Spielen nochmals zum Klo schickst.

Du kannst dir sicher sein: Das ist eine Phase, die zwar lästig ist, aber vorüber geht. Wir kennen keinen einzigen Teenager, der tagsüber deswegen noch einnässt…

Klammer zu.

In unserer Praxis arbeiten wir mit Kindern, die Angst vor dem Stuhlgang oder dem Urinieren haben. Manche mögen sich nicht auf die Toilette setzen, sondern bestehen auf Windeln, andere ängstigen sich grundlegend vor diesem Vorgang der Entleerung. Egal was der Auslöser ist, eines steht fest: Hier muss gehandelt werden, bevor es zu behandlungsbedürftigem Stuhl- oder Harnverhalt kommt.

Kürzlich erwähnte eine Mutter, die ein betroffenes Kind zuhause hat, dass sie sich als Kind selbst vor der Toilette gefürchtet hat: «Ich hatte immer Angst, dass eine Schlange aus dem Klo kommt, die mich beißen will.» Klar, die Vorstellung von einer Schlange in den Hintern gebissen zu werden, ist nicht sehr verlockend. Wir sind uns sicher, dass du in deinem Freundeskreis selbst Menschen hast, die sich vor der Schlange im Klo gefürchtet haben, diese Furcht ist weitverbreitet. Aber sie führt in der Regel nicht zu dieser verbissenen Angst, wie jene Kinder sie kennen, die zu uns in Praxis kommen.

Ganz harmlos sind solche Ängste nicht. Zu den körperlichen Problemen gehören unregelmäßige Blasen- und Darmgewohnheiten. Dies trägt zu Verstopfung, Harnwegsinfektionen und Inkontinenz bei. Wenn ein Kind die Signale, dass seine Blase voll ist, unterdrückt oder ignoriert, besteht die Gefahr, dass es Entleerungsstörungen und Harnwegsinfektionen entwickelt, was wiederum zum Einnässen am Tag beiträgt. Wenn Kinder eingeschult werden, ändert sich ihr Tagesablauf und ihr Aktivitätsniveau sinkt. Wenn dies mit der Unterdrückung des Stuhlgangs kombiniert wird, steigt die Wahrscheinlichkeit von Verstopfung.

Die Angst vor der Toilette muss in zwei Kategorien unterteilt werden:

1) Das Toilettenverweigerungs-Syndrom, bei dem sich das Kind weigert, die Windeln für die Darmentleerung aufzugeben und stattdessen die Toilette zu benutzen. Dieses Syndrom führt häufig zu Verstopfung und Verhaltensproblemen.

2) Toilettenphobie, bei der das Kind die Toilette komplett meidet. Dies geht ebenfalls mit einer hohen Rate an körperlichen und Verhaltensauffälligkeiten einher.

Wir möchten etwas genauer auf die Toilettenängste eingehen.

Angst ohne Windeln zu sein

Plötzlich die Windel loszulassen und eine Toilette oder ein Töpfchen zu benutzen, kann in kleinen Kindern Ängste auslösen. Es ist eine große Umstellung im Leben eines Kindes, dass es sich nicht immer und überall entleeren kann und plötzlich, wie die Großen, ihre Darm- und Blasenfunktion kontrollieren soll. Je nach Lebensumständen des Kindes kann diese Umstellung schnell oder zögerlich passieren. Erlebt ein Kind, wie die größeren Geschwister eine Toilette benutzen oder erlebt es sogar von seinen Geschwistern Spott, weil es noch Windeln trägt, wird diese Entwicklung vorangetrieben. Umgekehrt beobachten wir es häufiger, dass das ältere Kind der Familie sich sehnsuchtsvoll an seine Windel klammert, schließlich werden die kleineren Geschwister auch noch in Windeln gepackt. Hier kann die Angst, weniger Aufmerksamkeit und liebevolle Zuwendung zu erhalten, die Sauberkeitsentwicklung bremsen.

Größere Kinder, die sich schwertun, eine Toilette zu benutzen, sehen in der Windel oft ein mentales Sicherheitsnetz. Die Windel schützt sie vor unliebsamen Unterbrechungen beim Spiel oder vor peinlichen Momenten. Meist sind solche Schutzmechanismen durch Missgeschicke entstanden, an denen das Kind noch zu knabbern hat. Durch das Tragen einer Windel schützt es sich vor weiteren Pannen und verhindert so Schamgefühle. Natürlich dürfen wir bei größeren Kindern auch belastendere Ursachen nicht ausschließen, es können durchaus Traumata vorliegen. Ein Kind, welches aus Versehen auf der Toilette eingeschlossen wurde, von anderen Schülern auf der Toilette schikaniert wurde oder schlimmstenfalls auch einen sexuellen Missbrauch dort erlebt hat, wird fortan Toiletten meiden und sich an Windeln klammern.

Toilettenverweigerungs-Syndrom

Manche Kinder gehen zu Hause gerne auf die Toiletten, weigern sich aber, andere Toiletten zu benutzen. Häufig betrifft das die Schultoiletten. Gründe dafür gibt es viele: unangenehme Gerüche, mangelnde Hygiene, das Gefühl, gehört und gerochen zu werden, fehlende Privatsphäre, Klaustrophobie in der engen Kabine oder eben Mobbingerfahrungen. Das Kind zieht das körperliche Unbehagen, sich nicht erleichtern zu können, dem psychischen und sozialen Unbehagen auf den Schultoiletten vor.

> Säuglinge und Kleinkinder werden jahrelang bejubelt für das, was vorne oder hinten rauskommt. Erst mit dem Start des Toilettentrainings kommen Scham und Unbehagen mit diesem Thema zusammen. Missgeschicke bekommen plötzlich eine neue Bedeutung. Das Kind

kann sich peinlich berührt oder beschämt fühlen. Meist macht es sich zusätzlich Sorgen darüber, von den Eltern oder anderen Bezugspersonen geschimpft zu werden und beginnt, solche Missgeschicke zu verbergen. Auch plötzliche Umbrüche im Leben eines Kindes, wie beispielsweise eine Trennung oder ein Umzug, können die Sauberkeitsentwicklung bremsen oder sogar zurückwerfen.

Die allgemeine Angst vor Toiletten kann auch ganz kleine, unbemerkte Ursprünge haben: das unvermutete Geräusch der Spülung, ein plötzlicher Spritzer aus der Toilette oder gar die Angst, in die Toilette hineinzufallen. Kinder haben eine lebhafte Fantasie, so erleben wir es nicht selten, dass sie von Monstern und Gespenstern in der Toilette berichten.

Angst vor Schmerzen

Bei Kindern, die ihren Stuhlgang über längere Zeit zurückhalten, kommt es unweigerlich zu Verstopfung. Das tut weh. Deshalb verwundert es nicht, dass durch eine schmerzhafte Verstopfung die Angst vor dem Stuhlgang noch stärker wird. Ein Teufelskreis. Je länger ein Kind seinen Stuhlgang zurückhält, desto schmerzhafter wird die Ausscheidung. Unter Umständen ist Hilfe nötig, um den Körper regelmäßig von Stuhl zu befreien und die mit der Verstopfung verbundenen Schmerzen möglichst zu eliminieren. Für uns im Coaching stellt sich die Frage: was war zuerst? Das Huhn oder das Ei? War zuerst eine Verstopfung, die zu Schmerzen führte und kam dann die Angst vor dem Stuhlgang? Oder war zuerst die Angst vor dem Stuhlgang und dann kamen die Schmerzen wegen einer Verstopfung hinzu?

Angst vor Schmutz

Doch, es gibt Kinder, die sich vor Schmutz fürchten. Dies gleich vorab, falls du nun erstaunt die Augenbrauen hochziehst und einen Blick ins Chaos des Kinderzimmers wirfst. Ängste bezüglich Schmutz, Bakterien, Keimen und Viren nehmen stetig zu. Die Angst vor diesen Dingen oder generell Schmutz ist in den allermeisten Fällen eine gelernte Angst. Eltern, die die Wohnung möglichst steril halten, ihre Kinder besorgt in Watte packen, wenn sie nach draußen gehen, meinen es zwar gut, machen ihrem Kind gegenüber aber deutlich, dass es sich auf seinen eigenen Körper nicht verlassen kann. «Dein Körper kann mit Eindringlingen (Keimen usw.) nicht umgehen, du musst dich davor schützen.» Kinder, die sich vor Schmutz fürchten, fürchten sich im Grunde vor Krankheit und eventuell sogar Tod. Kein Wunder, dass solche Kinder fremde Toiletten, wann immer es geht, meiden. Gerade Schultoiletten sind oft ungepflegt. Toilettenpapier, Papierhandtücher, die achtlos auf den Boden geworfen wurden, überfüllte Mülleimer, vom Zustand der Toilette ganz zu schweigen. Kinder, die glauben, dass Schmutz auf ihrer Haut potenziell gefährlich ist, werden sich nicht entspannt auf eine solche Toilette setzen.

Natürlich hat ein guter Hygienestandard ein großer und wichtiger Stellenwert. Früher hatten unsere Vorfahren, die Wert auf Hygiene legten, eine bessere Überlebenschance und haben diese Angst vor Schmutz, Keimen und Bakterien an uns weitergegeben. Selbstverständlich macht es Sinn, seine Hände gut zu waschen, die Wohnung und den Körper sauber zu halten. Wenn die Angst jedoch das tägliche Leben eines Kindes beeinträchtigt, ist sie kontraproduktiv geworden. Diese Angst ist im Übrigen ein guter Nährboden für einen Zwang und dann kommst du um professionelle Hilfe für dein Kind nicht mehr herum.

«Das schwarze Loch» – Angst vor Schmerzen

Claudia erzählt aus ihrer Praxis

Moritz, 7 Jahre alt

Der kleine Moritz hat eine zähe Morgenroutine: Nach dem Aufstehen muss er ein Glas warmes Wasser trinken, dann einen Esslöffel bitteren Sirup runterwürgen und hinterher nochmals ein Glas warmes Wasser. «Ich muss darauf achten, dass sein Stuhlgang nicht hart wird. Er litt schon als Kleinkind unter Verstopfung, das brauchen wir nicht nochmal», erzählt mir seine Mutter am Telefon. Moritz hält seinen Stuhlgang zurück. «Ich merke doch, wenn er eigentlich aufs Klo müsste», erzählt sie weiter. «Er beginnt dann nervös herumzurutschen und setzt sich dann plötzlich stocksteif mit geradem Rücken hin. So drängt er den Stuhl zurück.» Da nützt alles nichts: kein Bitten, kein Erklären, kein Befehl. Moritz geht nicht aufs Klo. Nur erwächst daraus ein ernsthaftes Problem. «Als er drei Jahre alt war, bekam er solch heftige Bauchkrämpfe, dass er im Krankenhaus einen Einlauf bekam. Mir wird heute noch schlecht, wenn ich daran zurückdenke, welche Schmerzen er dort aushalten musste.» Während ich der Mutter zuhöre, schöpfe ich einen Verdacht – ich bin gespannt.

Moritz ist zum Fressen süß, wie er mit blauen Kulleraugen, blonden Locken und einer tollen Brille in meine Praxis hüpft. Ein richtiger Dreikäsehoch mit großer Klappe, mit der er von seinem eigenen Thema ablenken will. «Und? Können Sie machen, dass meine Mutter ein bisschen entspannter wird?» «Hä? Deine Mutter soll entspannter werden?», frage ich verdutzt zurück. «Wann soll sie denn entspannter sein?» «Wenn ich mein Zimmer nicht aufräume, zum Beispiel", grinst er. «Sie regt sich immer so auf.» Wir lachen. Der kleine Kerl gefällt mir und ich bin gespannt, ob er überhaupt Lust hat, mit mir zu arbeiten. Schließlich und endlich würde das bedeuten, dass er dann regelmäßig auf die Toilette geht. Ich frage nach: «Nun, falls deine Mama Entspannung bräuchte, würde sie sich sicher bei mir melden. Heute aber sind wir wegen dir hier. Warum bist du denn hier?» Er schaut mich an, als ob mir geholfen werden müsste. «Das wissen Sie nicht?», fragt er entgeistert. Ich schmunzle: «Doch, aber ich möchte mal dir zuhören. Erzähl mal.» Nun holt er aus: «Also, Pipi mache ich überall hin, gell. Sogar an Bäume. Easy. Ich habe sogar schon mal in den Schnee ein Muster gepinkelt. Das war lustig. Aber alles andere muss drinbleiben.» «Deine Blase leerst du mit viel Spaß, wenn ich dich richtig verstehe", hake ich nach. «Aber Kacka willst du nicht entsorgen?» «Genau. Das hasse ich.» Er erklärt mir, dass er dieses Gefühl nicht ausstehen kann und deshalb muss es drinbleiben. «Bis es ein einziger, großer, harter Klumpen ist, der Bauchweh macht?», frage ich. Er zuckt mit den Schultern: «Geht halt nicht anders.» Doch, schon. Wir packen es an.

Im Visualisierungscoaching will ich wissen, welches Gefühl Moritz hat, wenn er daran denkt, sich auf der Toilette zu erleichtern. Er konzentriert sich. «Ich habe Angst», sagt er und verzieht schmerzerfüllt das Gesicht. «Angst wovor?», frage ich nach, obwohl ich glaube, die Antwort schon zu kennen. «Das tut weh», antwortet er. Ich überlege. Moritz kriegt jeden Morgen Medikamente, die dafür sorgen, dass der Stuhl weich bleibt. Dennoch hat er Angst vor Schmerzen? Ich vermute, dass damals als 3-Jähriger der Schmerz der Intervention im Krankenhaus mit dem Stuhlgang verknüpft wurde. Wir suchen das Gefühl im Körper und er erkennt ein großes, schwarzes Loch unten in seinem Bauch. «Wollen wir mal schauen, wann dieses schwarze Loch in deinem Bauch entstanden ist?», will ich wissen und wir gehen gemeinsam ins Kino, wo der Film «Moritz' Leben» gezeigt wird. Moritz ist gespannt und wir machen uns wie zwei Detektive auf die Suche nach dem schwarzen Loch.

«Zack, hier ist es!», ruft er plötzlich aus und verzieht sein Gesicht. Wir haben die Ursache seiner Angst gefunden: Als er mit drei Jahren wegen schwerer Verstopfung im Krankenhaus einen Einlauf bekam, verknüpfte er den Schmerz mit dem Stuhlgang. «Weil das alles rausmusste, haben die was in mich reingepumpt und das tat so unvorstellbar weh!» Armer, kleiner Kerl. Wir desensibilisieren diesen Moment und begeben uns auf unsere mentale «Darmrutschbahn». Er erlebt, welch Wunderwerk sein Körper ist, der genau erkennt, welche Nährstoffe den Zellen zugeführt und welche Schadstoffe aus dem Körper abgeleitet werden müssen. Den Abfall transportiert er ab, bis er ins Klo plumpst. Moritz hat seinen Spaß daran, seinem Kacka zuzuschauen, wie es durch den Körper reist, Türen aufschließt, freundlich anklopft und rausgelassen werden möchte. Er erlebt, dass sein Kacka samtig und weich ist und ohne Widerstand in die Kanalisation gespült wird. Plötzlich versteht er etwas: «Wenn ich ganz lange nicht aufs Klo gehe, dann gibt es hier Stau. Die drängeln dann und das tut weh.» «Kann sein», grinse ich. «Was kannst du dagegen tun?» «Halt jeden Tag mal aufs Klo gehen, oder?», meint er und blinzelt mich an. «Und machst du das jetzt auch?», frage ich nach. «Ja», nickt er überzeugt. «Es tut ja nicht mehr weh.»

Moritz' Fall steht für viele Kinder, die als Kleinkinder an Verstopfung litten. Ihr Verdauungssystem war gestört und es entstand ein Stau, welcher nur mit Schmerzen und Anstrengung aufgelöst werden konnte. Diese Schmerzen bringen Kinder unwillkürlich mit dem Stuhlgang in Verbindung und die Angst vor dem Stuhlgang ist geboren.

Als Moritz erkannt hatte, dass der Schmerz der damaligen medizinischen Intervention nicht mehr zurückkommt, fasste er Vertrauen zu seinem Körper und legte die Angst ab. Eine Woche später meldete mir seine Mama, dass er nun fast begeistert aufs Klo rennt, wenn «ein Kacka auf der Darmrutschbahn unterwegs ist!».

«Das Klo-Gate»
– Angst ohne Windeln zu sein

SONYA ERZÄHLT AUS DER PRAXIS

Janosch, 9

Man sieht sie nicht, man hört sie nicht, aber ich weiß es: Janosch sitzt mit einer Windel hier in meiner Praxis. Denn ohne Windel verlässt er nicht das Haus. Er wirkt mürrisch, verschlossen, blickt mich nicht an. Seine Mutter hingegen schon, denn sie hat Redebedarf. «Das ist doch Wahnsinn", stöhnt sie. «Er ist neun Jahre alt, spielt Fußball, ist ein guter und beliebter Schüler, aber er trägt noch Windeln. Das kann doch nicht sein.» Ich beobachte, wie Janosch sich weiter in sich zurückzieht und mit den Mundwinkeln zuckt. Während dessen spricht die Mutter weiter: «Zuhause ist das kein Thema. Da benötigt er die Windeln nicht, er ist längst trocken. Aber außer Haus keine Chance. Wir haben alles versucht, das können Sie mir glauben.» Ich glaube ihr. Sie erzählt, wie weder Belohnung, Drohungen, Bitten, Verhandlungen oder andere Strategien je genützt haben. «Wenn wir ihn zwingen, ohne Windel das Haus zu verlassen, kriegt er regelrecht Panik. Er reagiert mit Übelkeit, Angst und beginnt zu hyperventilieren. Da knicken wir dann ein.» «Okay", sage ich und wende mich Janosch zu. «Du hast deine Schließmuskeln unter Kontrolle und bist trocken. Trotzdem bestehst du auf Windeln, stimmts?» Janosch nickt widerwillig und ich merke, dass er von einer Zusammenarbeit mit mir noch nicht überzeugt ist.

Denn er WILL seine Windel tragen, er muss nicht! Blöd, wie hole ich ihn ins Boot?

«Also, Janosch. Glaubst du, du hättest Vorteile, wenn du fähig wärst, ohne Windel nach draußen zu gehen?» Er blickt mich gleichgültig an. «Schau, du spielst Fußball. Ohne Windel wärst du noch etwas schneller unterwegs. Du hättest sicher mehr Freunde, denn sie müssten nicht befürchten, dass du plötzlich zu riechen beginnst, wenn du deine Windel benutzt. Was denkst du? Hättest du Vorteile?» Er nickt vorsichtig. «Dann lass uns heute zusammen herausfinden, warum du deine Windel benötigst, einverstanden? Ich werde dich nicht zwingen, die Windel nachher wegzulassen, das entscheidest du.» Ich spüre, dass Janosch ins Boot steigt.

Im Visualisierungscoaching nutze ich die Schilderung der Mutter: «Stell dir vor, du müsstest ohne Windel das Haus verlassen. Was hast du da für ein Gefühl?» Eigentlich bräuchte ich keine Antwort, denn die Körpersprache verrät es deutlich: «Ich habe panische Angst!» Wir folgen dieser Angst dahin zurück, wo sie entstanden war.

Janosch nimmt mich mit in den Kindergarten. «Ich bin drei Jahre alt und muss aufs Klo. Unsere Toiletten haben keine Schlüssel, weil die Erzieherinnen die immer wegnehmen, damit sich niemand einschließt. Bei meinem Klo steckt aber der Schlüssel. Weil ich größeren Kindern schon dabei zugesehen habe, wie sie das Klo abschließen, drehe ich den Schlüssel auch.» Klick, das Schloss rastet ein und Janosch bekommt Angst. Ich bin eingeschlossen! Hektisch versucht er, den Schlüssel zu drehen und scheitert. Er bekommt Panik, wird immer hektischer und nässt sich vor lauter Aufregung ein. Er ruft um Hilfe und muss eine geraume Weile warten, bis es den Betreuungspersonen gelingt, ihn aus dieser misslichen Lage zu befreien. Als endlich die Tür aufgeht, sieht sich Janosch einer großen Gruppe Kinder gegenüber, die lachen und über sein Missgeschick spotten. Das volle Programm: nasse Hose, Panik und eine Horde lachender Kinder. Janosch ist traumatisiert, eine Kombination von schrecklichen Gefühlen, die seine Echse weckt. Seine Echse, der große Beschützer, beschließt, Janosch ab sofort vor einer solch üblen Situation zu beschützen. Für Janosch ist klar, dass ihm eine solche Situation für immer erspart bleibt, wenn er sein Geschäft fortan in die Windel macht.

Janosch klärt das mit seiner Echse: «Stimmt, war damals echt eine blöde Situation. Aber jetzt stell dir mal vor, wie peinlich es wäre, wenn in der Schule jemand merkt, dass ich noch eine Windel trage. Das ist ja noch viel peinlicher! Es würde mir helfen, wenn du aufhören könntest, mich vor Toiletten zu beschützen.» Es macht Spaß dabei zu sein, wie Janosch ernsthaft mit seiner Echse verhandelt und ihr die Situation erklärt. Ich spüre, dass das «Toiletten-Gate» Geschichte ist. Eines will ich mit Janosch noch klären: «War dir schon furchtbar peinlich damals in der Kita, nicht wahr?» Er nickt und kriegt leicht rote Wangen. «Glaubst du, dass du das einzige Kind bist, dem in der Kita ein Missgeschick passiert ist? Weißt du, dass es ein ganzes Album mit Kita-Fails gibt?» «Wirklich? Können wir das anschauen?» Mit größtem Vergnügen blättern wir in seiner Vorstellung dieses Album der Kita-Fails durch, lachen, finden Verständnis und Akzeptanz. «Ich war damals schon noch sehr klein, stimmt's», sagt er zu mir. «Da passiert so was mal.» «Ganz genau", sage ich und lächle.

So führe ich Janosch zu seiner Lösung: «Heute könnte mir das nicht mehr passieren", merkt er plötzlich. «Ich kann Schlüssel drehen. Auch wenn ein Schloss mal klemmen würde, würde ich mich nicht einnässen.»

«Bist du sicher?», trieze ich ihn. «Ganz sicher!», ruft er aus und öffnet seine Augen. «Ach, meinst du dann, dass du heute deine Windel noch brauchst?» Es bleibt ein paar Sekunden still, während denen er mich lange anschaut. Dann, leise: «Nein, eigentlich brauche ich sie nicht mehr.»

Dies war der letzte Tag, in der Janosch seine Windel trug. Die Mutter berichtete, dass er noch am gleichen Tag alle seine Windeln entsorgte. Sein mentales Sicherheitsnetz war nicht mehr die Windel, sondern seine Fähigkeit, rechtzeitig und selbstständig ins und aus dem Badezimmer zu kommen.

«Dreck? Du stirbst!» – Angst vor Schmutz

CLAUDIA ERZÄHLT AUS IHRER PRAXIS

Lars, 9 Jahre

«Wenn Lars sein großes Geschäft machen soll, benötigt das Planung", las ich im Datenblatt. «Es muss mindestens 1 Stunde eingeplant werden, damit Lars alle seine Vorbereitungen treffen und sich entleeren kann. Das ist richtig aufwändig und kann nur zuhause stattfinden.» Was mir die Mutter da im Datenblatt beschreibt, klingt wirklich kompliziert und muss generalstabsmäßig vorbereitet werden. «Lars geht nur einmal pro Woche zur Toilette, nämlich freitags nach der Schule. Dann geht es los: Er benötigt frische Unterhosen, die Toilette muss ganz desinfiziert werden und ein Sitzbad muss eingelassen sein. Er verlangt seine antibakterielle Seife, frische Handtücher und 2 Rollen Klopapier. Die ganze Prozedur dauert ungefähr eine Stunde, während der das Bad besetzt ist. Das geht schon seit vier Jahren so.» Ich glaube kaum, was ich da lese. Da scheint das große Geschäft wirklich eine Staatsaffäre zu sein! Was die ganze Sache noch erschwert: «Lars hat spätestens am Sonntag wieder Bauchschmerzen, weil er schon 2 Tage lang keinen Stuhlgang hatte. Diese Schmerzen steigern sich während der Woche zunehmend, aber es ist für ihn gänzlich unmöglich, vorher schon aufs Klo zu gehen.»

Lars sitzt mir an einem Mittwoch in der Praxis gegenüber und ab und zu krümmt er sich unmerklich auf dem Stuhl. «Hast du Schmerzen?», frage ich ihn. «Ja, aber das ist normal", gibt er zur Antwort und winkt ab. «Ist schon okay so.» «Finde ich nicht, Lars, und wir sollten dagegen was tun", entgegne ich und kassiere dafür ein heftiges Nicken der Mama. «Ja, wirklich Lars", bestätigt sie. «Das geht so nicht weiter. Was, wenn du am Freitag plötzlich einen anderen Termin hast? Eishockeytraining oder so?» «Dann gehe ich halt nicht mehr ins Eishockey.» Lars zuckt mit den Schultern und ich spüre, dass er sich seinem Schicksal ergeben hat. «Das muss aber nicht so sein, Lars. Komm, wir schauen mal, was dich auf dem Klo so blockiert.» «Ach, nicht nötig, das geht schon so», findet Lars. Ich spüre, dass Lars gar nicht so motiviert ist, sein Anliegen zu lösen. Für mich ist das immer ein Zeichen, dass das blockierende Gefühl zu groß ist, um es zu riskieren. «Du hast Angst, nicht wahr?», frage ich leise und schaue ihm in die Augen. Er zuckt mit den Schultern und nickt. «Wovor hast du Angst, Lars?» Wieder zuckt er mit den Schultern: «Ich weiß nicht.» «Wollen wir es herausfinden?» Die Mama nickt aufmunternd und Lars seufzt: «Ja dann halt – okay.» Begeisterungsstürme sehen anders aus, denke ich, aber ich bin motiviert: «Das kriegen wir hin!»

Mit Lars erarbeite ich, weshalb der Körper den Müll rausbringen will. «Schau, dein Körper ist wie ein Haus. Da sammelt sich Müll an: Staub, Essensreste, Schmutz und Dinge, die du nicht mehr brauchen kannst. Wenn man das so lässt, dann kommen Ratten und Mäuse und machen zusätzlichen Dreck. Dann verkommt das Haus beziehungsweise dein Körper. Der Abfall sammelt sich in deiner Blase und in deinem Darm und du gehst, wenn es soweit ist, zur Toilette und entsorgst den Müll. So ist das geplant. Du hingegen sammelst den Abfall eine Woche lang in deinem Darm und das tut weh, stimmts?» Lars nickt. «Dann lass uns mal zusammen rausfinden, was für ein Gefühl dich daran hindert, den Müll rauzubringen. Bereit?» Lars nickt und wir machen uns an die Arbeit. Im Visualisierungscoaching verfolgen wir eine Mahlzeit: Lars taucht in seinen Körper ein und sieht zu, wie seine Zähne das Schnitzel zerkleinern, wie der Bissen die Speiseröhre runterrutscht, im Magen ankommt und dort verwertet wird. «Jetzt geht dein Schnitzel in die Darmrutschbahn, wo die guten Sachen für dich rausgeholt und die unnützen, schädlichen Bestandteile des Schnitzels zur Müllabfuhr geleitet werden", erkläre ich ihm. So verfolgt er das Schnitzel in seinem Darm. Ich beobachte, wie sein Gesicht sich verändert, plötzlich wirkt er ängstlich. «Was fühlst du jetzt?», frage ich nach und Lars verzieht seinen Mund. «Es ist unglaublich eklig!», stößt er hervor. «Möchtest du dieses eklige Zeug in dir drin behalten?», frage ich nach. «Nein, aber raus kann es auch nicht.» «Warum nicht? Was passiert, wenn du jetzt zum Klo gehen würdest?» Lars zögert. «Ich habe furchtbar Angst, dass ich dieses eklige Zeug dann auf der Haut habe!» Ich merke, dass wir der Sache auf den Grund kommen. «Du hast Angst? Was würde passieren, wenn deine Haut damit in Berührung käme?» «Ich würde sterben!» Es bleibt ein paar Sekunden still. Mir ist klar, dass wir den Grund gefunden haben. «Wenn du mit deinem Kacka in Berührung kommst, ist das gefährlich?», frage ich nach. «Ja. Das ist Schmutz und das macht krank», bestätigt er mir. Deshalb ist diese langwierige Vorbereitung freitags nötig. Alles muss möglichst sauber, fast steril vorbereitet werden, damit er sich bloß nicht mit Keimen infiziert. Ich überlege. Seit vier Jahren quält ihn die Angst, dass sein eigenes Kacka seinen Tod bedeuten könnte. «Lars, wollen wir mal schauen, warum du diese Angst hast? Was passiert ist, dass dieses Missverständnis aufgekommen ist?» Lars nickt neugierig. Wir tauchen in seinen Lebensfilm ein und gehen dieser Todesangst nach, die er fühlt, wenn er sich erleichtern soll.

Überraschend schnell finden wir die Antwort. «Ich bin im Kindergarten und spiele mit den anderen draußen im Garten. Wir graben mit der Schaufel in unserem kleinen Gemüsegärtchen, als ich plötzlich auf etwas stoße, was definitiv keine Erde ist», erzählt er und plötzlich verstehen wir, was passiert ist. Damals grub er in der Erde und fand die Hinterlassenschaft einer Katze. Es beginnt ein wildes Spiel: Die 5-jährigen Jungs nehmen diese übelriechenden Würstchen in die Hand und bewerfen einander. Ein Gelächter und Gekreische geht los, die Mädchen rennen davon und bringen sich in Sicherheit. «Plötzlich steht die Kindergärtnerin vor uns und beginnt laut zu schimpfen», erzählt Lars. «Wir seien kleine Ferkel, man berühre niemals Kacka. Das sei schmutzig und voller Bakterien, die machen krank.» Die Kindergärtnerin befürchtet, dass die Kinder ihre schmutzigen Finger in den Mund stecken: «Diese Bakterien sind gefährlich, wenn ihr damit in Berührung kommt, dann könnt ihr daran sterben!», schimpft sie. Das Gelächter verstummt und die Kinder ziehen ihre Köpfe ein. Nun müssen sie ihre Hände mit viel Seife schrubben. «Wir schrubben so lange, bis sie fast bluten", erzählt Lars. «Wir wollen ja nicht sterben.» Ohne es zu wissen pflanzte die Kindergärtnerin dem kleinen Lars eine lähmende Angst ein: Wenn mein Kacka meine Haut berührt, dann werde ich sterben. «Glaubst du das wirklich?», frage ich Lars. «Machen das andere Kinder auch so, wenn sie zur Toilette müssen?» Lars schaut mich mit großen Augen an. «Neiiiin...», antwortet er gedehnt. «Wollen wir mal deinen Körper fragen, was er zu diesem Thema meint?», frage ich ihn. Es beginnt eine sehr informative Diskussion mit dem Körper. «Er lacht mich aus!», ruft Lars entsetzt. «Ich sei ein Angsthase.» Lars' Körper zeigt ihm, wie stark er ist, was er mit bösen Bakterien macht, falls sie es wagen, in ihn einzudringen und wie dankbar er ist, wenn Lars seinen Darm regelmäßig entleert. Ich lehne zurück und höre zu, wie Lars engagiert mit seinem Körper spricht. Mehr und mehr entspannt er sich. Nach einer Weile sagt er: «Ach so. Was da hinten raus kommt ist zwar etwas eklig und es stinkt auch, aber mir kann dabei nichts passieren. Mein Körper ist stark und super!» Ich weiß, dass wir am Ziel angekommen sind. Trotzdem darf sich Lars nochmals vorstellen, wie es sich nun anfühlt, wenn er merkt, dass sein Körper Abfall entsorgen und er auf die Toilette soll: «Alles gut", grinst er. «Das klappt jetzt wunderbar.» Diese Ansage bestätigt mir die Mutter zwei Wochen später: «Ich bin so froh, dass Lars jetzt einfach unkompliziert auf die Toilette geht! Endlich ist die ganze Vorbereitung nicht mehr nötig. Es ist so, wie wenn das nie passiert wäre.»

«Die Bakterien-Monster» – Angst vor der Toilette

Sonya erzählt aus der Praxis

Lionel, 5

«Ganz ehrlich, Frau Mosimann, er ist jetzt fünf. Er ist im Kindergarten und geht immer noch nicht aufs Klo», sagt die Mutter etwas entnervt im Vorgespräch. Der kleine Lionel zieht eine kleine Schnute. Ich merke, es ist ihm unangenehm, hier zu sein. «Sie glauben nicht, wie oft das vorkommt", beruhige ich die Mutter. «Viele Kinder in diesem Alter möchten nicht wie die Großen auf die Toilette.» «Ja, aber trotzdem. Das muss doch irgendwann vorbei sein», entgegnet die Mutter und guckt ihren Kleinen nachdenklich an. Lionel verweigert die Toilette konsequent. Entweder darf er aufs Töpfchen oder er verlangt nach einer Windel. Insgesamt wirkt Lionel etwas unsicher und ängstlich. Er lässt seine Mutter sprechen und nickt höchstens mal. Ich glaube, heute muss ich andere Register ziehen. «Lionel,", spreche ich ihn direkt an, «hast du denn Lust, mit mir herauszufinden, weshalb du nicht zur Toilette willst? Weißt du, wie zwei Detektive, die einen Fall lösen?» Etwas skeptisch blickt er mich an, aber er nickt.

Lionel ist noch klein und Gefühle in Worte zu fassen, fällt ihm schwer. Also zücke ich die Emotionskarten. «Schau mal, Lionel, hier sind ganz viele, kleine Kärtchen. Stell dir vor, du müsstest zur Toilette gehen. Suche die Karte aus, die zeigt, wie du dich dabei fühlst.» Lionel nimmt sich viel

Zeit, studiert die Karten, wählt aus und verwirft wieder, bis er die zwei passenden Karten gefunden hat. Ich schaue mir die Karten an und ziehe meine Schlüsse. «Du fühlst dich nervös und ängstlich, wenn du auf die Toilette sollst?», frage ich nach und er nickt. «Magst du mir erzählen, wovor du Angst hast?» Aber Lionel bleibt stumm und blickt mich nur an. Da muss ich mir was einfallen lassen! «Weißt du was?», sage ich. «Diese Kärtchen sind nicht nur Gefühlskärtchen, sie sind auch Gefühls-Detektoren. Wenn ich jetzt die Angstkarte nehme und damit über deinen Körper fahre, dann wird es piepsen, wenn das schlechte Gefühl gefunden ist. Du musst mir einfach Bescheid geben, wenn du bemerkst, dass es piepst, ok?» Lionel nickt begeistert und lässt es zu, dass ich mit der Karte über seinen Körper fahre. Kopf – es bleibt ruhig. «Hier ist nichts, gell?» Er nickt und wir gehen weiter. Hals – alles gut. Schultern – kein Piepsen von Lionel zu hören. Aus den Augenwinkeln beobachte ich, wie Lionel zu grinsen beginnt, er scheint an der Sache Spaß zu haben. Ich suche weiter und fahre über Arme und Hände und nähere mich langsam dem Bauch. «Pieps!», tönt Lionel. «Hier piepst was?», staune ich. «Spürst du hier schon Angst?» Er nickt. Weiter geht es – und sein Piepsen wird lauter. «Also im Bauch, Darm und Po spürst du Angst, Lionel?» Er nickt. «Bloß warum? Wollen wir uns mal deinen Lebensfilm anschauen und herausfinden, was passiert ist?» «Ja», nickt Lionel eifrig und ich freue mich, endlich nebst dem Piepsen seine Stimme zu hören. Der Gefühlsdetektor hat Lionels Neugier geweckt und er scheint sich wohlzufühlen. So reisen wir gemeinsam in seinem Lebensfilm zurück und suchen die Ursache.

Lionel erinnert sich, wie er vor dem Fernseher gesessen und Werbung geschaut hat. «Da war eine Toilette und da drin waren schreckliche, rote Monster!», erzählt er mir. «Das waren Bakterien, die beißen, wenn man sich daraufsetzt.» Lionel hatte einen TV-Spot eines Toilettenreinigers gesehen, in dem die Bakterien als kleine, rote Monster dargestellt wurden. In diesem Moment waren für den kleinen Jungen diese Monster real. «Wenn ich mich auf die Toilette setze, dann springen die auf mich und greifen mich an. Wenn was ins Wasser plumpst und das Wasser an meinen Po spritzt, dann sind die Monster dort und kleben an mir fest», jammert er, als er in seiner Vorstellung auf einer Toilette sitzt. «Wenn ich den Po abwische, dann sind die Monster an meiner Hand.» Er weint fast, so sehr ängstigt ihn diese Vorstellung. «Oh ja, Lionel", erkläre ich. «In der Toilette wohnen tatsächlich Bakterien. Aber sie sind nicht rot, haben keine schrecklichen Gesichter oder Zähne, sondern sie sind so klein, dass du sie mit bloßem Auge gar nicht erkennen kannst.» «Nein?», fragt er nach. «Nein. Sie sind wie kleine Pünktchen, so winzig, dass du sie niemals sehen wirst. Diese kleinen Bakterien benötigen etwas ganz Besonderes, um sich wohlzufühlen. Was meinst du, was das ist?» Lionel denkt angestrengt nach. «Etwas zu essen?», mutmaßt er. «Nein, etwas anderes. Rate nochmals.» Wieder denkt er nach: «Wasser?» «Nein, Lionel. Diese winzigen Bakterien mögen Gestank. Dann fühlen sie sich wohl. Wenn du sie vertreiben willst, dann sprühe einen leckeren Duft ins Klo, das mögen sie nicht. Wollen wir das ausprobieren?» Lionel schließt die Augen und stellt sich vor, wie er den Klodeckel öffnet und ganz viele, kunterbunte, winzig kleine Pünktchen sieht. Sie tummeln sich fröhlich in der Kloschüssel, bis Lionel etwas von diesem lecker nach Zitronen riechenden Raumspray hineinsprüht. Er lacht laut heraus: «Die rennen ganz schnell davon und schwimmen in den Abfluss. Jetzt sind alle weg!» «Alle?», frage ich nach. «Alle», bestätigt er. «Ich habe so viel Spray da reingesprüht, dass es ihnen fast übel wurde», lacht er.

Für Erwachsene mögen Fernseh-Spots, die Bakterien oder Viren als kleine Monster darstellen, lustig sein, für Kinder aber bildet sich daraus eine Realität. Lionel brauchte eine Strategie, mit diesen Bakterien im Klo umzugehen und sprüht nun Zitronenduft ins Klo. «Endlich kann auch ich das Töpfchen auf den Dachboden bringen", lachte die Mutter einige Tage später am Telefon. «Lionel hat richtig Spaß daran, die Bakterien im Klo zu vertreiben.»

AUSSTIEG AUS DER ANGST

Bevor du rangehst und deinem Kind erklärst, dass es keine Monster im Klo gibt, solltest du wissen, dass sich Kinder nicht belügen lassen. Da SIND Bakterien und Bakterien werden normalerweise im Haushalt bekämpft. Da hilft nix: Bakterien sind überall, aber es sind keine schaurigen Monster. Gerade der Fall von Lionel zeigt, dass du etwas fantasievoller mit solchen Ängsten umgehen solltest. Vertreibe die Bakterien mit einem Duft, den sie nicht mögen, oder teile den Monstern eine Aufgabe zu, die nützlich eingestuft wird. Einem Kind eine Angst austreiben zu wollen, in dem man sagt: «Es gibt keine Monster!», wird nicht gelingen. Hier geben wir dir einige Tipps, wie dein Kind seine Angst vor Toiletten oder Stuhlgang ablegen kann.

Vertrauen in den Körper stärken

Viele Kinder ekeln sich vor dem eigenen Stuhlgang. Wenn daraus eine Angst erwächst, kann das böse Folgen haben. Wie im Fall von Lars, der panische Angst davor hatte, durch Kontakt mit dem eigenen Kot zu sterben. Hier war der Schlüssel, Lars auf eine Reise durch seinen Körper mitzunehmen. Das Wunderwerk, welches ganz intelligent entscheidet, was gebraucht wird und was ausgeschieden werden soll, weil es schädlich sein könnte. Lars verfolgte sein Schnitzel durch seinen Körper und bewunderte dabei, wie geschickt der Körper den Abfall durch das lange Darm-Labyrinth steuerte, bis hin zum Ausgang. Er erlebte, wie schnell der Körper kleine Verletzungen der Haut repariert, um zu verhindern, dass Keime eindringen. Wie stark und engagiert er gegen eindringende Gegner zurückschlägt.

Kinder, die Angst davor haben, von Keimen und Bakterien krank zu werden, sollten erleben, wie gesund und stark ihr Körper ist. Ihr Körper ist widerstandsfähiger als sie denken. Lass dein Kind seine Augen schließen und nimm es mit auf eine fantasievolle Reise durch seinen Körper. Stellt euch dabei vor, dass das Immunsystem eine Armee von tapferen und kräftigen Kriegern ist, die ständig den Körper verteidigen und fast unbesiegbar ist. Zeig deinem Kind, dass seine Haut ein wunderbarer Schutzschild ist, von welchem Schmutz und Bakterien einfach abgewaschen werden können. Kindern, die ihrer Haut nicht trauen, hilft es, wenn sie daran erinnert werden, dass auch Regen auf bloßer Haut nicht in den Körper eindringen kann: «Sonst wärst du ja ganz schwabbelig und schwammig.»

Kinder werden heutzutage unter sehr hygienischen Umständen großgezogen. Sie werden täglich geduscht, die Hände werden x-mal täglich gewaschen und sie werden angehalten, sich bitte schön nicht allzu schmutzig zu machen, wenn sie draußen spielen. Wir verstehen diesen Ansatz, jedoch sollten Kinder die Möglichkeit haben, auch im Dreck zu wühlen, sich von Kopf bis Fuß schmutzig zu machen und ihren Spaß dabei zu haben. Dreck und Schmutz schaden Kindern nicht, im Gegenteil. Das Immunsystem wird trainiert und die Sinneserfahrungen, die Kinder dabei machen, sind unbezahlbar. Kinder, die höchsten, hygienischen Standards entsprechen müssen, zeigen viel öfter Angst vor Bakterien, Keimen und daraus resultierenden Krankheiten, als Kinder, die Dreck und Schmutz nicht direkt als Feinde sehen. Hier ermuntern wir dich, in dieser Hinsicht zu entspannen.

Die Darmrutschbahn

Kinder, die frühkindlich schon unter Verstopfung gelitten haben, verknüpfen mit dem Stuhlgang die Angst vor Schmerzen. Ob es nun darum geht, den verstopften Darm zu entleeren oder ob schon medizinisch eingegriffen werden musste – es ist Schmerz damit verbunden. So gerät das Kind in einen Kreislauf, der das Problem weiter ankurbelt. Die Angst vor dem Schmerz verhindert die regelmäßige Darmentleerung und die Erfahrung bestätigt sich. Hier ist oft eine medizinische Intervention notwendig: Trinklösungen, Kräutertees mit anregender Wirkung oder Zäpfchen, die Stuhlgang weich machen. Genügend Flüssigkeit, ballaststoffreiche Ernährung und viel Bewegung sind ebenfalls zu empfehlen. Sind diese Voraussetzungen gegeben, kannst du deinem Kind helfen, seine Ängste abzubauen. Dazu eignet sich die Visualisierungsübung der Darmrutschbahn. Wir geben dir gleich einen Anstoß, wie du eine solche Übung gestalten könntest. Je nach eigener Fantasie und Alter deines Kindes kannst du dieses Erlebnis nach Lust und Laune anpassen.

Visualisierungsübung

Sage deinem Kind: «Schließ deine Augen und stell dir vor, dass du durch deinen Körper reisen kannst. Wir verfolgen den Apfel, den du gerade gegessen hast. Bist du bereit? Los geht's!» Nun gestalte ein tolles Erlebnis daraus, wie dein Kind dem Apfel nachreist. Lass es erleben, wie die Zähne den Apfel zerkleinern, wie er am Halszäpfchen vorbeigeschleust wird in den dunklen Tunnel der Speiseröhre. Erkläre den Magen zu einer lustigen Höhle mit Zaubertränken, die dafür sorgen, dass der Apfel zu einem weichen Brei zerlegt wird, der dann in die Darmrutschbahn transportiert wird. Lass dein Kind erleben, wie der Apfel als kleine Kacka-Förmchen den Darm runterkullert, immer weiter, bis die Kacka-Förmchen beim Ausgang angekommen sind. «Hier ist eine kleine Türe, die nur geöffnet wird, wenn da was raus muss.» Erkläre so den Schließmuskel, damit dein Kind versteht, dass es sein Zutun benötigt, dass der Stuhlgang sein Bad im Klo nehmen kann. «Wenn Kacka anklopft, dann spürst du das. Dann ist es Zeit, auf die Toilette zu gehen.» Lass dein Kind dabei zuschauen, wie an die Türe geklopft wird und wie sich die Türe mühelos öffnet. Dann springt das Kacka ins fröhliche Nass der Toilette und erlebt das Abenteuer, wenn die Klospülung für den herrlichen Strudel in die Kanalisation sorgt. Wenn du diese Visualisierungsübung lustig und lebendig anleitest, ein Abenteuer daraus machst und dafür sorgst, dass dein Kind ab und zu kichert, dann arbeitest du erfolgreich daran, deinem Kind die Angst vor dem Stuhlgang zu nehmen.

Alltagstipps für Eltern – was du tun kannst

- Achte darauf, dass die Ernährung deines Kindes genügend Ballaststoffe aus Getreide, Obst und Gemüse enthält. Vermeide viele zuckerhaltige Lebensmittel, Salz, Milchprodukte und gesättigte Fette.
- Achte darauf, dass dein Kind ausreichend Flüssigkeit zu sich nimmt, damit der Körper arbeiten kann und der Stuhl weich bleibt.

- Baue viel Bewegung in den Tag deines Kindes ein. Das hält auch den Stuhlgang in Bewegung.
- Sei geduldig und halte deine Gefühle im Zaum.
- Schaffe mehrere Gelegenheiten für dein Kind, jeden Tag auf die Toilette zu gehen und halte dich an diesen Zeitplan, auch wenn es eigentlich nicht geht. Dadurch wird der Darm daran gewöhnt, regelmäßiger auszuscheiden.
- Wenn dein Kind nicht einmal versucht, sich auf die Toilette zu setzen, kannst du damit beginnen, den Deckel zu schließen und dein Kind dazu zu bringen, sich für ein paar Minuten bekleidet auf die Toilette zu setzen.
- Bei manchen Kindern kann fließendes Wasser hilfreich sein. In anderen Fällen kann es ablenkend und entspannend sein, die Füße in ein Becken mit warmem Wasser zu stellen, damit es das Gefühl hat, zu pinkeln.
- Gestalte deine Toilette kindgerecht. Eine kleine Fußstütze für ihre Füße bringt ihren Körper in eine gute Position. Toilettensitzeinlagen verringern die Angst, hineinzufallen. Reduziere die Beleuchtung, damit sie nicht so grell und hell ist. Halte lustige Seifen und gut riechende Tücher in ihrer Höhe bereit. Wenn es der Platz zulässt, solltest du einen kleinen Korb mit Unterwäsche und Kleidung bereithalten, um Unfälle auf der Toilette selbst zu beheben.
- Halte ein kleines Spielzeug bereit, mit dem sie spielen können, während sie auf der Toilette sitzen, um sich abzulenken und die Angst zu verringern. Es mag dich verrückt machen, aber wenn du deinem Kind erlaubst, Seifenblasen, eine Pfeife oder eine Blockflöte zu

pusten, während es auf der Toilette sitzt, hat das eine entspannende Wirkung und hilft ihm, die Schließmuskeln zu entspannen.
- Wenn möglich, öffne den Wassertank der Toilette und zeige deinem Kind, wie der Tank aussieht und wie der Spülmechanismus funktioniert, um die Angst vor „Monstern" in der Toilette zu verringern. Gib etwas bunte Lebensmittelfarbe in das Wasser des Tanks und beobachte, wie das Wasser aus dem Tank in die Toilette und dann in den Abfluss läuft.
- Für noch mehr Spaß kannst du blaue Lebensmittelfarbe in die Toilette geben. Wenn dein Kind pinkelt, färbt sich das Wasser grün.
- Für Jungen kannst du einen farbigen Ring oder ein kleines Spielzeug als Ziel in die Toilette legen.
- Lass dein Kind einen thematischen Toilettendeckel aussuchen, um ihn zu „seinem eigenen" zu machen.
- Gewöhne dein Kind an den Toilettenraum, indem du es ermutigst, die Toilettenpapierrolle zu wechseln, ein frisches Handtuch aufzuhängen oder neue Seife bereitzulegen.

WAS WIRD, WENN...?

ÄNGSTE IN DER PERSÖNLICHEN ENTWICKLUNG

Dieses Kapitel greift Ängste auf, die während der Entwicklung von Kindern und Jugendlichen auftreten oder welche die persönliche Entwicklung einschränken. Es ist ein weites Feld, das ist uns klar, dennoch haben wir keinen passenderen Titel gefunden. Du wirst verstehen, wovon wir sprechen, wenn du die folgenden vier Fällen aus unserer Praxis gelesen hast.

Kinder sind unfassbar wissbegierig und saugen sämtliche Eindrücke ihrer Umwelt auf. Kein Wunder, sie lernen durch Nachahmung. Sie ahmen dabei nicht nur Positives nach, sie lernen durch Beobachtung die Ängste und Unsicherheiten ihrer Bezugspersonen kennen. Das ist wichtig, so lernen sie Gefährliches von Ungefährlichem zu unterscheiden. Mitunter lernen sie auch irrationale Ängste kennen, beispielsweise die Angst vor Mäusen. Springt die Mama beim Anblick einer Maus kreischend auf den nächsten Stuhl, wird das Kleinkind dieses Verhalten vermutlich nachahmen, die Mama hat ja immer recht. Zumindest bis zum Eintritt der Pubertät. Das heißt, dass Kleinkinder durch Beobachtung ihrer Bezugspersonen viel Wissen ansammeln, Nützliches und Unnützes. Sie lernen die

Welt kennen und orientieren sich dabei am Verhalten und Können ihrer Umwelt.

Irgendwann ist die Kleinkinderzeit vorbei, in der jeder kleinste Entwicklungsschritt bejubelt wurde. Das Kind tritt ins Schulsystem ein und wird auf einmal bewertet. Da reicht der krakelig geschriebene Vorname nicht mehr und es gibt Vorgaben, um eine Leistung zu beurteilen. Viele Kinder erleben diese Phase als Bestätigung dafür, nicht gut genug zu sein. Sich einfach nur zu bemühen, reicht nicht mehr, das Resultat muss stimmen. Es ist ein harter Bruch mit unbeschwerten Kleinkindertagen. Misserfolge stellen sich ein, das Selbstbild verändert sich und es werden Vergleiche angestellt: «Schau, Marlene von nebenan kann das schon so gut und du tust dich so schwer.» Es geht uns nicht darum, das Schulsystem zu hinterfragen. Es ist das Umfeld, in dem sich Kinder zurechtfinden müssen. Solche Lebensfelder begleiten uns ein Leben lang: sei es Schule, Ausbildung, Arbeitswelt oder das soziale Umfeld. Überall begegnen wir Bewertungen, Vergleichen und Urteilen. Das ist unsere Realität. Es nützt nichts, sich dagegen aufzulehnen, vielmehr geht es nun darum, die eigenen Ressourcen kennenzulernen und die Resilienz zu stärken, um in diesen Feldern zurechtzukommen.

Es liegt auf der Hand, dass sich Kinder oft mit eigenen Unsicherheiten, schädlichen Glaubenssätzen oder Ängsten vor Unbekanntem und Neuem herumschlagen müssen. Wir begegnen in der Praxis hauptsächlich den folgenden Ängsten:

Versagensängste

Die Angst vor dem Versagen ist eine der stärksten Triebkräfte für die Angst vor Neuem und Veränderung. Jedes Kind, jeder Jugendliche und jeder Erwachsene hat schon mal versagt und dann vermutlich Gefühle von Schuld und Scham gespürt. Vielleicht musste sogar Spott und Schadenfreude verdaut werden. Aus der Scheu, etwas Neues auszuprobieren mit dem Risiko zu versagen, wird eine blockierende Angst. So versucht sich der Mensch vor einer Blamage, Spott und Häme zu schützen.

Versagensangst ist oft mit der Angst verbunden, nicht mehr geliebt oder abgelehnt zu werden. Sie kann in der Vorschule beginnen und sich bis ins Erwachsenenalter fortsetzen, wenn nichts dagegen getan wird. Sie ist eine potenzielle Handbremse und kann Kinder um den Erfolg bringen, den sie erzielen könnten.

Kindern mit Versagensangst fehlt es oft an Selbstbewusstsein, sie zweifeln an sich selbst, haben ein geringes Selbstwertgefühl und sind übermäßig darauf bedacht, die Erwartungen anderer zu erfüllen. Sätze wie „Ich kann es nicht, ich schaffe es nicht!" werden oft verwendet. Sie brauchen ständig Bestätigung und Anerkennung von Erwachsenen. Sie fühlen sich oft unruhig und angespannt oder klagen über Kopf- und Bauchschmerzen oder andere körperliche Symptome. Das Selbstvertrauen eines Kindes ist ein Produkt seiner Selbsteinschätzung!

Äußere Aspekte haben einen großen Einfluss darauf, wie ein Kind sich selbst wahrnimmt. Sie verlassen sich auf ihre Familie, die sie als ihre Alltagshelden betrachten, um zu verstehen, welchen Platz sie in dieser Welt einnehmen und wie sie sich selbst sehen sollen.

Wenn ein Erwachsener im Leben eines Kindes übermäßig kritisch ist, erhalten die Kinder viele negative Botschaften über sich selbst, was ihre Fähigkeiten angeht, Herausforderungen zu meistern und Ziele zu erreichen. Dies ist einer der häufigsten Gründe für ein geringes Selbstwertgefühl, welches dann zu Versagensängsten führen kann: «Wenn jemand, den ich respektiere, nicht an mich glaubt, warum sollte ich es dann tun?»

Umgekehrt ist übermäßige und unverdientes Lob ebenso wenig zuträglich, dem Kind zu einem gesunden Selbstvertrauen und Selbstwertgefühl zu verhelfen. Viele Kinder werden von den Eltern stark beschützt und verehrt, für Leistungen gelobt und belohnt, die im schulischen Umfeld beispielsweise keinen Bestand hätten. Dies ist falsch verstandene Liebe, denn ein Kind kann selbst sehr genau einschätzen, ob es eine Leistung vollbracht hat, die diese Bewunderung verdient. Wenn ein Kind in ein paar Minuten schnell eine Blume auf Papier gekritzelt hat und dann von seiner Mama ein begeistertes Aaaah und Ooooh kassiert, dann spürt es im tiefsten Innersten, dass diese Anerkennung unverdient ist. Das kann sogar dazu führen, dass die Mama an Glaubwürdigkeit verliert. Kinder dürfen lernen, dass sie einen gewissen Einsatz zeigen dürfen, um Anerkennung und Lob zu erhalten.

Weiter können auch übermäßig beschützende Eltern ein Kind ängstlich und schüchtern machen, vor allem wenn es um seine eigenen Fähigkeiten geht. Eltern, die ihren Kindern jeden Stein aus dem Weg räumen, hinter ihnen herräumen, ihnen kleinste Aufgaben abnehmen und ihnen keinerlei Verantwortung übertragen, zeigen ihrem Kind, dass sie ihm nicht viel zutrauen. Für das Kind ist das nichts weiter als die Botschaft: «Du kannst das noch nicht, ich mache das für dich.» Ebenso können negative Vergleiche mit Anderen dazu führen, dass sich ein Kind abgewertet und gedemütigt fühlt und sein Selbstwertgefühl sinkt.

Angst vor Neuem und Veränderung

Die moderne Gesellschaft zeichnet sich durch Risikobereitschaft und Risikominimierung aus. Das bedeutet, dass wir in einer Welt leben, in der Extremsportarten und Spekulationen an der Börse ebenso zur täglichen Norm gehören wie Versicherungen und Impfungen. Das tägliche Leben ist zwar nicht grundsätzlich riskanter als früher, aber die Menschen gehen im Allgemeinen mehr Risiken ein und machen sich gleichzeitig mehr Gedanken über Risiken. Kinder sind in diese Gleichung einbezogen worden. Die Kindheit ist ein natürlicher Zustand, in dem man mehr Risiken eingeht, indem man erforscht, neue Dinge lernt und Autonomie erlangt. Die gesellschaftliche Wahrnehmung der Kindheit ist eine zunehmende Angst vor den Risiken, denen sie ausgesetzt sind, und eine Beschäftigung mit der Prävention. Selbst wenn die Eltern darauf achten, ihre Sorgen zu verbergen, kann sich dieses Paradoxon auf die Kinder auswirken, die ihre Ängste durch die Furcht vor jeder Veränderung oder allem Neuen in ihrem Leben zum Ausdruck bringen.

Manche Kinder haben ein gehemmtes Temperament oder leiden an einer Anpassungsstörung, deren natürliche Reaktion auf jede Veränderung, Überraschung oder etwas Neues die Kampf- oder Fluchtreaktion auslöst. Oft kommt es zu einer körperlichen Reaktion, da Adrenalin ausgeschüttet wird. Was diese Reaktion auslöst und wie extrem sie ist, kann von Kind zu Kind unterschiedlich sein. Ein Kind kann durch fast alles Neue getriggert werden, während es bei anderen Kindern mit Essen, neuen Orten oder Menschen, Gerüchen, Geräuschen oder sogar Kleidung oder Schuhen zu tun haben kann.

Wenn ein Reiz für ein Kind nicht neu ist und eine gute Vorgeschichte hat, wird er wahrscheinlich keine unerwünschte Reaktion auslösen.

Wenn jedoch die Veränderung zu groß ist, oder der Reiz die Sinne irritiert, kommt es zu einer unerwünschten Reaktion. Da jede neue Begegnung in der Regel mit einer Reaktion und Angst verbunden ist, beginnen Kinder, Situationen und Dinge zu vermeiden, die sie als schwierig empfinden. Wenn sie nicht genau sagen können, was sie vermeiden, wirken sie auf ihre Familie und Lehrer/innen vielleicht stur und unkooperativ. Vermeiden ist ihre stärkste Selbstverteidigung, aber wenn das Kind in eine Situation kommt, in der es sich in die Enge getrieben oder zu etwas gezwungen fühlt, kann es wie ein Tier im Käfig reagieren, um der Situation zu entkommen.

Zukunftsängste

Sie haben ein großes Talent, unsere Kinder: Sie leben bis zu einem gewissen Alter völlig im Hier und Jetzt. Die Zukunft interessiert sie nicht, sie liegt zu weit in der Ferne. Doch spätestens mit Eintritt der Pubertät ist das Leben kein Ponyhof mehr. Plötzlich wird Teenagern klar, dass ihre Zukunft nicht nur aus Spaß und Spiel bestehen wird und dass sie beginnen müssen, Verantwortung für das eigene Verhalten und die eigenen Entscheidungen zu übernehmen. Für viele Teenager kein angenehmer Gedanke, der Zukunftsängste auslösen kann.

Bei manchen Kindern kann schon in sehr jungen Jahren ein hohes Maß an Angst vor der Zukunft und dem Erwachsenwerden auftreten. Wir kennen Fälle, in denen Kinder sich selbst das Essen vorenthielten, weil sie hofften, dass ihr Körper nicht wächst oder sich keine Hüften oder Brüste entwickeln. An dieser Stelle, beim Übergang von Kindheit zu Pubertät, greift die Erkenntnis, dass die unbeschwerte, behütete Kindheit ein Ende findet und es an der Zeit ist, Verantwortung für das eigene Leben zu übernehmen. Eine schwierige Erkenntnis! Viele Teenager fürchten sich vor der Zeit als Erwachsene, obwohl sie sich auch auf die vermeintliche Freiheit freuen. Dennoch scheint vielen Teenagern die Zukunft düster und furchterregend, so scheint vermeidendes Verhalten eine gute Option zu sein.

Angst, keine Anerkennung zu bekommen

Kinder sind in ihren körperlichen und emotionalen Bedürfnissen auf Erwachsene angewiesen. Wenn sie das Gefühl haben, nicht wahrgenommen zu werden oder sich unsichtbar fühlen, ist ihre Lebensgrundlage und ihr Bedürfnis nach Sicherheit gefährdet. Es übernimmt die Angst das Steuer. Dabei ist es unwichtig, ob diese Wahrnehmung der Realität entspricht, das Kind empfindet so und damit hat es recht. Kinder, die sich nicht wahrgenommen fühlen, können entsprechende Verhaltensmuster entwickeln. Vielleicht plappern sie ununterbrochen, vielleicht stellen sie ständig Fragen. Andere werden laut, wütend und aggressiv oder ziehen sich komplett zurück. In extremen Fällen entwickeln solche Kinder übermäßige Anhänglichkeit und lassen den Rockzipfel der Mama nicht mehr los.

Soziale Anerkennung zu erhalten ist eines der Grundbedürfnisse des Menschen und geht mit dem Bedürfnis nach Sicherheit einher. Wer anerkannt ist, wahrgenommen wird, der wird auch geschützt. Wir nehmen dich wieder mit in unsere Praxen und zeigen dir anhand von vier Fällen, was wir mit diesem Thema schon erlebt haben.

«Nur die Klugen werden geliebt» – Angst zu versagen

SONYA ERZÄHLT AUS DER PRAXIS

Letizia, 7

«Letizia war im Kindergarten ständig die Beste. Sie ist klug, fleißig, ordentlich und kam mit allen anderen Kindern gut aus. Plötzlich war das vorbei.» So beginnt die Schilderung der Mutter im Datenblatt. «Es war, wie wenn sich ihr Licht ausgeknipst hätte. Nun ist sie in der ersten Klasse und traut sich kaum, am Unterricht teilzunehmen. Das kann doch nicht sein.» Ich spüre schon in den Zeilen der Mutter die pure Verzweiflung. Kein Wunder, ein kleines, intelligentes und waches Mädchen wandelt sich so plötzlich? Was ist hier passiert? Ich werde es herausfinden.

Letizia wirkt sehr schüchtern und ängstlich, als sie meine Praxis betritt. Ich merke, dass sie sich am liebsten hinter ihrer Mutter verstecken würde. Die lässt das nicht zu und schiebt ihr Mädel vor sich her. Ich lächle Letizia freundlich an. «Na du? Hättest vermutlich spannendere Dinge zu tun gehabt an deinem freien Nachmittag, nicht wahr?» Letizia lächelt. «Nein, nein. Das ist schon gut», wehrt sie ab. Das ist eher selten, dass ein Kind eine Sitzung bei mir einer Freizeitaktivität vorzieht. «Das kommt ja noch dazu", greift die Mutter ein. «Sie geht auch nicht mehr gerne raus zum Spielen, wenn sie frei hat.» Oh je, denke ich, da wurde aus einer kleinen Löwin aber wirklich ein Mäuschen. «Weißt du, Letizia, wir werden Spaß haben zusammen. Bei mir musst du nicht lieb sein, du musst nicht leise sein, du darfst genau so sein, wie dir gerade ist. Hier lachen Kinder, sie weinen, sie schimpfen manchmal wie Rohrspatzen oder tollen herum. Alles ist hier richtig.» Ich merke, dass ich offenbar ins Schwarze getroffen habe, Letizia entspannt sich sichtlich. «Hier ist alles richtig?», fragt sie nach. «Jawohl», bestätige ich. Ich glaube, es kann losgehen.

Mama verlässt den Raum und wir sind unter uns. «Magst du mir erklären, weshalb du so ein kleines Mäuschen bist? Du getraust dich nicht, dich in der Schule zu melden, traust dir nichts mehr zu. Warum?» Letizia schaut mich mit großen Augen an: «Weil ich sowieso nicht gut genug bin.» «Ach? Und wer sagt das?» Letizia zuckt mit den Schultern. «Ich weiß nicht...» «Aber du warst doch immer die Beste im Kindergarten?», frage ich nach. «Ja. Schon. Aber dann kam Paulina.» «Oha, und wer ist Paulina?» Nun sprudelt die ganze Geschichte aus Letizia hinaus. Paulina kam neu in die Kindergartenklasse und lief Letizia im Nu den Rang ab. Sie war noch besser, schneller, klüger, beliebter – und Letizia resignierte. Ab sofort verglich sie sich ständig mit der hochbegabten Paulina. Plötzlich dämmerte es in Letizia: «Ich bin dumm. Ich schaffe es sowieso nicht, Paulina ist immer besser.» Aha, denke ich. «Was passiert denn, wenn da ein Kind ist, das alles noch besser kann als du?», frage ich nach. «Dann wollen mich Mama und Papa nicht mehr. Sie haben mich nicht mehr lieb, weil ich eine dumme Kuh bin», sagt sie traurig. «Du glaubst, dass kluge Kinder mehr geliebt werden?» Letizia nickt. «Ich werde dir beweisen, dass das nicht stimmt", sage ich bestimmt. «Einverstanden?» Letizia nickt, guckt aber ungläubig. Wir tauchen ins Visualisierungscoaching ein.

«Als Erstes fliegen wir mal ins All", sage ich zu ihr. «Schließe deine Augen.» Letizia macht es sichtlich Spaß, in ihrer Vorstellung mit einer Rakete ins All zu fliegen. «Siehst du alle diese Sterne dort oben am Himmel?», frage ich, während wir starten. «Siehst du, dass die einen heller leuchten, die anderen nicht?» «Ja, klar.» «Aber ganz generell sehen sie alle gleich aus, stimmts?» «Ja, schon.» «Lass uns näher heranfliegen, um zu überprüfen, ob das stimmt, dass alle gleich sind.» Wir steuern die Rakete weiter ins All und betrachten uns die Sterne von Nahem. «Oh!», ruft Letizia aus. «Da ist einer ganz klein und blau. Und dieser hier, funkelt rot. Das habe ich vorher gar nicht gesehen.» Wir setzen unsere Reise fort und besuchen Stern um Stern. Letizia bestaunt große und kleine, helle und dunklere, glitzernde und funkelnde, bunte und blassere Sterne. «Jeder ist ein bisschen anders als der andere.» «Siehst du, Letizia», hake ich ein. «Jeder Stern ist anders. Es schert keinen davon, wie der andere Stern ist. Jeder leuchtet genauso, wie er das eben kann. Genau das sollten wir Menschen auch tun. So leuchten, wie es dir gegeben ist. Sich selbst sein.» Es bleibt ein paar Sekunden still. «Ja», sagt Letizia plötzlich. «Das sollten wir auch tun.»

Wir landen wieder auf unserem Planeten und treten eine zweite Reise an. «Lass uns durch alle Klassen fliegen. Schau mal, wie viele unterschiedliche Sternchen dort sind. Welche Farben du erkennst, wie sie leuchten. Lust darauf?» Wir fliegen durch die Klassenzimmer und Letizia erkennt gute und fleißige Schüler, solche, die sich weniger für die Schule engagieren und nicht so gute Noten schreiben. Wir fliegen zu ihnen hin und fragen sie, ob sie von ihren Eltern deswegen nicht geliebt werden. «Neiiiin...», sagt Letizia gedehnt und etwas zögerlich. «Sie werden genauso geliebt wie die klugen Kinder.» «Und», frage ich, «bist du überrascht?»

«Ja, schon ein bisschen.» «Weißt du, Letizia, Eltern erkennen ihren eigenen, kleinen Stern. Sie wissen, in welchen Farben er leuchtet, wie hell sein Strahlen ist. Genau so, wie ihr kleiner Stern ist, ist er perfekt. Deshalb lieben sie ihn. Keine Note der Welt, kein Misserfolg oder etwas anderes kann daran etwas ändern. Merkst du das?» Letizia rinnt eine ganz kleine Träne über die Wange. «Ja, schon», flüstert sie und lächelt leise.

Wir entdecken weiter die Welt und finden bei Google eine unglaubliche Zahl: «Wusstest du, Letizia, dass 800 Millionen Menschen auf dieser Welt weder schreiben noch lesen können? Du bist erst sieben Jahre alt und kannst das schon!» Letizia staunt. «Da müssen deine Eltern ganz schön stolz auf dich sein», bekräftige ich das nochmals. «Lass uns eine Röntgenbrille holen und ins Herz deiner Eltern schauen. Wenn du recht hättest mit deiner Angst, könnten wir dort keine Liebe finden. Wollen wir das überprüfen?» Natürlich will Letizia und stülpt sich die imaginäre Röntgenbrille über die Augen. «Schau dir mal das Herz deiner Mama an», bitte ich sie. «Ist es leer?» Letizia kriegt ganz rote Wangen, als sie sagt: «Nein! Das ist ein riesiges Herz voller Liebe!» «Und bei deinem Papa? Wie sieht das aus?» Letizia grinst: «Genauso. Die beiden haben mich ganz doll lieb!» Wir genießen diesen Moment beide ein paar Sekunden.

«Jetzt musst du nur noch eines tun. Sag zu deinem Gehirn, dass du klug bist. Wenn es ständig von dir hört, dass du dumm bist, dann folgt es deinem Befehl. Los, klär es auf.» Ich grinse, wie ich höre, dass Letizia zu ihrem Gehirn sagt: «Hör zu: Ich bin klug. Ich kann schon so viel! Ich bin richtig klug. Also denk mit! Ich bin ein Stern, der in seiner eigenen Farbe leuchtet!» Dabei flossen wieder einige Tränchen der Freude und Erleichterung. Zum Schluss schlüpfen wir noch in zwei Tierhäute, einmal in ein kleines Mäuschen, einmal in einen großen, starken Elefanten. «Wo fühlst du dich wohler?», frage ich Letizia. Sie grinst: «Als Elefant fühle ich mich viel stärker. Ich habe einen starken Rüssel und eine dicke Haut. Das gefällt mir. Das Mäuschen ist zwar süß, aber ich muss ständig aufpassen, dass niemand auf mich tritt. Ich wähle den Elefanten!» Letizia erlebt, wie sie mit der Kraft, der Intelligenz und dem Sozialverhalten eines Elefanten wieder ganz in ihre Stärke kommt.

«Auf in die Dunkelheit!» – Angst und die Pubertät

CLAUDIA ERZÄHLT AUS IHRER PRAXIS

Leon, 15 Jahre

Eine düstere Gestalt lümmelt sich im Sitzsack in meiner Praxis. Es passiert selten, dass sich ein junger Klient nicht zu mir in die Gesprächsecke auf die Schaukelstühle setzt und den in der Ecke liegenden Sitzsack bevorzugt. Aber zu ihm passt das: ein schwarzgekleidetes Bündel, Hose unterm Hintern festgezurrt, Kapuze tief über das Gesicht gezogen, ein Cap noch obendrauf – ein typischer Teenager. Die Mutter meint entschuldigend: «Früher war er nicht so.» Ich lache: «Er wird auch irgendwann nicht mehr so sein.» Aber im Moment ist er so und das ist der Anlass für diese Sitzung. Wie ich schon aus dem Datenblatt weiß: «Leon lebt in einer Welt, die es gar nicht gibt. Er dröhnt sich mit Marihuana voll, hängt mit Kumpels rum, die einige Jahre älter und arbeitslos sind, trinkt Bier und interessiert sich für rein gar nix. In die Schule geht er kaum noch, seine Noten sind entsprechend im Keller und einen Ausbildungsplatz hat er natürlich auch nicht.» Dabei war Leon als Kind ein munteres Kerlchen, welches wissbegierig sein Leben erkundete und mühelos in der Schule mithalten konnte. «Er ist so intelligent!», erzählt mir die Mutter. «Aber er macht nichts mehr draus.» Leon chillt derweil weiterhin unbeweglich auf dem Sitzsack und tut so, als würde ihn das Ganze nichts angehen.

Leon ist das Jüngste von drei Kindern. Der älteste Bruder hat gerade sein Abitur bestanden und sich einen Studienplatz ergattert, der mittlere ist noch im Gymnasium. «Meine älteren Söhne sind zielstrebig und wissen genau, was sie wollen. Leon hingegen…» Die Mutter verdreht die Augen. «Er ist komplett desinteressiert.» Ich verstehe. «Sag mal, Leon", wende ich mich dem dunklen Bündel in der Ecke zu. «Was willst du heute von mir?» Erst mal keine Antwort. Dann: «Pfff.» «Pfff?», frage ich zurück. «Was heißt das denn? Heißt Pffff…ich weiß es nicht? Oder: Pffff… ich will gar nix?» «Ich will gar nix», brummelt es aus der Ecke. Das kann ja heiter werden.

Die Mutter regt sich auf: «Wirklich, Leon, das haben wir zuhause besprochen. Ich streich dir sonst dein Taschengeld, das weißt du!» Hoppla. Da bewegt sich Leon, schiebt kurz seine Kapuze nach hinten und blafft zurück: «Ist mir scheißegal.» Ich merke, dass hier zwei Lager am Start sind, die ziemlich verhärtet aufeinander reagieren. «Wissen Sie was? Trinken Sie mal draußen in Ruhe einen Kaffee, dann schauen Leon und ich, was zu tun ist.» Etwas skeptisch verlässt die Mutter den Raum und ich bin alleine mit dem Früchtchen. «Leon, komm, setz dich mal zu mir.» Es dauert einige Sekunden, bis Leon sich bewegt und betont lässig zu mir in die Sitzecke kommt. Nun sehe ich endlich sein Gesicht, es blitzt unter der Kapuze hervor. Ich blicke in zwei dunkle Augen. «Also Leon. Was kann ich für dich tun?», frage ich ihn freundlich. Er blickt zu Boden. «Weiß ich nicht», antwortet er knapp. «Wie ist dir zumute, wenn du daran denkst, dass in ein paar Monaten deine Schulzeit zu Ende ist? Was machst du dann?» «Das weiß ich nicht», gibt er wieder zur Antwort. «Mal schauen.» «Wofür interessierst du dich?» «Das weiß ich nicht.» Aha. «Du bist also «Leon-ich-weiß-nicht»?», grinse ich. Nun grinst er auch. «Kann sein.» Ich merke, dass hier ein Teenager sitzt, der von der Zukunft gänzlich überfordert ist. Sie liegt vor ihm wie ein Berg, den er nicht überwinden kann. Wir einigen uns darauf, einen Blick in die Zukunft zu werfen. «Wie? Können Sie in die Zukunft schauen?», fragt er verdutzt. «Nein. Aber du», gebe ich fröhlich zur Antwort und wir schreiten zur Tat.

Als erstes möchte ich herausfinden, was Leon so blockiert. Leon stellt sich vor, wie er seine letzte Schulstunde erlebt. «Wie fühlst du dich dabei?», will ich wissen. «Scheiße», entfährt es ihm. «Was bedeutet Scheiße? Bist du traurig? Ängstlich?» Es dauert ein paar Sekunden. «Beides ein bisschen», merkt er. Traurig, weil seine Schulfreunde Ideen und Pläne für die Zukunft haben, ängstlich, weil er selbst für sein Leben keinen Plan hat. «Vor mir liegt ein großes, schwarzes Loch", sagt er. «Deine Zukunft ist ein großes, schwarzes Loch?», frage ich nach. «Ja. Das ist eine Reise in die Dunkelheit.» Es löst sich seine Zunge und er erzählt. Seine Brüder hatten schon von klein auf klare Vorstellungen ihrer Zukunft: «Marlon wollte schon immer Tiermedizin studieren und das macht er nun auch. Tristan weiß auch schon, was er studieren will. Nur ich hatte nie eine echte Vorliebe für irgendetwas.» Seine Brüder waren während seiner ganzen Kindheit die Vorzeigekinder. Die Eltern verglichen Leon immer mit ihnen: «Schau, Marlon macht dieses, Tristan jenes. Nur du…» «Okay, deine Brüder wussten schon immer, wohin es sie zieht», sage ich. «Und du? Was waren als Kind deine Vorlieben? Womit hast du am liebsten gespielt? Wofür hast du dich interessiert?» Leon überlegt einige Sekunden. «Für ganz vieles! Ich war gerne draußen im Wald und habe Baumhütten gebaut. Aber ich interessierte mich auch für Traktoren, Maschinen, Motoren. Zuhause habe ich Lego gebaut, Rätsel gelöst und Bücher über das alte Ägypten gelesen. Eben: ich hatte kein wirkliches Interesse.» Ich muss laut lachen. «Kein wirkliches Interesse? Leon, du hast so viele Interessen! Du siehst vor lauter Bäumen den Wald nicht mehr.» Da öffnet Leon seine Augen und blickt verdutzt. «Ja... so gesehen...» Ich lache wieder. «Wenn wir nun zusammen herausfinden würden, wofür dein Herz schneller schlägt: Würdest du dann mutiger und engagierter in deine Zukunft gehen?» «Ja, ich glaube schon.»

Es ist eine deutliche Verwandlung in diesem jungen Mann sichtbar. Sein düsterer Gesichtsausdruck ist einem neugierigen Blick gewichen. Im Visualisierungscoaching besucht Leon seine innere Schatzkammer: «Dort findest du alle deine Stärken, Talente und Begabungen. Wenn du sie gefunden hast, wirst du erkennen, wofür du geschaffen bist!», mache ich ihn neugierig. Leon staunt, als er seine Schatzkammer betritt. Er findet dort technisches Flair, die Fähigkeit, schnell Zusammenhänge zu erfassen, Freude an Unerforschtem, Schöpferkraft, soziale Kompetenz, Mut, Stärke, Neugier und Wissensdurst. «Ich möchte mit meinen Händen etwas erschaffen", merkt er plötzlich. Töpfer? Schreiner? Maler? «Nein!», ruft er aus. «Ich möchte Maschinenbauer werden!» Wir machen einen Ausflug in die Zukunft. Dahin, wo es vorhin dunkel war, die Fahrt ins Ungewisse. Leon grinst. «Cool. Ich baue gerade eine Maschine nach einem Bauplan», erzählt er mir. «Wie fühlt sich deine Zukunft an?», frage ich nach. «Das ist ganz cool", meint er lässig und fuchtelt dabei mit den Händen in der Luft. Es sieht aus, als ob er eine Schraube anziehen würde. Ich lasse ihm ein bisschen Zeit, um dieser Vorstellung nachzuhängen. «Was ist jetzt, Leon? Wie erreichst du dieses Ziel?», frage ich ihn. «Reicht es, bekifft mit den Jungs abzuhängen und die Schule zu schwänzen? Oder musst du selbst was bewegen?» Leon verzieht etwas den Mund. «Nee, reicht nicht. Es ist zwar gemütlich, den ganzen Tag zu chillen, aber das kann ich ja nicht mein ganzes Leben lang machen.» «Was heißt das jetzt?», frage ich. «Naja, ich muss meinen faulen Arsch wohl oder übel in die Schule bewegen!», grinst er und öffnet die Augen. «Das hat's gebraucht!», lacht er und hält mir die offene Handfläche hin. Ich schlage ein und lache zurück. «Ab in die Schule?», frage ich. «Ab in die Schule!»

Es ist ein anderer Leon, der die Praxis verlässt. Die Kapuze hängt über die Schultern, sein Blick ist offen. Sechs Monate später erhielt ich ein Foto von einem stolzen Leon vor einer großen Landmaschine: «In letzter Sekunde habe ich mir einen Ausbildungsplatz zum Landmaschinenbauer ergattert!» Er brauchte nichts weiter als etwas Licht auf seiner Reise in die Zukunft.

«Fahrt ins Unbekannte» – Angst vor Neuem und Veränderungen

SONYA ERZÄHLT AUS DER PRAXIS

Lana, 8

«Es ist ein ewiger Kampf mit ihr", schreibt die Mutter im Datenblatt. «Lana lehnt alles Neue ab. Das beginnt schon beim Kauf von neuen Schuhen.» Lana klammert sich in ihrem Alltag verzweifelt am Beständigen und Vertrauten fest. Jede kleinste Änderung in ihrem jungen Leben macht ihr Angst und sie wehrt sich mit Händen und Füssen dagegen. «Außer in der Schule, da ist sie äußerst neu- und wissbegierig", schreibt sie. «Sie ist wirklich sehr intelligent und eine kleine Perfektionistin.»

Lana marschiert neugierig in meine Praxis. Das kleine, blonde Mädchen wirkt alles andere als ängstlich und untersucht mit wachem Blick den Raum. Sie setzt sich in den Sessel und sagt: «Ich spreche schon drei Sprachen, weißt du das?» Ich staune. Wie kommt denn das? Die Mutter erzählt, dass sie und ihr Mann beruflich viel in der Welt herumkommen und die Familie oft umgezogen ist. So lernte Lana früh nebst ihrer Muttersprache Deutsch auch italienisch und englisch und lernte verschiedene Kulturen kennen. «Wow, das ist ja cool», sage ich und lächle Lana an. «Naja. Geht so. Man muss sich immer wieder neu einleben.», gibt sie etwas altklug zur Antwort. Lana reist mit einer Nanny, die sich um das Mädchen kümmert, wenn die Eltern beruflich engagiert sind. «Die ist lieb", findet Lana und lächelt. «Du bist eine richtige, kleine Weltenbummlerin", sage ich zu ihr und sie zuckt mit den Schultern. «Ja, schon.» Das zur Schau getragene Selbstbewusstsein schwindet aber, sobald sich im Alltag etwas ändert. Es kann zum Problem werden, wenn sich der gewohnte Stundenplan der Schule ändert, ein neues Möbelstück in der Wohnung steht oder eine neue Fertigkeit von Lana gefordert wird. «Lana möchte am liebsten für alles ein festes Ritual", erzählt die Mutter. «Alles andere ist für sie eine riesengroße Herausforderung.» Nur, feste Rituale passen nicht in das Leben dieser Familie. Mir ist klar, dass Lanas Flexibilität in ihrem jungen Leben schon oft gefordert wurde. Immer wieder wurde sie entwurzelt, aus ihrer Umgebung herausgerissen und musste sich in einem neuen Land und einer neuen Umgebung von Neuem zurechtfinden. Lanas Vorbilder sind ihre Eltern: «Ich möchte auch so werden wie sie.» Doch ständig diesen Änderungen unterworfen kann Lana diesen Anspruch nicht aufrechterhalten. Oft fordern eine neue Sprache, eine neue Kultur, Klasse und Wohnung die ganze Kraft dieses kleinen Mädchens, so dass sie ihren eigenen hohen Ansprüchen nie und nimmer gerecht werden kann. Sie scheitert an den Umständen und dies nährt eine Angst. Die Angst, nicht mehr geliebt zu werden, wenn sie die Leistung nicht erbringen kann. Lana verknüpft Leistung mit Liebe. Weniger Leistung = weniger Liebe.

Warum bedeuten Veränderungen für Lana, dass sie die Liebe ihrer Eltern verlieren könnte? Das wollen wir herausfinden. Lana zeigt viel Ehrgeiz und schließt entschlossen die Augen. Wir tauchen ein in ihre innere Welt, in der Lana viele ihrer Freundinnen aus verschiedenen Ländern sieht, aber auch Umzugskartons und ihre gestressten Eltern. Mir schwant, wohin die Reise führen wird.

Wir besuchen Erinnerungen, wo Lana die Angst vor etwas Neuem spürt: im Schuhladen, beim Kauf neuer, passender Winterschuhe. «Die gehen doch noch», ruft sie aus und klammert sich an ihre alten Schuhe. «Die sind zu klein», entscheidet die Mama und trifft eine Auswahl. Lana spürt an dieser Veränderung führt kein Weg vorbei und fühlt Angst. «Wovor fürchtest du dich?», frage ich nach. «Ich bin mir nicht sicher, ob ich in diesen neuen Schuhen gut gehen kann", meint Lana. Wenn sie nicht richtig gehen kann, kommt sie nicht richtig vorwärts, erzählt sie. Und ergänzt: «Wer nicht richtig vorwärtskommt, ist nicht gut genug.» «Nicht gut genug, um geliebt zu werden?», frage ich nach. «Ja.» Lana hat ganz traurige Augen, als sie dies sagt. «Lass uns herausfinden, wieso du das glaubst", sage ich. «Wir schauen uns deinen Film des Lebens an.»

Der Film von Lanas Leben ist ein sehr bewegter Film. Sie erzählt von fremden Ländern, andersartigem Essen, anderen Sitten. Mal ist es warm an einem Ort, dann wieder ist sie in einer kalten Gegend. Lana spürt immer wieder den Druck, sich schnell zurechtfinden zu müssen, die Sprache zu lernen, Freunde zu finden. Es gibt viel Raum und Potenzial für Fehler. Sie muss sich immer anstrengen, aus Angst nicht mithalten zu können und nicht geliebt zu werden. Sie ist gestresst und macht sich selbst Druck. Sie empfindet jede Veränderung oder neue Situation als Qual. Wir suchen den Moment, der ihre Angst nicht mehr geliebt zu werden, ausgelöst hat. Lana findet mehrere Erinnerungen, die daran geknüpft sind.

«Hier sind ganz viele Umzugskartons. Wir gehen wieder weg hier, in ein neues Land», erzählt sie aus ihrer Erinnerung mit drei Jahren. «Es ist alles stressig und staubig, überall stehen Dinge rum.» Sie hört ihre Eltern. «Mach vorwärts», keift der Vater die Mutter an. «Wir haben nicht mehr viel Zeit.» Es entsteht ein lauter Streit zwischen den beiden. Lana verzieht sich in ihr halbleeres Zimmer und weint. «Ich habe Angst. Dass sie sich nicht mehr liebhaben, wenn es nicht vorwärts geht», spürt sie. Diese Erinnerung wiederholt sich. Jeder Umzug und jede Veränderung war mit Hektik, Stress, Überforderung und viel lautem Streit verbunden. Streit, der die kleine Lana darin bestätigte, dass Vorwärtskommen gut ist und mit Liebe belohnt wird.

Lana kommt an einem neuen Ort an und benötigt Zeit, sich dort zurechtzufinden. Sie muss eine neue Sprache lernen, neue Kontakte knüpfen, Schulstoff nachholen. Sie merkt, dass sie nicht richtig vorwärtskommt und dass darin eine Gefahr liegt, nicht mehr geliebt zu werden. So baut sie ihre Angst vor Neuem und Veränderung nach und nach aus, bis sie davon völlig blockiert wird. Wie nun weiter? Hier kann nur ein Perspektivenwechsel helfen.

«Weißt du noch, wie es war, als du Fahrradfahren gelernt hast?», frage ich sie. «Am Anfang war das eine ganz wackelige Sache, weißt du noch?» Lana nickt. «Nach und nach wurdest du sicherer, bis zu dem Moment, wo du dich sicher und gekonnt auf deinem Fahrrad bewegen konntest. Stimmts?» «Ja, stimmt.» Lana beginnt zu ahnen, dass alles Neue zu Beginn schwierig und unsicher ist. Aber Übung macht den Meister! «Weißt du, Lana», erkläre ich weiter. «Veränderungen sind wie Rosensträucher. Am Anfang sind da nur Dornen und du kannst dir nicht vorstellen, dass daraus etwas Schönes entstehen kann. Im Gegenteil, die Dornen stechen dich und du hältst dich von ihnen fern. Aber plötzlich beginnen die Rosen zu knospen und es entstehen wunderschöne, duftende Blüten daraus. Wenn du nur die Dornen betrachtest, verpasst du dabei das Schöne.» «Ja, schon", nickt Lana zögerlich. «Wenn alle deine Umzüge in andere

Länder, die du schon erlebt hast, Rosensträucher wären – was hättest du jetzt für schöne Rosen in deinem Leben?» «Ach so», ruft Lana aus. «Meine neue, beste Freundin wäre eine Rose, nicht wahr? Dann hätte ich diese Rose, dann eine Rose für das Tanzen, das ich dort gelernt habe, dann habe ich viele Rosen, weil ich ganz viele Geschichten aus meinem Leben erzählen kann. Viel mehr Geschichten als alle anderen Kinder! Dann hätte ich Rosen für jede Sprache, die ich schon sprechen kann. Ich hätte viele Rosen.» «Das glaube ich auch, Lana. Glaubst du, dass Mama und Papa stolz sind, wenn sie alle deine Rosen sehen?» «Ja klar», ruft sie aus. «Siehst du. Sie wissen, dass die Dornen zu den Rosen gehören und dass du unglaublich viel leistest. Sie sind ungeheuer stolz auf dich und haben dich umso lieber.» Sie lächelt stolz. Ich hake nach: «Wollen wir die Erinnerungen an alle diese Veränderungen nun löschen? Sie machen dir ja Angst…» «Löschen? Oh nein, auf keinen Fall», ruft Lana aus. «Ich habe ja sonst meine Rosen nicht mehr!» Ich merke, Lana hat verstanden, dass alle Veränderungen auch Gutes mit sich bringen. Lana erlaubt mir, ihrer Mama von unseren Erkenntnissen zu erzählen. Daraus entsteht ein wunderbares, klärendes und emotionales Gespräch zwischen Lana und ihren Eltern, aus dem Lana befreit hervorgeht: «Ich bin immer geliebt, auch wenn ich mal nicht ganz so schnell vorwärtskomme!»

«Ich bin nicht Superwoman!»
– Angst keine Anerkennung zu bekommen

CLAUDIA ERZÄHLT AUS IHRER PRAXIS

Larissa, 14 Jahre

«Larissa lügt und betrügt. Wir wissen nicht mehr weiter.» Genauso steht das im Datenblatt, das mir Larissas Mutter nach der Terminbuchung gemailt hat. «Sie drückt sich vor allen Aufgaben, die mit der Lehrstellensuche zu tun haben. Behauptet, eine Bewerbung losgeschickt zu haben und dann stellt sich heraus, dass sie das nicht getan hat. Verschwindet einen Tag lang, angeblich für einen Schnuppertag in einem Lehrbetrieb und dann merken wir, dass sie nirgends zum Schnuppern war. Die Zeit drängt, viele andere aus ihrer Klasse haben ihre Lehrstelle längst.»

Larissa sitzt in meiner Praxis, scheu und blass, mit hochgezogenen Schultern. Währenddessen erzählt die Mutter: «Sie weiß ja, was sie werden will. Seit sie klein ist will sie Krankenschwester werden. Da gibt es Lehrstellen wie Sand am Meer! Ich verstehe nicht, weshalb sie so ein Theater macht.» Mit Theater meint sie, dass Larissa sich kaum um eine Lehrstelle bemüht. «In der Schule bekommen die Schüler extra dafür Zeit, um im Internet nach Lehrstellen zu suchen. Sie werden sogar beim Bewerbungsschreiben unterstützt. Aber Larissa sendet keine Bewerbung los. Sie versteckt sie irgendwo und behauptet, sie zur Post gebracht zu haben.» «Woran merken Sie, dass die Bewerbung nicht beim Empfänger angekommen ist?», will ich wissen. «Weil ich irgendwann dort nachfrage, weil Larissa keine Antwort bekommt. Jedes Mal heißt es dann, dass keine Bewerbung von unserer Larissa da ist.» Hm, denke ich, woran liegt das wohl? Larissa hört in sich gekehrt zu. Ich spüre, dass sie sich ertappt fühlt, schuldig. «Larissa,", spreche ich sie direkt an, «du schaffst es nicht, dich auf dem Lehrstellenmarkt anzupreisen. Weißt du, woran das liegt?» Larissa zuckt mit den Schultern. Ganz leise piepst sie: «Weiß ich nicht.» «Ich glaube langsam, dass es sie einfach nicht interessiert", meint die Mama lakonisch. «Das glaube ich nicht", entgegne ich und schaue Larissa an. «Ich glaube, dass dich etwas davon abhält, es zu tun. Was das ist, das finden wir zusammen heraus.» Larissa schenkt mir einen zögerlichen Blick und ich schicke die Mama raus.

«Komm, Larissa», fordere ich sie auf. «Wir begeben uns mal auf die Suche nach deiner Blockade. Ich bin mir sicher, dass du gerne Krankenschwester werden würdest.» Larissa lächelt leicht und sagt: «Ja, schon. Das wollte ich schon immer.» So gilt es, sich an das Gefühl heranzutasten, welches Larissa blockiert. «Was würde passieren, wenn deine Bewerbung ankommen würde?», frage ich. «Hm. Dann müsste ich dort vorsprechen», entgegnet sie. «Was würde passieren, wenn du dort vorsprechen dürftest?», frage ich weiter. «Dann würde ich vielleicht falsche Antworten geben.» «Und was würde passieren, wenn du falsche Antworten gibst?», bohre ich nach. «Dann lehnen die mich ab», kommt es wie aus der Pistole geschossen. «Du hast also Angst, dass du abgewiesen wirst?» Es bleibt ein paar Sekunden still. «Ja, schon», gibt sie endlich zur Antwort. Ich weiß, dass es genau dieses Gefühl ist, welches Larissa zurückhält. «Lass uns schauen, weshalb du dieses Gefühl hast", sage ich und wir beginnen mit dem Visualisierungscoaching.

Larissa stellt sich vor, wie sie an ein Bewerbungsgespräch geht – und sie leidet. Sie spürt die Angst im Bauch, mittendrin, aufsteigend bis zur Kehle. «Ich kann so nicht sprechen", merkt sie. «Da ist alles verstopft. Diese Angst lähmt meine Stimmbänder. Ich stehe da wie ein Vollidiot.» Tatsächlich hört man an ihrer belegten Stimme, wie groß ihre Angst ist. «Das hat einen Grund, Larissa", sage ich. «Lass uns danach suchen.» Larissa lässt sich von mir ins Kino entführen, dahin, wo der «Film von Larissas Leben» gezeigt wird. «Irgendwann in deinem Leben wurde diese Angst gesät», erkläre ich ihr. «Diesen Moment müssen wir suchen. Nur so können wir das Übel an der Wurzel packen.»

Larissa erlebt, wie sie mit drei Jahren bei der Geburtstagsfeier ihrer Mutter am Tisch gesessen hat. «Meine Tante Monika erzählt gerade von einem Patienten. Sie ist Krankenschwester», erzählt Larissa. Ihre Tante berichtet von einem aufwühlenden Moment im Krankenhausalltag und sagt dabei: «Da ging es um Leben und Tod!» Die kleine Larissa, die so gerne ihre kleinen Puppen verarztet und Krankenschwester spielt, erschrickt. Um Leben und Tod? Als Krankenschwester macht man Menschen doch gesund, oder nicht? Sie bekommt es mit der Angst zu tun und der Samen ist gesät. Larissa findet weitere Erinnerungen, die mit ihrer Angst verknüpft sind. Da ist der Moment, wo ihre kleine Schwester sich beim Spiel das Knie aufgeschlagen hat und Larissa sich als Krankenschwester verdingen will. Eifrig putzt sie die blutende Wunde und will sie mit Salbe und Mullstoff verbinden. Als ihre Mutter dazu kommt, reißt sie Larissa das Verbandszeug aus den Händen und sagt vehement: «Das kannst du nicht!» Oder wieder Tante Monika, die laut lacht, als die 8-Jährige ihr ihren Berufswunsch verrät: «Glaub mir, du willst nicht Krankenschwester werden! Dazu musst du gut rechnen können und zudem ist ein echt anstrengender Beruf, da brauchst du Superkräfte.» Superkräfte, das wusste die damals 8-Jährige schon, hatte sie nicht. Oder der Moment, wo der Lehrer sie nachdenklich betrachtet hatte, als sie erzählte, dass die Krankenschwester werden will. «Weißt du, Larissa", meinte er, «da musst du bereit sein, ungeheuer viel Verantwortung zu tragen.» Das war der Moment, wo aus dem kleinen Samen der Angst ein großes, unüberwindbares Unkraut wurde. Die Aussagen der Mutter, von Tante Monika und des Lehrers zeigten ihr: Als Krankenschwester muss man Superwoman sein. Man entscheidet über Leben und Tod, trägt große Lasten an Verantwortung, muss toll rechnen können und zudem braucht man Superkräfte. «Aber ich bin doch nicht Superwoman!», ruft jetzt Larissa aus. Larissa wurde über die Jahre mit dem Gefühl «ich kann das nicht» gefüttert und hielt währenddessen trotzdem an ihrem einzigen Berufswunsch fest. «Das ist das Einzige, was mich interessiert", sagt sie. «Medizin ist so ungeheuer faszinierend.» Jetzt, wo es darum geht, sich einen Ausbildungsplatz zu ergattern, steht sie zwischen den Welten. Einerseits: Ich kann das nicht, ich bin ja nicht Superwoman. Andererseits: Wenn es ich versuche, könnte ich abgewiesen werden. Wir betrachten die ganze Sache von einer anderen Seite.

«Larissa, stell dir vor, dass du am Krankenbett stehst. Dein Patient hat Schmerzen und ist auf deine Hilfe angewiesen. Was tust du?» «Ich streiche ihm etwas über die Hand und sage ihm, dass alles wieder besser wird», antwortet sie sofort. «Wie reagiert dein Patient darauf?», frage ich nach. «Er lächelt.» «Du hast also das Leben deines Patienten gerade etwas besser gemacht?», hake ich nach. «Ja, kann sein.» «Dann bist du doch Superwoman», entgegne ich und Larissa errötet leicht. «Stell dir vor, wie du eine frische Wunde versorgen sollst. Du hast dir das Verbandsmaterial bereitgestellt und hast gelernt, wie das geht. Mach mal.» Es bleibt ein paar Minuten ruhig. Dann: «So, fertig. Das hat etwas übel gerochen, aber jetzt ist alles wieder sauber und heilt.» «Und? Ist dein Patient zufrieden?» «Ja, wir haben sogar noch miteinander gelacht, während ich den Verband gewechselt habe.» «Okay, Larissa, dann halten wir fest: Du hast das gelernt und du kannst das. Du hast für deinen Patienten gesorgt und ihn zum Lachen gebracht. Du bist Superwoman.» Nach und nach spürt Larissa, dass sie alle Fähigkeiten und Eigenschaften mitbringt, die eine gute Krankenschwester ausmachen. Sie merkt, dass die Ereignisse in ihrer Vergangenheit nichts mit ihren eigenen Fähigkeiten zu tun hatten, sondern aus einer bestimmten Situation entstanden sind. Aus der Sorge der Mama, als sie das blutende Knie der kleinen Schwester sah, aus einem Geltungsbedürfnis von Tante Monika, als sie von ihren heroischen Taten erzählte, aus einer gewissen Ehrfurcht vor diesem Berufsbild, als der Lehrer auf die große Verantwortung hinwies. «Es kommt darauf an, was DU darüber denkst", sage ich zu Larissa. «Kannst du eine gute Krankenschwester werden?» «Ja, natürlich!», ruft sie jetzt aus. Fünf Wochen später hat sie ihren Ausbildungsplatz ergattert. Weil sie es kann!

AUSSTIEG AUS DER ANGST

Es ist häufig die Pubertät, während der sich blockierende Ängste auf die eigene Persönlichkeit auszuwirken beginnen. Aber schon kleinere Kinder können Ängste horten, die sie daran hindern, zu wachsen und sich zu entfalten. Allen Altersgruppen gemein ist, dass solche Ängste blockieren und das Kind am Vorwärtskommen hindern. So können schädliche Glaubenssätze zu miserablen Schulleistungen führen, oder aber – wie

Leon – so weit zurückhalten, dass ans Vorwärtskommen gar nicht mehr zu denken ist. Solche Ängste und Glaubenssätze aufzudecken ist Teil eines Coachings. Du als Elternteil kannst aber viel dazu beitragen, dass dein Kind sich von schädlichen Glaubenssätzen befreien und zurück zu seinem Potential finden kann.

Herausfinden, welches Gefühl blockiert
Du hast es vielleicht gemerkt, dass wir im Coaching viele Fragen stellen. Sie beginnen meist mit «was wäre, wenn…». Dies ist eine Fragetaktik, die erst dann zu Ende ist, wenn immer wieder dieselbe Antwort kommt. Ein Beispiel:

«Was wäre, wenn du schlechte Noten schreibst?» «Meine Eltern wären enttäuscht.»

«Was wäre, wenn deine Eltern enttäuscht wären?» «Dann wäre ich traurig.»

«Warum wärst du traurig?» «Weil meine Eltern dann nicht mehr so gut von mir denken würden.»

«Was wäre denn, wenn deine Eltern nicht mehr so gut über dich denken würden?» «Dann hätten sie mich nicht mehr lieb.»

Hier spürst du, dass du mit deiner Fragerei am Ende angekommen bist: Das Gefühl, nicht mehr geliebt zu werden, ist eines der gefährlichsten Gefühle überhaupt. Es raubt Sicherheit, Anerkennung und Geborgenheit. Es ist das ursprünglichste Bedürfnis des Menschen, Liebe zu empfangen. Liebe ist lebensnotwendig. Jetzt hast du die Antwort gefunden und weißt, welches Gefühl hinter der Blockade deines Kindes steht. Du kannst darauf gezielt reagieren. Vielleicht benötigt es ein klärendes Gespräch, damit dein Kind begreifen kann, dass deine Liebe zu ihm nie und nimmer von Schulnoten oder anderen Leistungen abhängt. Vielleicht benötigt es eine Verhaltensänderung in der gesamten Familie, um deinem Kind zu zeigen, dass Fehler und Fehlleistungen nicht geächtet werden.

Selbstreflektion

Wie so oft, wenn wir mit schädlichen Glaubenssätzen arbeiten, stellt sich heraus, dass diese Glaubenssätze über Generationen weitervermittelt werden. Keiner fragt sich je, ob diese Glaubenssätze nützlich sind, sie werden einfach weitergetragen. Wenn du merkst, dass dein Kind einen Glaubenssatz bedient, dann überlege dir, ob du diesen Glaubenssatz von dir selbst kennst. Von Mädchen hören wir oft: «Mädchen müssen immer doppelt so viel leisten wie Männer.» Oder: «Es ist Frauensache, sich um andere zu kümmern.» Der dienstbare Geist also.

Man kann von solchen Glaubenssätzen halten, was man will. Fakt ist, dass sie in der Regel nicht zum Erfolg, sondern höchstens zu Stress und Druck führen. Meist resultiert aus solchen Glaubenssätzen, dass doppelt so viel geleistet werden muss, um mithalten zu können. Das führt unweigerlich zu Versagensängsten, Druck, Überforderung und schlussendlich zum Burnout. Wenn du in dich hineinhorchst und bei dir selbst solche Glaubenssätze erkennst, solltest du daran arbeiten. Aus Erfahrung wissen wir, dass Glaubenssätze schnell und unwissentlich an die eigenen Kinder weitergegeben werden. Sie tragen sie mit, denn was von meinen Eltern kommt, kann ja nicht falsch sein.

Ressourcen stärken

Wie wichtig es ist, die Besonderheiten, Stärken, Begabungen und Talente der Kinder zu fördern, erleben wir tagtäglich in unserer Praxis. Auch wenn es gut gemeint ist: Eltern legen ihren Fokus viel zu oft auf die Dinge, die ihre Kinder noch verbessern oder lernen sollen. Kinder sollten aber lernen und erfahren, was sie besonders macht. Es ist vielleicht ihre soziale Kompetenz, die es ihnen ermöglicht, auf andere Menschen einzugehen, mitzufühlen und Hilfsbereitschaft zu zeigen. Unserer Meinung nach ein Gut, welches nicht hoch genug sein kann. Vielleicht ist es ihre kreative Denkweise, die es ihnen ermöglicht, um die Ecken zu denken und neue Lösungen zu suchen. Vielleicht ist es ihre Fähigkeit, sich durchzubeißen und nie aufzugeben, die sie ausmacht. Jedes Kind hat eigene Fähigkeiten, die es nutzen kann. Wer sein Kind auf diese Weise betrachtet, wirkt ermutigend: «Ja, Mathe ist nicht so deine Welt. Aber die Welt besteht nicht aus Mathe und du wirst mit deiner mitfühlenden Art noch viel mehr bewegen können als mit einer richtig gelösten Gleichung.» Oder: «Komm, du hast bei dieser Zeichnung das Beste gegeben. Du musst ja nicht gleich Kunstmaler werden. Dafür wirst du vielleicht mit deiner geradlinigen und analytischen Art zu Denken mal der Wissenschaft dienen.»

Kinder verlernen durch das Beurteilungssystem in der Schule, dass sie unterschiedliche Talente haben, die alle einzeln für sich in einer besonderen Farbe leuchten. Es ist vollkommen in Ordnung, wenn nicht jedes Kind in jedem Schulfach glänzt. Jedes Kind darf seine eigenen Vorlieben und Begabungen haben, ohne damit schubladisiert und bewertet zu werden.

Genauso, wie wir zu Beginn dieses Kapitels auf die verschiedenen Ängste hingewiesen haben, möchten wir dir hier einige Tipps zu diesen weitergeben.

Versagensangst – was du tun kannst

- Setze realistische Ziele. Je kleiner das Kind, desto kleiner das Ziel. Die Leistung an sich ist bedeutsam. Wenn ein Dreijähriger zum ersten Mal seine Tasse Wasser zum Tisch tragen kann, ohne sie zu verschütten, ist das ein ebenso großer Erfolg, wie wenn ein Zwölfjähriger zum ersten Mal ein Tor schießt.
- Zerlege große Aufgaben oder Ziele in Einzelschritte und Etappenziele.
- Verleihe nur Preise oder gute Noten für Leistungen, von denen das Kind weiß, dass es sie verdient hat.
- Lobe den Weg zum Ziel: „Ich bin stolz, dass du dich so angestrengt hast". „Gut gemacht! Du hast diese Woche kein einziges Mal die Klavierübung verpasst." „Du wirst immer besser darin, diese Mathe-Gleichungen zu lösen. Ich bin begeistert, wie hartnäckig du dranbleibst, obwohl dir das schwerfällt.»
- Lass deine Kinder in der Familie, der Schule und der Gemeinde mithelfen. Sie werden lernen, dass das, was sie tun, für andere wichtig ist.
- Lege Zeitpläne für Lernen, Freizeit, Sport und Hausarbeit fest. In einem strukturierten Umfeld ist es einfacher, sich Ziele zu setzen und sie zu erreichen.
- Finde eine außerschulische Aktivität, die dein Kind mag oder in der es gut ist. Das Selbstvertrauen in einem Bereich kann sich auf andere Bereiche übertragen.

Angst vor Neuem und Veränderung – was du tun kannst

- Bereite dein Kind vor einer Veränderung gut darauf vor. Kinder, die Angst vor Neuem und Veränderungen haben, sind nicht sonderlich gut auf Überraschungen zu sprechen.
- Das zweite (oder dritte oder vierte oder fünfte …) Mal ist das Beste. Richte dich niemals nach der ersten Reaktion deines Kindes auf etwas Neues, denn es wird es fast immer ablehnen. Wenn du eine neue Idee vorstellst, lass ein Buch, eine Broschüre oder ein Bild darüber auf dem Küchentisch liegen und sprich mit jemand anderem darüber, wenn das Kind dabei ist. Achte darauf, dass neue Situationen oder Vorschläge klar erklärt werden.
- Rituale helfen Ängste abzubauen. Wenn ihr umzieht, solltet ihr versuchen, die gleichen Routinen beizubehalten.
- Biete deinem Kind von klein auf viele, tägliche Wahlmöglichkeiten mit geringem Einsatz an, damit es das Gefühl hat, die Kontrolle über bestimmte Aspekte seines Tages zu haben. Es lernt so auf ungefährliche Weise, eine Wahl bzw. eine Entscheidung zu treffen. Zum Beispiel den roten oder den grünen Pullover, Erbsen oder Karotten zum Fleisch, ein Bad oder eine Dusche, 30 Minuten mit dem iPad oder dem Fernseher. Überfordere das Kind nicht, sondern biete immer eine Entweder-Oder-Wahl an.

Angst, keine Anerkennung zu bekommen – was du tun kannst:

- Gib lustige und verrückte Antworten auf die Fragen, von denen du weißt, dass das Kind die Antwort schon kennt. Das daraus resultie-

rende Lachen ist eine gute Ablenkung.
- Ignoriere das Kind niemals, denn das bestätigt nur seine schlimmsten Ängste.
- Schließe dich nicht in einen anderen Raum ein, um z. B. am Computer zu arbeiten. Erlaube dem Kind, seine Hausaufgaben im selben Raum zu machen. Grenze hier gut mit Verhaltensregeln ein.
- Berühre dein Kind häufig. Eine Berührung an der Schulter beim Vorbeigehen oder eine unerwartete Umarmung zeigen dem Kind, dass du es wahrnimmst und lieb hast.
- Kommuniziere mit deinem Kind. „Ich muss diesen Bericht lesen, aber ich liebe dich und werde dich nicht vergessen, nur weil du still dasitzt".
- Mach deinem Kind klar, wo seine Grenzen liegen. „Nein, es ist gefährlich, mich zu umarmen, wenn ich einen heißen Topf trage", „Du kannst nicht auf meinem Schoß sitzen, wenn du eine heiße Tasse Tee trinkst."
- Diese Art der Erziehung kann anstrengend sein. Plane kurze Pausen für dich ein, um zu vermeiden, dass du aus Frustration und Erschöpfung schlecht auf dein Kind reagierst.

DU, ICH UND WIR

WENN BEZIEHUNGEN ÄNGSTE SCHÜREN

Kinder, die ängstlich am Rockzipfel der Mama hängen, solche die sich nicht getrauen, auf andere Kinder zuzugehen, oder der Teenager, der sämtliche Kontakte zur Familie auf Sparflamme hält – Ängste fühlen sich in Beziehungen wohl und gedeihen dort gut. Dabei sind es unterschiedlichste Ängste, die schlussendlich immer auf eines abzielen: Sie sollen den Menschen vor Verletzung schützen.

Man könnte fragen, was Kinder denn schon Übles erlebt haben, dass sie sich vor Beziehungen schützen müssen. Wir verstehen, dass sich das nicht einfach erschließt. Aber wir können aus vielen Erfahrungen aus der Praxis sagen, dass schon kleine Kinder Erfahrungen mit instabilen Beziehungen oder Beziehungsängsten machen. Meistens sind das Ereignisse, die so weder gewollt noch geplant waren. Dennoch sind sie für so junge Seelen prägend und es stellt sich die schützende Angst davor.

Beziehung zu leben ist eines der ursprünglichsten Bedürfnisse der Menschheit. Evolutionär betrachtet war das Zusammenleben in der Sippe überlebenswichtig. Nur in der Gruppe war der Mensch fähig, die Art zu erhalten, gegen Gefahren zu kämpfen,

Nahrung zu besorgen und Nachwuchs aufzuziehen. Es ist daher nicht verwunderlich, dass der Mensch trotz der laut geforderten Individualität ein Herdentier ist. Dieses Bedürfnis hat sich seit jeher nicht verändert und führt in der heutigen Zeit oft zu Depressionen und Vereinsamung. Es ist nicht Jedem vergönnt, in einer Beziehung zu leben. Gerade die vielen Single-Haushalte in den Großstädten sprechen Bände.

Mit Beziehung verknüpfen wir viele Erwartungen. Das Gefühl, angenommen zu sein, als Wesen gesehen und akzeptiert und geliebt zu werden. Das Gefühl, sicher zu sein, nicht alleine im Leben bestehen zu müssen. Das Gefühl, angepasst zu sein, ein Leben zu führen, welches die Gesellschaft für konform betrachtet. Oft ist es auch die Erwartung, von einem Menschen glücklich gemacht zu werden, umsorgt zu werden. Nur, welche Erwartung darf und soll man nähren? Ist es sinnvoll, sein eigenes Glück vom Verhalten eines anderen abhängig zu machen? In der Praxis begegnen wir oft Teenagern, die ihren eigenen Wert nur dann bestätigt sehen, wenn sie von möglichst vielen Menschen bewundert und geliebt werden. Ein gefährlicher Wunsch, denn Anerkennung und Bewunderung sind flüchtige Begleiter.

Kinder und Teenager erleben Beziehungen in ihren frühen Jahren hauptsächlich in der Familie. An vorderster Stelle steht ihre Beziehung zu Mama und Papa. Die stabilste und sicherste Beziehung überhaupt. Dazu später mehr. Sie beobachten das Eheleben ihrer Eltern und wie sie miteinander umgehen. Sie üben Beziehung mit den eigenen Geschwistern und Cousinen und Cousins. Familienbeziehungen sind das ideale Trainingsfeld für Kinder, in dem sie lernen, mit anderen Menschen sozial zu interagieren und Beziehungen zu pflegen. Dabei lernen sie, sich zu behaupten, zu teilen, zu streiten und sich zu versöhnen.

Im weiteren Verlauf ihres Lebens lernen sie, auf fremde Kinder und Erwachsene zuzugehen, weitere Beziehungsfelder zu erschließen und sich darauf einzulassen. Sie finden beste Freunde, pflegen Freundschaften, sind manchmal erfolgreich und manchmal scheitern sie. Es beginnt eine heikle Phase: Kinder machen nun die Erfahrung, dass Beziehungen nicht immer stabil und sicher sind. Dass Beziehungen zerbrechen und sie einen Verlust einfahren können. Wiederholen sich solche Ereignisse, können daraus Bindungsängste entstehen, aus ganz unterschiedlichen Gründen, wie wir in der Praxis erleben. Bindungsängste und Verlustängste sind die häufigsten Gründe, weshalb uns Kinder und Jugendliche in der Praxis aufsuchen.

Der stabilste Boden bildet die eigene Familie. Wenn ein Kind in einem gesunden, familiären Umfeld lernen darf, dass es immer geliebt ist, auch wenn mal Streit herrscht, sorgt das für das tiefe Urvertrauen, welches Kinder benötigen, um sich voller Selbstvertrauen den außerhäuslichen Beziehungen zuzuwenden. Diese bedingungslose Liebe, die Eltern zu ihren Kindern empfinden, nährt das Kind nachhaltig.

Genauso bedingungslos lieben Kinder ihre Eltern. Aus der Krisenintervention mit Kindern, die wegen unhaltbarer Zustände kurzfristig an einen Pflegeplatz platziert werden, weiß man, dass Kinder, egal wie übel die Umstände zuhause sind, mit ihrem ganzen Herzen an ihren Eltern hängen. Liebe Eltern, euer Kind liebt euch aus tiefstem Herzen! Auch wenn es gerade als übellauniger Teenager ständig rummeckert und die Eltern ihm peinlich sind: dein Teenager liebt dich. Auch wenn dein Kind vor Wut laut schreit und dich übelst beschimpft: es liebt dich. Immer. Punkt. Diese Aussage hören Eltern oft von uns, wenn sie sich nicht getrauen, ihrem Kind gesunde Grenzen zu setzen. Sie befürchten, die Liebe des Kindes zu verlieren. Unsinn! Warum wir das erwähnen? Weil diese Angst der Eltern auch eine Verlustangst, eine Beziehungsangst ist. Falls dich dieses Thema anrührt, solltest du darüber nachdenken, warum du in dieser Beziehung so bedürftig bist.

Generell gilt: Wer im späteren Leben eine Beziehung aus einer eigenen Bedürftigkeit eingeht, wird scheitern. In Beziehung kann es nicht darum gehen, sein eigenes Glück von der Anwesenheit eines anderen Menschen abhängig zu machen. Dieser Weg führt höchstens weiter in die Bedürftigkeit. Beziehung zu leben heißt, eigenverantwortlich das Leben mit einem anderen Menschen zu teilen.

Verlustängste

Einen geliebten Menschen zu verlieren, vielleicht gar durch den Tod, ist eine schreckliche und prägende Erfahrung. Daraus resultiert, gerade bei Kindern, oft eine Verlustangst. Besonders der Tod eines nahestehenden Menschen kann für ein Kind massive Veränderungen zur Folge haben. Vielleicht muss der Wohnort verändert, die Schule gewechselt werden oder die Familie muss mit einer neuen, finanziellen Situation zurechtkommen. So kommen viele Veränderungen auf ein Kind zu, die teils einschneidend und von neuen Verlusten geprägt sind. Wir beobachten in der Praxis häufig, dass solche Kinder eine blockierende Verlustangst entwickeln. Neue Freundschaften zu knüpfen und Beziehungen einzugehen wird als gefährlich eingestuft. Die schützende Angst vor dem Verlassenwerden zeigt sich. Andererseits hängen sie ängstlich am Rockzipfel der Eltern, mögen sich nicht mehr von ihnen trennen, am liebsten Tag und Nacht zuhause bleiben oder zeigen psychosomatische Symptome. Oft klagen solche Kinder über Magen- oder Kopfschmerzen oder nässen nachts wieder ein. Der Körper trauert mit und versucht auf seine Weise, die Trauer zu bewältigen. Auch sekundäre Ängste können sich entwickeln. So kann ein Kind, das eine geliebte Bezugsperson verloren hat, sich plötzlich überbesorgt um seine anderen Bezugspersonen kümmern, um sie vor möglichen Schäden zu beschützen. Auch können Ängste vor Krankheit und Tod auftauchen, die das Kind daran hindern, sportlich aktiv zu sein oder ihrem Körper zu vertrauen.

Auch andere Erlebnisse im Leben eines Kindes können Beziehungsängste auslösen. So kann beispielsweise die Trennung oder Scheidung der Eltern, ein Umzug in eine fremde Gegend, ein Schulwechsel oder eine familiäre Krise sich negativ auf das Angstniveau des Kindes auswirken. Solche Erfahrungen schüren eine Trennungsangst.

Trennungsängste

Statistisch gesehen ist die Trennungsangst mit 4% die häufigste Störung bei Kindern unter 12 Jahren. Ein paar Tränen vor der Schule oder ein gelegentlicher Zusammenbruch nach einem stressigen Schultag sind jedoch ganz normal und sollten kein Grund zur Sorge sein. Erst wenn sich die Angst negativ auf das tägliche Leben des Kindes auswirkt, müssen die Trennungsängste angegangen werden. Dies kann dazu führen, dass das Kind anfälliger für die Entwicklung anderer Stimmungsstörungen wie Panikstörungen, Zwangsneurosen und Agoraphobie wird, wenn es älter wird.

Zu den Symptomen einer Trennungsangststörung gehören übermäßige Ängste, wenn das Kind sich von seinen Bezugspersonen trennen muss. Trennungsangst kann sich in «einfachem» Heimweh zeigen, kann aber auch viel ausgeprägter sein. Es gibt Kinder, die das Haus nicht mehr verlassen wollen, solche, die sich nicht mehr alleine in einem Zimmer aufhalten können, Albträume haben oder solche, die ununterbrochen die Nähe der Eltern benötigen. Mitunter können sogar körperliche Symptome wie Bauchschmerzen oder Kopfschmerzen auftreten.

Wie groß und schwer solche Beziehungsängste sein können, zeigen die folgenden vier Fälle aus der Praxis.

«Mausbeinsteinallein!» – Verlustsangst

CLAUDIA ERZÄHLT AUS DER PRAXIS

Leonie, 12 Jahre

«Hoppla, das ist ein Thema für mich», denke ich, als ich das Datenblatt von Leonie lese. Die 12-Jährige ist ein Adoptivkind – genau wie ich selbst. «Leonie ist grundsätzlich ein fröhliches, lustiges Kind, welches überall beliebt ist. Sie ist bei jedem Spiel dabei, beschwert sich nie, wird kaum wütend. Sie ist eine kleine Tagträumerin, die den Kopf überall hat, nur oft nicht da, wo er gebraucht wird. Sie ist sehr fantasievoll und hat immer tolle Ideen. Tagsüber ist alles in Ordnung, aber nachts stehe ich mindestens zweimal an ihrem Bett.» Die Mutter beschreibt, dass Leonie große Schwierigkeiten beim Einschlafen hat. Sie benötigt mindestens eine Stunde, oft sogar zwei, bis sie in den Schlaf findet. Schläft sie dann, erwacht sie schreiend aus Albträumen und beruhigt sich erst, wenn die Mutter ihr sanft über den Kopf streicht.

Ich lerne Leonie und ihre Mama in der Praxis kennen. Leonie ist ein blondes, verschmitztes Mädchen, welches offen und neugierig wirkt. Ich spüre eine tolle Verbindung zwischen Mama und Tochter, die beiden gehen äußerst liebevoll miteinander um. Schön, denke ich, und lächle. «Wir haben Leonie im Alter von drei Wochen zu uns genommen und den Tag gefeiert, als die Adoption rechtskräftig war», erzählt die Mutter. «Damals war sie ein kleines Schreibaby und anfänglich dachte ich wirklich, sie lehnt mich ab.» Leonie schaut erstaunt, ich merke, dass sie diese Aussage noch nie gehört hat. «Aber mir war im Kopf klar, dass ein so ein kleines Baby spürt, dass die leibliche Mama weg ist, und deshalb nahm ich das in Kauf.» Ich schaue Leonie an. «Du bist also ein absolutes Wunschkind», sage ich zu ihr und sie guckt verdutzt. «Naja, schau mal: Deine Eltern haben sich nichts sehnlicher gewünscht, als dich zu bekommen. Du bist die Erfüllung ihrer Träume», lache ich. «Haha, kann sein», grinst sie. «Aber das haben sie sich vermutlich nicht so vorgestellt.» «Was meinst du? Weil du nachts so schreckliche Träume hast?» «Ja. Mama muss jede Nacht aufstehen wegen mir.» «Weißt du was? Das müssen andere Eltern auch, auch wenn sie keine Kinder adoptiert haben. Keiner weiß, was auf ihn zukommt und das ist gut so», antworte ich. Es geht darum, herauszufinden, weshalb Leonie jede Nacht so schreckliche Träume hat. «Wovon träumst du denn? Ist es immer derselbe Traum?», frage ich. Leonie und ihrer Mutter blicken sich an und sagen aus einem Mund: «Von Spinnen!» «Von Spinnen?», frage ich zurück. «Ja. Ich habe panische Angst vor Spinnen und nachts erscheinen sie in meinen Träumen», sagt Leonie. Die Mutter ergänzt: «Leonie findet immer irgendwo eine Spinne. Sie hat einen regelrechten Draht zu Spinnen und weiß manchmal schon im Voraus, wo eine sitzt.» Die Familie wohnt ländlich in einem umgebauten Bauernhaus, ein wohliges Zuhause für dieses Achtbeiner. «Entdeckt sie irgendwo eine, kommt sie schreiend angerannt und gibt keine Ruhe, bis ich sie entsorgt habe.» Weder Mama noch Papa fürchten sich vor Spinnen, erfahre ich. So kann diese Angst nicht gelernt sein. Doch was hat die Spinne für Leonie für eine Bedeutung? Dem wollen wir auf den Grund gehen.

Wir beginnen mit der Arbeit. Als ich Leonie erkläre, dass wir gemeinsam in einen Traum springen wollen, reißt sie ihre Augen auf: «Ich will aber keine Spinne sehen!», ruft sie aus. «Keine Sorge, wir werden wissen, was zu tun ist», beruhige ich sie. Nun beginnt eine regelrechte Detektivarbeit. Leonie erzählt mir, dass es Nächte gibt, an denen die Träume besonders schlimm sind. «Hm… was haben diese besonders schlimmen Nächte wohl für einen gemeinsamen Nenner?», frage ich mich. Wir wollen herausfinden, was vor solchen Nächten passiert ist. «So finden wir den roten Faden, Leonie», erkläre ich. Wir durchforsten ihre Erinnerungen solcher Tage: «Heute hatten Emilia und Tanja einen furchtbaren Streit in der Schule. Ich glaube, die haben sich bis heute nicht versöhnt.» «Ich habe im Radio gehört, dass die meisten Ehen in den ersten zehn Jahren zerbrechen.» «Meine Lieblingslehrerin hat gekündigt.» «Selina zieht in den Sommerferien weg.» Leonie untersucht angestrengt diese Tage, denen eine besonders belastende Nacht folgt und macht ihre Sache hervorragend. Ich schreibe fleißig mit und nach und nach öffnet sich mir Leonies Welt. «Da hatte ich Streit mit meiner Schwester.» «Ich habe zwei junge Männer am Bahnhof beobachtet, wie sie sich angerempelt und geschlagen haben.» «Mama hat zu Papa gesagt: Wenn du so weitermachst, dann…» Hier fließen plötzlich Tränchen. Mir wird klar: An Tagen, an denen Leonie Streit, Unfrieden oder Beziehungsverluste erlebt hat, kommt nachts die Spinne in übermenschlicher Größe zu ihr. Steht die Spinne für ihre Adoptionsgeschichte? Ist sie das Symbol von fehlendem Urvertrauen, einer Verlustangst?

«Leonie, ich glaube, wir haben den roten Faden gefunden. Lass uns schauen, was die Spinne dazu meint», sage ich. Leonie blinzelt mich an: «Du willst, dass ich mit einer Spinne spreche? Ernsthaft?» «Ganz ernsthaft, Leonie», grinse ich. Sie traut sich. Wir tauchen in einen Traum ein und ich sehe die Gänsehaut, die sich in diesem Moment über Leonies

Körper ausbreitet. Sie ist übermächtig groß, hat viele, rote Augen, haarige Beine und bei der Schilderung läuft es auch mir kalt über den Rücken. «Sag ihr, sie soll etwas benehmen", rate ich Leonie. «So läuft man doch nicht herum.» Ich grinse breit, während Leonie, anfänglich mit zögerlicher Stimme, dann immer energischer mit dem Tier schimpft. «So läuft man wirklich nicht rum! Rasiere dir die Beine! Da sind eh zwei zu viel! Und was ist mit deinen Augen los? Die sind ganz rot und furchterregend! Grausig! Zieh dir eine Sonnenbrille an, sonst rede ich nicht mit dir!», schimpft sie. Tatsächlich folgt die Spinne, zieht sich eine neongelbe Sonnenbrille über ihre acht Augen, rasiert sich die Beine und schämt sich. So lässt sich mit ihr reden. Jetzt wird es ernst: «Was willst du von mir?», fragt Leonie. Lange bleibt es still. Dann, mit ganz leiser Stimme: «Spinnen fressen ihre Babys, sagt sie. Sie wollte mich aber nicht fressen, deshalb hat sie mich im Stich gelassen.» «Wer ist diese Spinne?» frage ich. «Sie ist meine Mama.» «Deine leibliche Mama?» «Ja.» Ich atme tief ein. «Was fühlst du nachts, wenn sie dich besucht?» «Ich fühle mich mausbeinsteinallein. Das macht mir riesengroße Angst.» Ich lege Leonie die Hand auf die Schulter. «Leonie, mach mal deine Augen auf.» Wir blicken uns an. «Wir beide haben dieselbe Geschichte, Leonie», sage ich. «Auch ich wurde von meinen Eltern adoptiert. Ich weiß, wie sich das anfühlt.» «Duuu?», fragt sie mich mit großen Augen. «Ja. Ich bin so unendlich glücklich darüber, dass ich diese Eltern bekommen habe. Wie ist das bei dir?» Sie lächelt. «Ich auch. Sie sind toll. Manchmal nerven sie. Aber meistens sind sie die tollsten Eltern der Welt.» «Glaubst du, dass sie dich lieben?» «Und wie», lacht Leonie. «Das sagen sie mir jeden Abend, wenn ich zu Bett gehe. Papa sagt immer, wenn es dich nicht gäbe, dann müsste man dich erfinden.» Ich grinse. «Das hat mein Papa auch immer zu mir gesagt.» Wir verstehen uns. «Was also machen wir jetzt mit deiner Spinne? Sie taucht besonders gruslig auf, wenn du tagsüber Dinge erlebt hast, bei denen du befürchtest, dass eine Beziehung zu Ende geht.» Leonie denkt nach. «Ich weiß was», sagt sie bestimmt und schließt die Augen. Ich darf zuhören, wie sie mit ihrer Spinne spricht: «Schau, ich bin dir dankbar, dass du mich nicht gefressen hast. Dass du mich alleine gelassen hast, war für mich sehr, sehr schwierig. Ich fühlte mich im Stich gelassen, mausbeinsteinallein. Ich dachte, ich sterbe. Aber ich habe die besten Eltern der Welt bekommen, viel besser als du. Dort bin ich sicher. Ich brauche keine Angst zu haben, wenn andere Menschen sich streiten. Ich bin sicher. Ich brauche dich nicht mehr, du kannst gehen. Gehst du?» Leonie schweigt ein paar Sekunden und dann grinst sie. «Bestens. Danke und Tschüss!»

Leonie öffnet die Augen und atmet tief durch. «Ich glaube, dass ich von nun an gut schlafe. Wenn die Spinne kommt, dann weiß ich wenigstens, weshalb», sagt sie. «Ach. Und weshalb kommt die Spinne?» Ich will sicher gehen, dass sie den Zusammenhang verstanden hat. «Weil ich Angst davor hatte, dass mir dasselbe nochmals passiert, wie damals nach der Geburt», erklärt sie mir geduldig. Ich lache. Was für ein cleveres Mädchen.

Eine Woche später erreicht mich eine selbstgebastelte Karte. Darauf abgebildet ist eine echt lustige Spinne mit rasierten Beinen, neongelber Sonnenbrille, einem lustigen Hütchen und der Überschrift: Ich vergesse sonst, wie sie aussah! Leonie hat sich ihrer Spinne gestellt und sie endgültig aus ihren Träumen verabschiedet.

«Wer streitet, geht!» – Angst vor Streit/Trennung/Verlassenwerden

Sonya erzählt aus der Praxis

Christina, 10 Jahre

«Christina ist eigentlich ein sehr mutiges Kind", erzählt die Mama beim Kennenlernen in der Praxis. «Sie ist gut in der Schule, fröhlich und auch zuhause wirklich gut führbar. Aber nur, solange alles harmonisch ist.» Christina hört aufmerksam zu und lächelt leise. Ein sympathisches Mädchen, schulterlange, wirre Locken und viele Sommersprossen auf der Nase. «Aber?», frage ich nach, denn deswegen kommt Christina ja nicht zu mir. «Ja, aber», sagt die Mama seufzend. «Sobald irgendjemand streitet, sogar wenn sie im Fernsehen eine Szene eines Streits sieht, passiert was mit ihr.» Sie zieht sich in sich zurück, flieht in ihr Zimmer und vergräbt sich dort. «Sie zieht sich in ihr Schneckenhaus zurück und ist nicht mehr hervorzulocken. Wir finden das komisch», erzählt die Mama. «Und du, Christina? Findest du das auch komisch?», frage ich nach. Sie zuckt mit den Schultern. «Schon ein bisschen. Ich weiß nämlich gar nicht, wieso», sagt sie.

«Sie ist schon außergewöhnlich harmoniebedürftig", berichtet die Mutter weiter. «Sie gibt schnell nach, um Streit zu vermeiden. Sogar dann, wenn sie eigentlich recht hätte, lenkt sie ein. Ich finde das nicht toll, sie soll lernen, für ihre Bedürfnisse einzustehen.» «Das ist mir nicht so wichtig", lässt Christina verlauten. «Doch, das ist wichtig», korrigiert die Mutter. Jetzt will ich mehr wissen und frage nach: «Gibt es bei Ihnen zuhause oft Streit? Streiten die Geschwister? Wie gehen Sie mit Meinungsverschiedenheiten um?» Denn oft birgt sich im Familiensystem die Gefahr. Wird im Elternhaus wüst gestritten, tagelang geschwiegen nach einem Streit, neigen Kinder dazu, sämtlichen Auseinandersetzungen aus dem Weg zu gehen, bzw. wenn irgendwie möglich zu vermeiden. Aber ich liege falsch. «Bei uns wird selten gestritten. Klar gibt es mal Meinungsverschiedenheiten, aber mein Mann und ich klären das immer in aller Ruhe. Mit ihrer kleinen Schwester streitet Christina nie, im Gegenteil. Sie vergöttert sie, umsorgt sie und will sie immer beschützen.» Okay, dann hake ich diesen Punkt ab. «Sag mal, Christina, was für ein Gefühl hast du, wenn du andere Menschen streiten siehst und hörst? Was löst das bei dir aus?», frage ich sie. «Angst», sagt sie nach kurzem Nachdenken. Gut, da wissen wir, wo wir genauer hinschauen müssen. Wir starten die Sitzung.

Wie so oft, wenn wir es mit Ängsten zu tun haben, erkläre ich Christina ihre innere Echse. «Sie ist dein großer Beschützer und übernimmt für dich, wenn du in Gefahr bist. Wenn sie übernimmt, dann kämpft oder flieht sie, genau wie du, wenn du dich in dein Schneckenhaus verziehst. Manchmal, wenn sie merkt, dass fliehen oder kämpfen nicht erfolgsversprechend ist, stellt sie sich tot. Dann erstarrt sie. Genau wie du, wenn du dich in deinem Zimmer vergräbst. Sie will dir nichts Böses, im Gegenteil. Aber manchmal versteht sie die Dinge falsch. Lass uns schauen, was passiert, wenn jemand streitet.» Ich drücke Christina eine kleine Stoffechse in die Hand. Christina taucht in verschiedene Erinnerungen ein, wo sie Zeugin eines Streites wurde. Jedes Mal: «Ich habe Angst! Ich will nur noch weg und am liebsten die Decke über meinen Kopf ziehen.» Auch ihre Echse ist in Aufruhr und steuert Christina in diesem Moment. «Lass uns schauen, weshalb du in solchen Momenten Angst hast», sage ich zu ihr und wir starten den Film ihres Lebens. «Sag mir, wann du zum ersten Mal diese Angst verspürst und sich deine Echse panisch verzieht, okay?», weise ich sie an. Plötzlich: «Jetzt, ich hab's gefunden!» Nun bin ich gespannt. Christina erzählt: «Ich bin schon im Bett, es ist Abend, aber ich schlafe noch nicht richtig. Da höre ich unten Mama und Papa. Sie schreien ganz laut. Ich will wissen, was los ist.» Es kommt die ganze Geschichte ans Tageslicht: Christinas Eltern, welche gemeinsam ein Unternehmen führen, stritten sich im Wohnzimmer. Es war eine heftige, laute Auseinandersetzung. Die beiden Erwachsenen kämpften gerade mit einer schwierigen, geschäftlichen Situation, hatten zwei kleine Kinder zuhause und beide waren erschöpft, ausgelaugt und überfordert. So entbrannte ein heftiger Streit, den Christina von oben auf der Treppe mitverfolgte. Die Eltern dachten, beide Kinder würden schlafen und hatten keine Ahnung, dass Christina zuhörte. Es fielen Worte wie «Verantwortung». «Kinder». «Trennung». Christina, vier Jahre alt, verknüpfte in diesem Moment den Streit mit dem Wort «Trennung» und ab sofort galt: Wenn Menschen streiten, dann trennen sie sich. Schockiert und paralysiert verzog sich Christina wieder ins Bett und schlief mit dieser tiefen Angst ein.

«Das war's, Christina", sage ich zu ihr. «Das war der Ursprung für das Missverständnis. Seither wehrt sich deine Echse für dich, weil sie Angst hat, dass du von deinen Eltern verlassen wirst. Glaubst du, dass das passieren wird?» Christina lächelt. «Nein, meine Eltern verstehen sich gut. Sie streiten normalerweise nie», sagt sie. «Dann lass uns dafür sorgen, dass das deine Echse auch erfährt. Komm, wir setzen uns mit ihr an den runden Tisch.» Jetzt wird Christina lebendig. Wir setzen uns an den

Verhandlungstisch und Christina erklärt ihrer Echse, was es mit diesem Streit auf sich hatte. «Schau, meine Eltern haben damals wirklich blöd gestritten. Das tun auch Erwachsene manchmal. Damals waren sie müde und sie hatten große Sorgen. Sie hatten Angst, dass sie plötzlich kein Geld mehr verdienen, um uns zu ernähren. Aber sie haben die Kurve gekriegt und sind zusammengeblieben.» Christina redet munter drauf los, streichelt dabei die kleine Stoffechse, die sie in der Hand hält und bekommt ganz rote Wangen. «Du musst mich deswegen nicht mehr beschützen, Echse", sagt sie zu ihr. «Es ist nicht schlimm, wenn Menschen mal miteinander Streit haben. Hör auf, mich ins Zimmer zu treiben und mir so Angst zu machen.» Die beiden verhandeln, klären Missverständnisse und treffen Vereinbarungen. Schlussendlich zieht sie ihr Fazit: «Ich find es schön, wenn alle friedlich zusammenleben. Aber ab und zu mal streiten, ist in Ordnung. Jetzt weiß ich, dass ich auch bei Streit nicht in Gefahr bin, verlassen zu werden.» Christina wirkt zufrieden und ich bin es auch. Plötzlich sagt Christina: «Es ist lustig. Ich wusste gar nicht mehr, dass damals meine Eltern so gestritten haben. Stimmt das wirklich, oder habe ich das gerade erfunden während der Sitzung?» «Weißt du was, Christina? Du kannst nachher deine Mama fragen. Aber ich sage dir aus Erfahrung, dass es immer einen Grund hat, wenn so eine Geschichte auftaucht. Manchmal ist sie nicht genau so passiert, wie man das gerade erlebt, aber trotzdem findet sich immer einen Kern der Wahrheit.» Christina nickt, springt auf und holt ihre Mama rein. «Hattet ihr mal einen üblen Streit, als ich noch klein war? Habt ihr mal gesagt, dass ihr euch besser trennen solltet?», haut sie sofort raus. Die Mama schaut verdutzt, dann leicht verschämt: «Ja, ich erinnere mich. Als du ungefähr vier Jahre alt warst, waren wir geschäftlich ziemlich am Boden und damals gab es einen echt heftigen Streit. Ich habe in der Hitze des Gefechtes zu Papa gesagt, dass es wohl besser wäre, wenn wir uns trennen würden. Aber das hast du nicht mitgekriegt, du hast schon geschlafen.» «Doch, habe ich», sagt Christina bestimmt und grinst. Die Mutter blickt mich erschrocken an. «Alles gut", beruhige ich sie. «Das ist bereinigt.»

«Ich bin nicht genug» – Angst nicht zu genügen.

CLAUDIA ERZÄHLT AUS DER PRAXIS

Michaela, 9 Jahre

«Michaela ist grundtraurig», erzählt mir die Mutter am Telefon. «Das scheint ihr Charakter zu sein. Sie lacht nur selten, ist still, zurückgezogen. So findet sie niemals Freunde.» Mir wird schwer ums Herz, wenn ich zuhöre. Die Mutter schüttet mir ihr Herz aus und ich spüre ihr Ringen um Verständnis für ihre Tochter. «Sie ist das genaue Gegenteil von mir", erzählt sie. «Ich bin kontaktfreudig, lustig, aufgeschlossen. Auch mein Mann ist ein geselliger Typ. Ich verstehe nicht, was mit ihr los ist. Manchmal denke ich, dass das Kind nicht von mir sein kann.» Uff, denke ich, hoffentlich hat sie diese Befürchtung nicht ihrer Tochter entgegengeschleudert. Sie erzählt weiter: «Wir sind oft unterwegs, sind bei jedem Dorffest, oft bei Freunden zu Besuch. Alle fragen uns, was mit Michaela los ist. Auch dort sitzt sie traurig und still herum, sogar dann, wenn es andere Kinder hat, mit denen sie spielen könnte. Ich verstehe das nicht.» Wir vereinbaren einen Termin.

Das Datenblatt eröffnet mir weitere Welten. Michaelas Eltern waren sich lange Zeit unschlüssig, ob sie überhaupt Eltern werden wollen. «Dann wurde ich schwanger und wir waren ein bisschen überfordert. Ob wir das überhaupt noch können? Schließlich waren wir beide schon knapp vierzig Jahre alt. Aber dann dachten wir, dass es lustig sein könnte, in diese große Familie noch ein weiteres Kind einzubringen.» Beide Eltern waren in einem großen, familiären Umfeld aufgewachsen und ihre Geschwister hatten alle schon Kinder. «Wir wussten, dass wir unsere Geschwister um Rat fragen können, wenn wir selbst nicht mehr weiterwissen.» Die kleine Michaela kam zur Welt und entwickelte sich unauffällig. «Ich fragte mich oft, wann ein Baby selbständig sitzen kann, wann es Zeit ist, laufen zu lernen, aber da konnte ich immer meine Schwestern fragen.» Als Michaela zwei Jahre alt war, wurde sie auffällig still. Kein fröhliches, neugieriges Kleinkind, sondern ein stilles, zurückgezogenes und oft unsichtbares Kind wuchs heran. Genauso lerne ich Michaela in der Praxis kennen.

Wie eine kleine Schildkröte sitzt sie da, den Kopf tief zwischen die Schultern gezogen, den Blick gesenkt. Ein kleines, zartes Wesen, fast unsichtbar. Ich schließe sie sofort in mein Herz. Die Mutter wirkt wie ein kunterbunter Wirbelwind: laut, lebendig, mitteilsam. Ich beobachte die beiden und habe den leisen Eindruck, dass Michaela noch kleiner und stiller wird. Ich folge einem Impuls: Ich beende das Vorgespräch nach kurzer Zeit und schicke die Mama zum Kaffeetrinken. Nun sind wir alleine. Der Kopf von Michaela kommt ein bisschen zwischen ihren Schultern hervor und sie guckt mich schüchtern an. «So, Michaela, jetzt sind wir unter uns. Erzähl mal, weshalb dich deine Mama hierher gebracht hat.» «Wissen Sie das nicht?», wispert sie leise. «Doch, aber oft sind die Wünsche der Mama nicht dieselben wie die des Kindes. Schließlich arbeiten wir beide zusammen, nicht wahr?», lache ich. «Sie sagt, weil ich immer so traurig bin. Und leise. Nicht so wie sie.» «Aha, und hat sie damit recht?», frage ich zurück. «Wohl schon, ja», sagt sie und zuckt die Schultern. Das Köpfchen verschwindet wieder ein wenig. «Bist du denn traurig, Michaela?», frage ich leise. Da kullern kleine Tränchen in den Schildkrötenpanzer. «Schon, ja.», tönt es. «Warum bist du traurig?», frage ich. «Weil ich nicht so bin, wie sie das gerne hätten», kommt es prompt zurück. Oha, denke ich, da hat mein Gefühl mich nicht getrogen. «Lass uns schauen, weshalb du das denkst», sage ich und wir starten mit unserer Arbeit.

Michaela taucht in ihre Gefühle ein. Sie findet eine große Trauer mitten in ihrem Herzen, einen dunkelbraunen, muffigen Sack mit der Aufschrift «ich bin komisch». In ihrem Kopf schwirrt ein Satz herum, in rasender Geschwindigkeit, grellrot: «Ich bin nicht gut genug!». In ihrem Bauch ein stinkender, schleimiger Klumpen, mittendrin «die anderen sind besser als ich». «Woher kommen diese Gefühle, Michaela? Wollen wir uns schlau machen?» Sie nickt. Wir gehen gemeinsam ins Kino und schauen uns den Film ihres Lebens an. Ganz schnell wird es traurig.

Schon im Mutterleib fühlt sie den grellroten Satz in ihrem Kopf: «Ich bin nicht gut genug!» Wir graben und untersuchen, schauen nach, ob irgendwo ein Makel an diesem winzigen Baby zu erkennen ist. Nichts. Wem gehört dieser Satz? Plötzlich sagt Michaela: «Das kommt von meiner Mama.» «Wie meinst du das?», frage ich nach. «Sie weiß nicht, ob sie eine gute Mutter wird.» «Aha", sage ich. «Hat sie dir das erzählt?» «Nein, das habe ich gerade jetzt erfahren.» Ich atme tief ein. So oft ist dieses tiefe, intuitive Wissen der Schlüssel. «Deine Mama hatte Angst, ob sie eine gute Mutter wird?» Michaela erkennt, dass es nicht ihr Gefühl ist, nicht gut genug zu sein, sondern die Angst ihrer Mutter. Wieder zeigt sich, dass Ungeborene die Gefühle, Ängste und Nöte ihrer Mutter schon im Mutterleib spüren und mitnehmen. Michaela findet weitere Auslöser in ihrem Lebensfilm: «Ich bin 15 Monate alt und meine Mama stellt mich immer wieder auf meine Beine. Sie sagt, dass meine Cousine in diesem

Alter längst laufen konnte.» «Ich bin zwei Jahre alt und meine Mama sagt, dass mein Cousin die Worte schon viel besser aussprechen kann als ich.» «Ich bin vier Jahre alt und meine Mutter zeigt mir eine Zeichnung von Leon. Sie meint, ich soll mir doch mehr Mühe beim Zeichnen geben.» «Ich bin fünf Jahre alt und soll singen.» «Wieso sollst du singen?» «Weil meine Cousine Leandra immer fröhlich ist und singt. Ich soll auch singen und fröhlich sein.»

In diesem Lebensfilm gibt es unzählige Erinnerungen, wie Michaela mit anderen Kindern verglichen wird. Immer schneidet Michaela schlechter ab. Sie fühlt sich gedrängt, sich schneller und besser zu entwickeln, sie erfährt, dass alle anderen alles besser können, als sie selbst, sie fühlt sich minderwertig, weil offensichtlich alle anderen Kinder lustiger, fröhlicher, begabter sind. Die Unsicherheit der Mutter, ihre ständigen Vergleiche mit anderen Kindern, ihre Zweifel – das alles überträgt sich auf Michaela und verunsichert sie zutiefst. «Ich bin nicht gut genug für meine Mutter» ist ihr Fazit, das es zu korrigieren gilt. Ich lehne mich zurück und beschließe, mir die Mutter in den Sessel zu holen – aber später. Wir gehen ihre Schatzkammer besuchen, den Ort, an dem sich ihre innere Schönheit, ihre Stärken, Talente und Begabungen befinden. Michaela genießt es, zu erkennen, wie wunderbar einzigartig sie ist. Sie nimmt ihre Schätze in die Hand und wirkt plötzlich gelöst, fröhlich. Wir freuen uns gemeinsam, lachen und ab und zu fließt ein kleines Tränchen.

Nach der Sitzung setzt sich Michaela an den Tisch und fertigt eine wunderschöne, glitzernde Zeichnung ihrer Schatzkammer an. Ich nutze diese Zeit, um mit der Mutter ein ernstes Gespräch zu führen. Manchmal bin ich gerne provokativ, das gebe ich zu, und so sage ich: «Also, im Vergleich zu anderen Müttern sind Sie schon sehr anders. Gestern war eine

Mutter da, die erzieht ihr Kind ganz anders als Sie.» Der Mama klappt die Kinnlade runter und sie guckt mich entsetzt an: «Wie kommen Sie dazu, mich mit anderen Müttern zu vergleichen?» «Sehen Sie, das meine ich. Andere Mütter würden mich so etwas nie fragen.» Nochmals steigert sich ihre Entrüstung in der Mimik: «Geht's noch? Was fällt Ihnen ein?» Jetzt lache ich. «Nur Spaß", beruhige ich sie. «Ich wollte Ihnen nur kurz einen Spiegel vorhalten. Wie haben Sie sich gefühlt, als ich sie so bewertet und verglichen habe?» Sie schüttelt den Kopf, noch etwas verständnislos. «Schlecht habe ich mich gefühlt», wettert sie. «Sehen Sie, genau so geht es Michaela.» Es entsteht ein ruhiges, ernsthaftes Gespräch zwischen zwei Müttern. Wie Schuppen fällt es von ihren Augen, sie erkennt ihr eigenes Muster, ihre Unsicherheit und merkt, dass sie selbst auch Handlungsbedarf hat. Plötzlich fließen auch hier Tränen. Sie springt auf, geht zu ihrem Kind, nimmt es fest in die Arme und sagt: «Ich liebe dich genauso, wie du bist! Von allen Kindern bist du das Allerbeste.» Hier bin ich nicht mehr nötig.

«Der Liebesdieb» – Angst vor Liebesentzug & Geschwisterrivalität

SONYA ERZÄHLT AUS DER PRAXIS

Yannick, 7 Jahre

«Wir lieben unsere beiden Jungs wirklich sehr", schreibt die Mutter im Datenblatt. «Aber Yannick macht uns das Leben schwer.» Der muntere 7-Jährige entpuppt sich seit drei Jahren als Familientyrann. Er will entscheiden, alles, ständig. Er gibt den Ton an, und wehe, wenn irgendwas nicht so läuft, wie er das geplant hat. Er ist laut, dauerwütend, aggressiv gegen seinen kleineren Bruder. Er zerstört Dinge, wütet am Tisch und spukt Lebensmittel an die Wände. «Das schlimme ist, dass Yannick in der Schule oder bei Besuchen bei Freunden wie ausgewechselt ist. Dann ist er lieb, freundlich, hilfsbereit, fröhlich. Wenn ich jemandem erzähle, was zuhause abläuft, gucken mich die Leute ungläubig an und denken, ich fantasiere.» Die Aggressionen richten sich nur auf die Familie. «Dann aber, wenn wir alleine sind oder wenn ich Yannick abends ins Bett bringe und noch eine Geschichte vorlese, ist er zuckersüß. Er schmust, schmiegt sich an mich, sagt wie lieb er mich hat und ist einfach wieder mein kleiner Junge von früher.» Ich habe einen Verdacht, halte mich aber noch zurück. Zuerst will ich Yannick kennenlernen.

Nun ist er da: ein quicklebendiger, blonder Junge. Seine Augen blitzen mich fröhlich an und er zappelt auf dem Stuhl herum. «Was machen wir?

Geht's los?», fragt er ungeduldig. Ich muss lachen – heute wird hier die Post abgehen! «Jetzt mal langsam, Yannick", sage ich zu ihm. «Zuerst musst du mir sagen, was du von mir willst.» «Ach so?», fragt er erstaunt. «Ich dachte, Sie wollen was von mir.» Seine Mutter verdreht ein bisschen die Augen und will ihn bremsen. «Lassen Sie nur", lache ich. «Das ist vollkommen in Ordnung.» Yannick blinzelt mich an. «Also", sagt er wichtigtuerisch. «Es soll wohl darum gehen, dass ich zuhause das Sagen habe.» Er lehnt sich cool zurück und schlägt die Beine übereinander. «Aha, da bist du der Chef", sage ich. «Dann bezahlst wohl du heute diese Sitzung?» «Äh, nein!», wehrt er ab. «Das macht meine Mutter.» «Ach so? Ich dachte, der Chef bezahlt immer selbst. Drum ist er Chef.» Er mustert mich. «Ja gut, dann bin ich halt nicht der Chef. Aber ich habe trotzdem das Sagen zuhause.» «Nun, wenn du zuhause das Sagen hast,", sage ich gedehnt, «dann solltest du eigentlich alles im Griff haben, oder? Ansonsten hätte man ja nicht das Sagen. Hast du denn alles im Griff?» Er zuckt mit den Schultern und zieht eine kleine Schnute. «Hm…meistens schon. Oder?» Er blinzelt zu seiner Mama. Die lacht und sagt: «Eher nicht. Du schmeißt mit Gegenständen rum, haust deinen Bruder, zerstörst Dinge, schreist und brüllst. Das nenne ich nicht im Griff haben.» Jetzt ist er still. «Ist das der Grund, weshalb du hier bist?» Yannick wirkt nicht mehr so großartig. «Ja, kann sein.» «Bringt dir das etwas, wenn du dich so benimmst?», frage ich weiter. «Nein. Nicht wirklich.» Er grinst etwas traurig. «Würdest du was dagegen unternehmen wollen?» Er blickt mich an. «Wenn das was bringt…» «Das liegt an dir", sage ich. «Und daran, wie du mitarbeitest.» Da ist er dabei.

Aus der Schilderung im Datenblatt weiß ich, dass Yannick seit drei Jahren unter seinen Wutausbrüchen leidet. Ist es Zufall, dass zu dieser

Zeit sein kleiner Bruder Sven zur Welt gekommen ist? Mein anfänglicher Verdacht erhärtet sich. Ich erkläre Yannick, wie wir arbeiten und er schmeißt sich motiviert in den Sessel. «Lass uns schauen, was deine Wut und Aggression auslösen», sage ich. Wir tauchen in Erinnerungen ein, in denen sich Yannick nicht mehr kontrollieren kann. Ich vermute, dass ein Schutzreflex stattfindet und deshalb erkläre ich Yannick, wer seine Echse ist und was sie für ihn tut. Er umklammert die kleine Stoffechse, die ich ihm in die Hand drücke und beobachtet gespannt, was passiert. Yannick ist engagiert dabei und taucht in Momente, in denen er sich komplett verliert und er eine riesige Wut spürt. Sie aktiviert sich hauptsächlich dann, wenn der kleine Bruder im Blickfeld ist. «Sven regt mich auf. Er regt mich einfach auf», sagt Yannick und ich spüre seine Wut. «Worauf bist du so wütend?», frage ich. «Auf ihn!» Dennoch findet er keinen Grund für seine Wut. Wir beobachten, was die Echse in diesem Moment tut: «Sie bäumt sich auf, rennt in die Wand und dann rastet sie komplett aus», erkennt Yannick überrascht. «Was tust du in diesem Moment?» Einen Augenblick bleibt es still, dann ganz leise: «Genau dasselbe.» Den Auslöser für die Wut, nämlich der kleine Sven, haben wir gefunden. Aber was liegt dieser Wut zugrunde? Wir suchen den Moment, in dem diese Wut zum ersten Mal gespürt wurde. Yannick wird fündig.

«Ich bin vier Jahre alt und Sven ist gerade geboren worden. Papa weckt mich mitten in der Nacht und bringt mich zur Nachbarin. Ich höre, wie er mit Mama wegfährt. Dann kommt er erst am nächsten Tag wieder.» «Weißt du, was gerade passiert, als dein Papa dich weggebracht hat?» «Ja, er sagt, dass Mama jetzt das Baby bekommt.» «Was fühlst du dabei?» Plötzlich weint Yannick. Es schüttelt den kleinen Kerl richtig, er schluchzt und dann stößt er hervor: «Da kommt ein neues Kind und nun geben sie mich weg.» Hier spürte Yannick diese Angst, verlassen zu werden. Eine Angst, die sich später in eine furchtbare, heiße Wut verwandelte. Yannick erlebt eine schwierige Zeit: Die freudige Aufregung der Eltern über ihren zweitgeborenen Sohn, die vielen Menschen, die zu Besuch kommen. Nicht um Yannick, sondern um Sven zu besuchen, die Müdigkeit der Mama, weil sie nachts kaum schlafen kann, die Überforderung, wenn sie Yannick wegschickt, wenn er ständig um sie herumturnt, wenn sie dem Baby gerade die Brust geben will. Yannick kombiniert: Dieses kleine Baby stiehlt ihm alle Liebe und Aufmerksamkeit. «Er ist ein Liebesdieb», murmelt Yannick. «Das könnte Sven von dir auch sagen", sage ich, denn jetzt ist es Zeit für einen Perspektivenwechsel.

Wie erwartet, versteht Yannick anfänglich meine Bemerkung überhaupt nicht. «Bin ich nicht! Er hat mir alles weggenommen, nicht ich ihm. Ich musste ihm Platz machen», ereifert er sich. «Meinst du?», sage ich. «Dann sag mir mal, wer von euch beiden schon mehr Weihnachtsgeschenke bekommen hat. Er oder du?» Yannick überlegt einen Moment. «Ich.» «Genau", sage ich. «Wer von euch beiden kennt Mama und Papa schon länger und war sogar schon ganz alleine mit ihnen?» Yannick verzieht den Mund. «Ja gut – auch ich.» «Aha. Und wer von euch beiden hat als Erster ein eigenes Fahrrad bekommen?» «Ich!», ruft er nun stolz aus. «Genau. Wer von euch kann schon ganz viele Dinge, auf die Mama und Papa stolz sind?» «Ich natürlich!», ruft er wieder. «Siehst du? Du bist deinem Bruder immer ein paar Schritte voraus. Ist er deswegen böse auf dich?» Yannick denkt nach. «Nein. Eigentlich nicht...» «Sag mal, wie wäre es, wenn dein kleiner Bruder dein größter Fan wäre, weil du einfach der coolste Bruder der Welt wärst?» «Ja, das wäre cool.» Plötzlich entdeckt Yannick Freude daran, sich vorzustellen, wie er seinem kleinen Bruder Fahrradfahren beibringen kann, ihm zeigen kann, wie er seinen Namen schreibt, ihn in die Welt der Zahlen mitnehmen kann – und eben der coolste große Bruder sein kann, den es gibt! Jetzt ist Yannick bereit, seine Wut loszulassen, denn die Angst vor dem Liebesdieb ist Vergangenheit.

AUSSTIEG AUS DER ANGST

Du hast es vielleicht in den beschriebenen Fällen aus der Praxis gemerkt: Beziehungen sind ein großes Tummelfeld für Ängste. Kein Wunder, steht doch das Bedürfnis nach Sicherheit und Anerkennung ganz oben auf der Prioritätenliste. Was tun, wenn das eigene Kind unter Verlust- und Beziehungsängsten leidet? Kann man als Eltern hier etwas bewegen, oder benötigt es eine professionelle Begleitung? Die Antwort ist nicht ganz einfach.

Die wichtigste Voraussetzung für glückliche, resiliente Kinder ist ein stabiles, gesundes Familiennetz. Was das bedeutet, möchten wir etwas deutlicher ausführen.

Gesunde Konflikt- und Streitkultur

Kinder fühlen sich sicher und geborgen, wenn sie spüren, dass ihre Bezugspersonen sich ernsthaft um ihr Wohl und ihre Bedürfnisse kümmern. Hier liegt aber ein großes Potential für Missverständnisse. Wenn wir davon sprechen, dass Eltern sich um die Bedürfnisse ihrer Kinder kümmern sollen, bedeutet das nicht, dass sie per se alle diese Bedürfnisse befriedigen sollen. Lapidar gesagt: Das Leben ist kein Ponyhof und wird es niemals sein. Darauf sollten Eltern ihre Kinder vorbereiten und ihnen früh beibringen, dass nicht jedes Bedürfnis im Leben befriedigt werden wird.

Es ist in Ordnung, wenn du deinem Kind nicht jeden Wunsch von den Augen abliest, losrennst und für die Erfüllung aller Träume sorgst. Dein Kind darf lernen, dass seine Bedürfnisse zwar wahr- und ernstgenommen werden, dass die Erfüllung dessen aber nicht möglich sein wird. Beispiel: Wenn deine Tochter sich nichts sehnlicher als ein Pony wünscht, darfst du diesen Wunsch quittieren, ihr aber auch erklären, weshalb ein Pony für euch nicht in Frage kommt. Deine Aufgabe ist es auszuhalten, wenn deine Tochter sich brüllend und zeternd zu Boden wirft, dich prompt zur gemeinsten Mutter der Welt erklärt und keinerlei Verständnis für dein Nein aufbringt. Atme tief durch und erinnere dich daran, was wir eingangs dieses Kapitels schon erklärt haben: Auch wenn du gerade die allergemeinste Mutter der Welt bist, dein Kind liebt dich aus tiefstem Herzen. In solchen Momenten solltest du dich daran erinnern, welche Werte und Fähigkeiten du deinem Kind mit auf seinen Lebensweg geben willst und dass es gerade etwas lernt. Das, und nichts anderes, ist die ernsthafte Auseinandersetzung mit dem eigenen Kind.

Wir begegnen vielen Müttern, die ihr ganzes Bestreben daransetzen, ihren Kindern eine glückliche und unbeschwerte Kindheit zu bescheren. Sie stellen die eigenen Bedürfnisse weit zurück, richten ihre Antennen ganz auf das Kind und dessen Wünsche aus und sorgen dafür, dass diese prompt und zuverlässig erfüllt werden. So nehmen sie gerne ein Nein zurück, wenn sie merken, dass dieses Nein vom Kind nicht gewünscht ist. Im Sinne von: «Nein, du kriegst dieses Spielzeug nicht» und nach einem kurzen, heftigen Wutausbruch des Kindes heißt es dann: «Nun gut, dann nimm es dir halt.» Natürlich hört das Gebrüll des Kindes prompt auf und der Frieden ist wiederhergestellt. Aber dieses Einknicken richtet mehr Schaden als Gewinn an. Das Kind lernt so, dass die Mama es generell nicht ganz so ernst meint, wenn sie eine Ansage macht. Dieses „Nein" bedeutet nicht wirklich „Nein", es bedeutet nur, dass ich einen Aufstand machen muss, um das zu bekommen, was ich will. Unbewusst verändert sich die innere Sicherheit. Es verunsichert ein Kind, wenn die Bezugsperson erst eine Ansage macht, meist gut begründet, und plötzlich ist alles wieder anders. Wir haben schon Kinder in der Praxis erlebt, die uns unter Tränen erzählt haben, dass ihre Eltern sich nicht wirklich um ihr Wohlergehen scheren, weil sie ihnen alles durchgehen lassen, was sie zuvor als negativ eingestuft hatten. «Wenn meine Mama doch vorher gesagt hat, dass Gummibärchen ungesund sind, wieso gibt sie sie mir dann trotzdem? Will sie, dass ich krank werde? Hat sie mich nicht lieb?» Originalton aus der Praxis – und gar nicht so selten!

In Beziehung mit seinen Kindern stehen heißt, nicht nur die Bedürfnisse der Kinder zu erkennen und zu stillen, sondern sich auch an ihnen zu reiben. Selbst wenn das bedeutet, dass man so tägliche, kleine Kämpfe auszufechten hat. Kämpfe, die dem Kind die Sicherheit geben, dass Mama und Papa das meinen, was sie sagen. Dass das, was sie für Wichtig erachten, auch dann noch wichtig ist, wenn sich das Kind dagegen auflehnt. Dass das Kind für Mama und Papa wichtig genug ist, um viel Energie (und Kampfbereitschaft) reinzustecken.

Grenzen geben Kindern Sicherheit. Auch die familiäre Streitkultur ist ein großer Tummelplatz für Ängste. Erleben Kinder in der Familie oft lauten und heftigen Streit, tagelanges Schweigen oder Drohungen, sind Auseinandersetzungen für Kinder eine traumatische Erfahrung. Streit soll und darf stattfinden, denn das Zusammenleben stellt alle Menschen immer wieder vor Herausforderungen. Hier soll ein Missverständnis aufgeklärt werden: Auch Eltern dürfen sich streiten. Wir allerdings würden uns wünschen, dass die Erwachsenen eine Streitkultur pflegen, die auch im emotionalen Wirbelsturm noch respektvoll und wertschätzend stattfindet. Wenn Eltern sich lautstark anbrüllen, Schimpfwörter austeilen und mit Trennung drohen, müssen sie sich nicht wundern, wenn es die Kinder selbst nicht besser machen. Kinder dürfen erleben, dass ihre Eltern nicht immer miteinander einverstanden sind, dass es auch mal heftigere Diskussionen geben darf. Sie dürfen erleben, dass ihre Eltern sich streiten, aussprechen und wieder versöhnen. Dass Streit nichts damit zu tun hat, dass man sich nicht mehr liebhat!

Unser Rat an Eltern, deren Kinder sich ängstlich verziehen, jeglichen Konflikt krampfhaft vermeiden und sich wegen Auseinandersetzungen unsicher fühlen:

Zeig deinem Kind jederzeit, dass man zwar manchmal schimpfen muss, man manchmal Streit hat und sogar auch mal die Stimme erheben muss – dass die Liebe daran aber niemals zerbricht. Frage deshalb niemals nach einem Streit: «Haben wir uns WIEDER lieb?» Sage lieber: «Bin ich froh, dass wir uns nicht mehr streiten, ich habe dich nämlich so lieb.»

Heimweh – wenn die Trennung von den Eltern Schmerzen verursacht

Heimweh tut unglaublich weh und zwar nicht nur dem Kind, das gerade auswärts schläft. Auch die Eltern leiden meist mit: «Die arme Selina, bestimmt liegt sie weinend im Bett.» Kinder mit Heimweh fürchten sich meist davor, dass irgendwas passieren könnte. Vielleicht haben Mama oder Papa einen Unfall, vielleicht passiert mir selbst etwas und dann sind Mama und Papa nicht da. Das neue, unvertraute Umfeld, die fehlenden Bezugspersonen und das Gefühl, mit seinem Schmerz alleine zu sein, feuern das Heimweh weiter an. Denn alles, was neu und anders ist, kann beängstigend sein.

Es gibt vier Risikofaktoren für Heimweh:

Familiäre Faktoren

Betreuungspersonen, die Angst vor der bevorstehenden Trennung haben, können ihre Sorgen auf das Kind übertragen. Gedanken wie „Wenn meine Mutter besorgt darüber ist, sollte ich es nicht auch sein?" werden ausgelöst. Auch wenn ein Kind im familiären Umfeld ein nicht verarbeitetes, negatives Ereignis erleben musste. Ein Todesfall oder eine Trennung beispielsweise können Nährboden für Heimweh bieten. In diesem Falle macht es Sinn, vorab mit dem Kind diese Erinnerungen zu verarbeiten und dafür zu sorgen, dass sich das Kind sicher und geborgen fühlen kann.

Persönliche Faktoren

Eine unsichere Bindungsbeziehung zu den primären Bezugspersonen: Das sind Kinder, die unsicher sind, wie ihre Bezugspersonen auf ihre Notlage reagieren werden. Kinder, die in ihrer Bindung völlig sicher sind, sind viel unabhängiger und bereit, neue Umgebungen zu erkunden.

Erfahrungsfaktoren

Je seltener ein Kind kurze Trennungen von seinen Bezugspersonen erleben kann, desto höher ist die Wahrscheinlichkeit, dass es bei längeren Trennungen Heimweh bekommt. Wenn es negative Trennungserfahrungen gemacht hat, z. B. einen traumatischen Krankenhausaufenthalt, Zeit bei einer Pflegefamilie oder eine Situation, in der es nicht nach Hause gehen durfte, können diese Erfahrungen zukünftige Trennungen negativ beeinflussen und Heimweh verursachen.

Einstellungsfaktoren

Wenn es Erwartungen an Heimweh und negative Erfahrungen in einer neuen Umgebung gibt, werden diese oft zu selbsterfüllenden Prophezeiungen.

Du kannst mithelfen, die unvertraute, neue Situation etwas zu entschärfen, indem du dein Kind mit der bevorstehenden Situation vertrauter machst. Zeig dem Kind Bilder oder Videos von dem Ort, wo es hingehen soll. Versuche so viele Informationen zu sammeln, wie du nur kannst. Vielleicht findest du Fotos von den Betreuungspersonen der Ferienwoche, vielleicht gibt es Aktivitätenlisten, aus denen dein Kind sich was aussuchen kann. Vielleicht hast du die Möglichkeit, vorher schon die Lokalität zu besuchen und zu erkunden. Alles, was das Kind schon kennt, ist nicht mehr so furchterregend. Andererseits kann auch eine schöne Gedankenreise helfen: Lass dein Kind erleben, wie es an diesem Ort ankommt, wie viele andere Kinder schon da sind, die sich vermutlich ganz ähnlich fühlen: «Schau mal, hier sind ganz viele Kinder. Schau sie dir genau an. Wenn du jemanden findest, den du genauer betrachten möchtest, dann sag mir Bescheid.» Lass deinem Kind die Zeit, in seiner Fantasie die anderen Kinder zu begutachten. «Aha, du siehst dort ein Mädchen mit braunen Locken? Möchtest du mal wissen, wie es sich gerade fühlt? Ich gebe dir die magische Lupe in die Hand, mit deren Hilfe du in ihren Kopf und ihr Herz blicken kannst. Erzähl mir, wie es dort aussieht.» Du wirst erstaunt sein, wie neugierig dein Kind in diesen Kopf und dieses Herz eintaucht und mit Erkenntnissen zurückkommt: «Sie fühlt sich etwas unsicher. Ein bisschen Angst hat sie auch. Sie hofft, dass sie hier schnell Freunde findet.» «Aha – siehst du? Es geht euch allen ähnlich. Wie wär's, magst du ihr Hallo sagen?» Nun kannst du dein Kind erleben lassen, wie es andere Kinder kennenlernt, wie es spielen kann und zusammen mit den anderen lachen kann. So wird aus Angst Neugierde, Vorfreude und Spannung.

Heimweh – was du tun kannst

Sei positiv

Gib deinem Kind klar zu verstehen, dass du es für mutig, klug, selbstbewusst und kontaktfreudig genug hältst, um eine tolle Zeit zu haben. Biete ihm die Möglichkeit, Heimweh zu haben, nicht an. Es reicht, wenn du darauf eingehst, wenn sich dein Kind selbst dazu äußerst. Deine Haltung ist für dein Kind entscheidend, denn wie schon erwähnt, sind Kinder Profis darin, ihre Eltern zu «lesen» und spüren ganz genau, ob in dir eine Befürchtung schlummert.

Gib Handlungsmöglichkeiten

Wenn Heimweh ein bekanntes Thema ist, welches dein Kind bei anderen Gelegenheiten erlebt hat, gib ihm Handlungsmöglichkeiten. Besprich dich mit den Betreuungspersonen und ermögliche es, dass dein Kind dich am Abend oder am Morgen kurz anrufen darf. Sich darauf zu freuen, nach Hause zu telefonieren, kann ein guter Motivationsgrund sein, durchzuhalten. Altmodisch, aber trotzdem eine tolle Idee ist es, dem Kind voradressierte und frankierte Briefumschläge und Schreibzeug einzupacken. So kann es seine Erlebnisse festhalten und den Eltern nach Hause schicken. Auch ein Tagebuch eignet sich dafür bestens.

Trostspender

Ob es nun das Lieblingskuscheltier, eine kleine Schmusedecke oder ein getragenes T-Shirt von Mama oder Papa ist: Etwas Vertrautes von

Daheim ist immer ein toller Trostspender. Dazu kann die Lieblingssüßigkeit zählen, sofern sie nicht «negativ belegt» ist. Gibt es diese Süßigkeit nur dann, wenn das Kind getröstet werden muss, weil ein negatives Erlebnis dem vorangegangen ist, ist die Botschaft der Süßigkeit: «Du bist traurig, also kriegst du diesen Snack». Achte darauf, dass es diese Süßigkeit nur zu besonderen Gelegenheiten gibt, wenn es etwas zu feiern gibt beispielsweise. Auch ein kleiner Kalender für die Dauer der Abwesenheit, in den du tägliche, kleine Botschaften schreibst, hilft dem Kind. Es hat so tägliche kleine Grußbotschaften von Zuhause, gleichzeitig auch jederzeit den Überblick, wie lange es noch von Zuhause weg ist.

Botschaften durch die Nabelschnur

Gerade Kinder, die oft und heftig Heimweh haben, profitieren von einer kleinen Visualisierungsübung: die Nabelschnur. Du kennst diese Strategie schon, wir haben sie dir im Kapitel Angst und Schlaf erklärt. Gerade bei Trennungsängsten ist die Nabelschnur eine wunderbare Taktik, wie dein Kind deine Liebe ständig spüren kann. Du kannst mit deinem Kind einen Zeitpunkt vereinbaren, zu welchem ihr euch gegenseitig Liebe, Freude, Mut und Fröhlichkeit durch die unsichtbare Nabelschnur sendet: «Jeden Abend um 19.00 Uhr senden wir uns viele gute Gefühle durch die Nabelschnur.» Diese Visualisierungsübung eignet sich auch wunderbar als Vorbereitung. So erlebt das Kind das herrliche Kitzeln und Kribbeln beim Übermitteln von guten Gefühlen schon Zuhause.

Angst vor Liebesentzug – Eifersucht unter Geschwistern

Die Geburt eines Familienmitglieds sollte ein freudiges Ereignis sein, aber in vielen Familien führt dieses Ereignis zu großen Turbulenzen. Wenn ein

Kind aus irgendeinem Grund das Gefühl hat, nicht genug Liebe und Aufmerksamkeit zu bekommen, dann ist ein neues Familienmitglied kein Segen, sondern ein Rivale, der ihm das wegnimmt, was es braucht: uneingeschränkte Liebe.

Eifersucht ist ein Gefühl, das ein Beziehungsdreieck betrifft. Im Fall von Geschwisterrivalität gibt es ein soziales Dreieck zwischen dem Kind, dem Elternteil und einem zweiten Kind in der Familie. Es gibt drei Beziehungen: die erste zwischen dem Kind und seinen Eltern, die zweite zwischen den Eltern und dem Rivalen und schließlich die Beziehung zwischen dem Kind und seinem Rivalen.

Schauen wir der Tatsache ins Gesicht: Die Angst, die Aufmerksamkeit der Eltern mit der Geburt eines Geschwisters teilen zu müssen, ist begründet. Tatsächlich muss sich die Mama dem Neugeborenen vermehrt zuwenden. Es ist sehr bedürftig und braucht ständiges Umsorgen. Diese Tatsache versteht das größere Kind nicht, es spürt nur den Mangel, den Verlust von Aufmerksamkeit, körperlicher Nähe und Liebe. Solche Kinder zeigen ein großes Spektrum an Gefühlen: da kommt Trauer, Wut, Aggression – manchmal sogar Hass. Daran kann man erkennen, wie gefährlich ein so kleiner Mensch dieses gefühlte Defizit an Liebe und Geborgenheit empfindet. Wie reagiert man als Eltern richtig? Soll man die Aggressionen bestrafen oder ergreift man damit Partei für das Kleinere? Soll man darüber hinweggehen und versuchen, das ältere Kind positiv zu bestärken? Es gibt einige Tipps, die helfen, dem Größeren die Veränderung in der Familie zu erleichtern.

Angst vor Liebesentzug – was du tun kannst

- Bereite das Kind gut auf die Ankunft des Babys vor. Beziehe es ein, wenn es darum geht, das Babyzimmer einzurichten, lass es ein Kuscheltier aussuchen, das es ihm in die Wiege legen kann. Sortiert gemeinsam Babysachen aus, die das jüngere Geschwister tragen kann und verbindet damit schöne Erinnerungen: «Ach, ich weiß noch genau. Genau diesen Strampler hast du getragen, als du zum ersten Mal gelächelt hast.» Oder: «Diese Latzhose hast du damals im Zoo über und über mit Eis bekleckert.»
- Lass dein Kind miterleben, wie das neue Geschwister im Bauch heranwächst. Zeige ihm die Ultraschallbilder, lass es, wenn du magst, bei den Vorsorgeuntersuchungen dabei sein, lass es den Bauch befühlen, wenn das Baby sich bewegt.
- Schaffe Situationen, in denen sich die Geschwister gegenseitig helfen und unterstützen. Bitte das ältere Geschwisterkind, dem jüngeren zu helfen, eine neue Fähigkeit zu erlernen, z. B. das Binden der Schnürsenkel. Ermutige das jüngere, dem älteren Kind im Gegenzug zu helfen, sein Fahrrad zu putzen oder seine Bücher aufzuräumen.
- Vergleiche Geschwister nie! Jedes Kind wird seine eigenen Fähigkeiten auf seine Weise und zu seiner Zeit entwickeln.
- Zeig deinem Kind, dass du es wahrnimmst und seine Gefühle siehst: „Ich sehe, dass dich dein kleiner Bruder manchmal ärgert", „Du scheinst von deiner Schwester frustriert zu sein".
- Lege Grundregeln für das Schlagen, Stoßen oder Beißen von Geschwistern fest und nenne realistische Konsequenzen, die folgen

werden. Ziehe die Konsequenzen immer durch. Das sollten keine harten Strafen sein, sondern eher so etwas wie „Du bleibst jetzt eine Stunde lang ruhig neben mir". Schule die Empathie: «Wie würdest du dich fühlen, wenn deine Schwester dich schlagen, treten oder beißen würde?» Kinder, die sich frühzeitig mit den Gefühlen der anderen auseinandersetzen, entwickeln nachweislich eine höhere Sozialkompetenz.

- Mische dich nicht in jeden Streit ein. Manchmal müssen Kinder Dinge klären, damit sie lernen, Konflikte selbst zu lösen.

ZAHNÄRZTE, FLUGZEUGE, SPRITZEN UND ANDERE MONSTER

Wir haben dich gewarnt, gell? Die Liste von Ängsten ist schier unendlich! Wir werden immer wieder mit Ängsten konfrontiert, die sich auf alltägliche Gegenstände oder Orte beziehen. Dieses Kapitel ist ein kleiner Auszug aus einem Sammelsurium, das wir in unseren Praxen erlebt haben.

Kannst du dir vorstellen, dass jemand Angst vor Knöpfen haben könnte? Oder vor Reißverschlüssen, Blechschildern, rauem Papier oder Wasser? Das gibt es alles, auch wenn wir beide noch nie einen Fall einer Reißverschluss-Angst hatten. Woher kommen solche Ängste? Das ist immer die erste Frage, die wir uns stellen. Gleich vorneweg: Es gibt keine allgemeingültige Antwort. Meist sind es frühkindliche Erlebnisse, die mit einem körperlichen Schmerz einhergingen, ein heftiges Gefühl erzeugt haben oder schlicht und einfach erlernt wurden.

Sehr oft sind Körperempfindungen an solche Ängste gekoppelt. Angst vor Schmerz beispielsweise, Ekel oder Angst vor einer lebensbedrohlichen Krankheit. Wir hatten schon Kinder, die sich vor Tee fürchteten, weil sie mal gehört hatten, dass es in der Natur Pflanzen und Kräuter gibt, die für den Menschen hochgiftig sind. Man weiß ja nie, was in einem solchen Kräutertee drin ist! Ein anderes Kind fürchtete sich vor Milch, weil es glaubte, dass pürierte Kuhhaut in der Milch ist. Grund dafür war, dass das Kind bei der Oma Rohmilch getrunken hatte, die nach dem Erhitzen eine Haut auf der Oberfläche gebildet hat. «Das ist die Kuhhaut», hatte damals die Oma gelacht. Und prompt dafür gesorgt, dass das Kind fortan sämtliche Milchprodukte panisch abgelehnt hat.

Da sind die folgenden vier Fälle etwas weniger ausgefallen. Sie beziehen sich auf Schockmomente, körperliche Reaktionen und auf das Gefühl von Kontrollverlust, ein für den Menschen sehr gefährliches Gefühl. Wir haben uns bewusst auf Fälle konzentriert, die häufiger vorkommen und von denen wir denken, dass sie für dich aussagekräftiger und besser einzuordnen sind, wie wenn wir ganz seltene Fälle schildern.

Manchmal beziehen sich Ängste auch auf ganz reale Gefahren, wie du gleich im ersten Fall von Luca lesen wirst.

«Keine Luft!» – Angst vor dem Zahnarzt

CLAUDIA ERZÄHLT AUS DER PRAXIS

Luca, 8 Jahre

«Luca hat einen Zahnputz-Tick», erzählt mir Lucas Mama am Telefon. «Er putzt mindestens dreimal täglich für jeweils 10 Minuten seine Zähne.» «Das hört man selten", lache ich. «Kinder besuchen mich eher wegen dem Gegenteil.» Tatsächlich hatte ich noch nie ein Kind in der Praxis, dass wegen exzessivem Zähneputzen kam. «Ja, nein, das darf er ja auch beibehalten», erwidert die Mama. «Er putzt sie nur so gut, damit er auf keinen Fall zum Zahnarzt muss. Aber er muss eben trotzdem hin, weil zwei Zähne gezogen werden müssen.» So erfahre ich, dass Luca ein kleines Haifisch-Gebiss hat: Die ersten Schneidezähne fallen nicht aus und die zweiten haben sich dahinter geschoben. «Sieht lustig aus, kann man aber nicht so lassen», sagt die Mama am Telefon. Der Zahnarztbesuch ist notwendig, das sehe ich ein. Luca hat panische Angst vor dem Zahnarzt. «War schon mal was in dieser Hinsicht?», will ich wissen. Oft sind es schlechte Erfahrungen, die diese Angst verursachen. «Nein, das ist es ja», seufzt die Mutter. «Bisher war in den Zahnarztkontrollen alles in Ordnung. Ich weiß nicht, woher seine Angst kommt.» «Na, dann schauen wir, was wir tun können», antworte ich und wir vereinbaren einen Termin.

Sie fallen mir tatsächlich als Erstes ins Auge, als Luca meine Praxis betritt: seine großen, doppelt gewachsenen Schneidezähne. Ich grinse.

«Hallo Luca! Schön, dass du hier bist», begrüße ich ihn. Er mustert mich etwas misstrauisch und sagt: «Aber nicht, dass ich nachher gleich zum Zahnarzt muss, gell!» Die Mutter hinter ihm verdreht die Augen. «Nö du, ich wüsste gar nicht, welcher Zahnarzt sich gleich für dich Zeit nehmen könnte», beruhige ich ihn und so setzt er sich auf einen Schaukelstuhl. «Na, erzähl mal, Luca. Was ist mit deinem Zahnarzt?» Luca zieht die Schultern hoch. «Nichts, er ist nett.» «Aha. Und weshalb besuchst du ihn denn nicht?» «Weil er mir Zähne ausreißen will, vielleicht?», gibt er leicht gereizt zur Antwort. «Ach so, darum", grinse ich. «Ja, dann lässt du deine Zähne halt so, wie sie sind. Oder?» Damit ist er nicht einverstanden. «Nee, das ist blöd. Zwischen den beiden Schneidezähnen verfängt sich immer das Essen. Das ist eklig. Und es sieht auch blöd aus.» «Wäre es dir recht, wenn du keine Angst mehr vor dem Zahnarzt hättest?», frage ich nach und wie erwartet, zieht er eine kleine Grimasse. «Aber gern dahin gehen muss ich nicht, oder?» Wir lachen. Nein, das ist nicht nötig.

Luca pflanzt sich in meinen Hängesessel und schaukelt ein bisschen. «Das wäre cool, so ein Zahnarztstuhl würde mir gefallen.» «Naja, für den Zahnarzt wäre das ein bisschen blöd", lache ich. «Da müsste er genau zielen, damit er den richtigen Zahn erwischt!» Stimmt, meint Luca und schließt die Augen. Wir wollen genauer hinsehen, wovor er sich so fürchtet. Aus Erfahrung weiß ich, dass Schmerzen oder die Angst vor Spritzen immer wieder Zahnarztangst auslösen. Luca stellt sich vor, wie er im Wartezimmer seines Zahnarztes sitzt. Er spürt eine bohrende Angst im Bauch. «Mir wird fast schlecht», sagt er. Wir nutzen alle seine Sinne, um herauszufinden, welches Sinnesorgan an dieser Angst beteiligt ist. Ist es der Geruch, die Geräusche, die Instrumente, die bereitliegen? Dabei findet Luca heraus, dass schon der Geruch der Arztpraxis ihm den Magen zusammenzieht. Dazu kommt der Sehsinn, der die Instrumente erfasst, nicht versteht, wozu sie hier sind und wie sie sich anfühlen werden. Da schlägt sein Mund Alarm, weil diese Instrumente spitz sind und ihn verletzen werden. Es kommt einiges zusammen in seinem Magen. Unsicherheit und Angst drehen sich wie eine Spirale in seinem Bauch, zieht in zusammen und zwingt ihn in die Knie. «Ich muss mich richtig krümmen, um diesen Schmerz im Bauch auszuhalten», stößt Luca hervor. Wir treiben es nun auf die Spitze: «Luca, nun stell dir mal vor, wie der Zahnarzt deinen Mund mit einer Betäubungsspritze unempfindlich machen möchte. Er kommt gerade zu dir, mit dieser langen, dünnen Nadel.» Luca reißt die Augen auf, schüttelt wild seinen Kopf und springt vom Sessel. «Nein, das kommt nicht in Frage!», sagt er entschieden. «Mir rammt niemand eine Nadel ins Gehirn!» Ich gucke ihn erstaunt an. «Du hast dein Gehirn im Mund? Oder wie meinst du das?» Er setzt sich wieder und atmet durch. «Nein, aber das ist gleich dahinter. Hast du diese lange Nadel gesehen? Brrrr» Er schüttelt sich und grinst. «Zum Glück hast du hier keine Spritze.» «Nein, das habe ich bestimmt nicht", grinse ich zurück. «Aber ich möchte trotzdem wissen, was das für ein Gefühl war, bevor du deine Augen aufgerissen und aus dem Sessel gehüpft bist. Schaffst du das?» «Klar.» Er schließt wieder die Augen und gibt sich diesem Gefühl nochmals hin. «Ich habe panische Angst. Die Nadel ist so lang! Ich habe Angst, dass ich ersticke.» Luca spürt diese Angst wie eine Explosion im Bauch. Sie verteilt die Unsicherheit und Angst in den ganzen Körper. «Eine Explosion», bestätige ich und notiere mir das. «Lass uns schauen, wann das passiert ist.»

Luca und ich gehen ins mentale Kino, um seinen Lebensfilm anzuschauen. «Sobald du spürst, dass es in dir zum ersten Mal explodiert, gibst du mir Bescheid, okay?» weise ich ihn an. Luca findet das toll, er streckt sich wohlig im Sessel und stellt sich vor, wie er Popcorn essend im Kino sitzt. Wir müssen nicht lange suchen. «Hier ist es das erste Mal», ruft Luca aus. «Da bin ich zwei Jahre alt.» «Was passiert da?» Luca schweigt einen Moment. Ich sehe, wie er nachdenkt. «Was studierst du?», frage ich nach. «Hm…», meint er. «Ich mag mich daran nicht erinnern. Aber ich sehe mich, wie ich bei meinem Kinderarzt bin. Ich muss meinen Mund ganz weit öffnen und er hat ein langes Wattestäbchen in der Hand.» Wieder stockt er. Ich warte geduldig. «Jetzt steckt er mir das Wattestäbchen in den Hals, ganz weit nach hinten. Ich muss würgen und husten.» Luca öffnet seine Augen und guckt mich verwundert an. «Ich wusste das nicht mehr. Meinst du, dass das wirklich passiert ist?» Ich zucke die Schultern. «Weißt du Luca, es gibt einen Grund, weshalb genau dieser Moment hier auftaucht. Vielleicht war es kein Wattestäbchen, sondern was anderes. Fakt ist, dass du damals zum ersten Mal diese Explosion in dir gespürt hast.» Wir tauchen wieder in den Film seines Lebens ein, betrachten den Moment mal aus der Ferne, befragen den Arzt, schauen wie der Film weitergeht. Luca merkt, dass damals nichts Schlimmes passiert ist. «Das war wirklich unangenehm, aber danach hat mir meine Mutter ein Eis gekauft.» Ich muss lächeln. «Das ist aber eine schöne Belohnung.»

Nach der Sitzung holen wir die Mutter dazu. «Mama, was war mit mir, als ich zwei Jahre alt war?» Die Mutter guckt verständnislos. Ihr Gesicht erhellt sich, als Luca erzählt, was er herausgefunden hat. «Ja, das stimmt! Luca hatte mit knapp zwei Jahren sehr schmerzhafte Aphten ganz hinten im Rachenraum. Er konnte kaum noch schlucken. Der Kinderarzt hat ihm eine Tinktur aufgepinselt, das war ein Theater!» Diese Manipulation im hinteren Rachen des Kleinkindes hat diese panische Angst vor dem Zahnarzt ausgelöst. Luca strahlt stolz. «Und ich habe das herausgefunden!» Zwei Wochen später ruft er mich an. «Meine Schneidezähne sind draußen! Die Spritze tut gar nicht weh, wussten Sie das?»

«Der Geräuschableiter» – Angst vor lauten Geräuschen

Sonya erzählt aus der Praxis

Lars, 7 Jahre

«Er ist ein kleines Sensibelchen", schreibt die Mama im Datenblatt. «Schon als Baby war er schreckhaft, die kleinsten Geräusche haben ihn aus dem Schlaf geholt. Das war nicht immer einfach.» Die Eltern mussten gut überlegen, wo sie mit ihrem kleinen Sohn hinkönnen, erfahre ich. «In ein Restaurant, wo es viele Kinder gab, keine Chance. Er hat nur gebrüllt. Einmal wollten wir mit ihm eine Zirkusvorstellung besuchen, ich musste mitten in der Vorstellung raus mit ihm. Das Peitschenknallen hat ihn so aufgebracht, dass er mit seinem Geschrei die Vorstellung störte.»

Ich bin gespannt auf den kleinen Kerl, der mit seiner Mama meine Praxis betritt. Wie ich aus dem Datenblatt erfahren habe, ist er generell geräuschempfindlich. Die Geräusche von Rasenmähern, Tieren, lauten Traktoren oder lauten Kindern mag er nicht. Deshalb schließe ich alle Fenster meiner Praxis und rede bewusst leise. Jetzt kommt er, an der Hand seiner Mama. Ein schmächtiger, blonder Junge mit einem freundlichen Lächeln im Gesicht. «Hallo Lars", begrüße ich ihn. «Das ist aber toll, dass du heute da bist.» Lars klettert zielstrebig direkt auf den bequemen Sessel. Er erblickt den Ball, der in einer Ecke meiner Praxis liegt. «Mein Papa war Fußballer», sagt er stolz. «Ach ja? Spielst du auch gerne Fußball?», frage ich ihn. Er zieht eine kleine Schnute und meint: «Nö. Das ist mir zu wild.» «Da sehen Sie's", greift die Mutter ein. «Alles was wild und laut ist, mag er nicht.» «Naja, muss ja nicht jeder gerne Fußballspielen", meine ich und grinse Lars dabei an. Er nickt. «Gibt es andere Dinge, wo es dich stört, dass du Geräusche nicht gut aushalten kannst?», frage ich. Er guckt mich groß an und zögert einen Augenblick. «Naja. Es wäre halt toll, wenn ich auf dem Schulhof mit den anderen Kindern mitspielen könnte.» «Kannst du das jetzt nicht?», frage ich zurück. «Nein. Das ist mir zu laut. Da bleibe ich lieber drinnen.» Ich bin froh, dass Lars spürt, dass seine Geräuschempfindlichkeit ihn blockiert, so haben wir einen guten Grund, zusammen zu arbeiten. «Wollen wir schauen, warum deine Ohren so groß und überempfindlich sind?», frage ich. Er greift sich erschrocken an seine Ohren, tastet sie ab und meint dann: «Aber sooo groß sind sie doch gar nicht!» Wir lachen und starten in die Sitzung.

«Ich möchte wissen, was du fühlst, wenn du laute Geräusche hörst", sage ich zu Lars. «Stell dir vor, wie es ist, wenn du mitten auf dem Schulhof stehst und alle Kinder spielen. Was fühlst du dabei?» «Ich habe Angst", sagt er und greift sich an die Ohren. Wir spüren diese Angst im Körper und er sagt: «Sie ist wie ein Blitzableiter und es fühlt sich an, wie wenn ein Blitz durch meinen ganzen Körper fährt. Nur ist es ein Geräuschableiter.» Lars merkt, dass diese lauten Geräusche in ihm wie ein Blitz kleine Verbrennungen hinterlassen. «Oh, das ist aber unangenehm!», rufe ich aus. «Lass uns mal gucken, weshalb du so darauf reagierst.»

Ich habe Lars zu Beginn der Sitzung erklärt, dass wir den Grund für seine Angst finden müssen «Wir sind wie zwei Detektive, die den Film deines Lebens danach durchforsten. Wir werden den Moment finden, als deine Angst angefangen hat. Nimm die Lupe und das Nachtsichtgerät mit auf diese Reise.» Lars findet die Idee toll und so tauchen wir in den

Film seines Lebens ein. Es gehört dazu, dass wir hier sehr gründlich vorgehen. Deshalb schaut Lars nach, wie es war, als ungeborenes Baby noch im Bauch der Mama zu schwimmen. «Spürst du dort diese Angst schon?» frage ich. «Ja, sie ist schon da", staunt Lars. «Aber es ist auch echt laut hier drin.» «Was hörst du dort?», frage ich nach. «Es schreien ganz viele Menschen", sagt er. «Es ist wahnsinnig laut.» «Viele Menschen? Wo bist du gerade mit deiner Mama?» Lars bewegt seinen Kopf und guckt nach links und rechts. «Wir sind im Fußballstadion. Mein Papa spielt. Mama schaut zu.» «Ach so! Und die Zuschauer schreien und jubeln und feuern ihre Mannschaft an? Ist es das?» «Genau. Aber für mich hört sich das unheimlich an, ich weiß ja nicht, weshalb die Leute so schreien.» Wir haben den ersten Auslöser für seine Geräuschempfindlichkeit gefunden. Der kleine Lars ist Geräuschen ausgesetzt, gegen die er sich nicht wehren und die er nicht einordnen kann. «Ich höre sehr gut", sagt Lars. «Sie müssen nicht so laut schreien. Ich mag das nicht. Meine Ohren glühen richtig.»

Mit zwei Jahren erlebt Lars eine ähnliche Situation. Sein Vater schaut mit Freunden ein wichtiges Fußballspiel im Fernsehen. Das Spiel läuft nicht so, wie sie sich das vorstellen und plötzlich springen alle auf und brüllen wild durcheinander. Der Schiedsrichter ist der Grund für den Zorn der Männer und Lars erlebt die Aufregung, das Geschrei und Gezeter aus nächster Nähe mit. Er bekommt Angst, versteht den Grund nicht und kann nicht einordnen, weshalb sein sonst so lustiger Papa plötzlich so wütend im Wohnzimmer tobt. Er erschrickt und beginnt zu weinen. «Ich kann gut verstehen, dass dieser Moment für dich nicht schön war", sage ich. «Wie fühlt sich deine Angst an?» «Sie fährt durch mich hindurch wie ein Blitz», sagt er. «Meine Ohren glühen nicht mehr, sie brennen!»

Lars merkt, dass diese Angst von damals heute nicht nötig wäre. Denn: «Ich weiß ja, wie man sich darüber aufregen kann, wenn die Mannschaft verliert", sagt er. «Ich verstehe meinen Papa. Er ist ein großer Fan, weißt du», erklärt er mir. Was für ein großer Junge! «Das stimmt, Lars. Angst brauchst du deswegen nicht zu haben.» So ist er bereit, diese Angst loszulassen. Er zieht den wahrgenommenen Geräuschableiter aus seinem Körper und kühlt seine glühend heißen Ohren mit Wasser ab. Wir arbeiten intensiv, er schraubt an seinen Ohren, denn: «Da hatten Sie schon recht, Frau Mosimann. Die sind zu groß!» Er dimmt seine Ohren, baut Geräuschfilter ein, probiert sie aus und wir haben großen Spaß zusammen. Es dauert eine Weile, bis er zufrieden ist. «Wollen wir sie mal ausprobieren?», frage ich. «Jaaa, okay!» Er stellt sich vor, wie er auf dem Schulhof inmitten vieler Kinder ein lautes Spiel spielt, Kinder schreien durcheinander, lachen, rufen laut. «Wie fühlt sich das an?» «Warte mal kurz", sagt er und duzt mich plötzlich. «Muss da noch was richtig einstellen. Jetzt. Perfekt. Alles gut!» Zum Beweis springt er aus dem Sessel und öffnet das Fenster. Straßenlärm von draußen dringt in den Raum, er streckt den Kopf an die frische Luft und sagt: «Wirklich. Perfekt.»

«Kompletter Kontrollverlust» – Höhenangst

Claudia erzählt aus der Praxis

Larissa, 17 Jahre

«Meine Höhenangst beeinträchtigt mich nicht im Berufsalltag, aber in der Freizeit blockiert sie mich total.» So erzählt mir die junge Bäcker-Auszubildende am Telefon. «Ich gehe unglaublich gerne wandern und wir sind eine Gruppe von 12 Leuten, die sich jedes Wochenende trifft. Dann gehen wir raus in die Natur, manchmal an einen See, oft aber in die Berge. Da kann ich aber nur mit, wenn ich vorab genau weiß, wohin wir gehen und wie der Weg ist. Muss ich mit einer Seilbahn oder einem Sessellift fahren? Oder führt der Weg an steilen Abhängen vorbei? Dann muss ich zuhause bleiben.» Sie musste sogar schon umkehren und alleine wieder zurück, weil sie an eine Stelle kam, an der sie wie gelähmt und blockiert stehen blieb. «Es fühlt sich an, wie wenn ich komplett die Kontrolle über meinen Körper verliere. Ich stehe da und bin mir ganz sicher, dass der nächste Schritt in den Tod führen würde.» Wir vereinbaren einen Termin und treffen uns.

Larissa ist eine tolle, junge Frau, die viel Lebensfreude ausstrahlt. «In der Natur zu sein, das ist für mich essenziell. Dort tanke ich Kraft für den Alltag. Ich könnte mir mein Leben nicht vorstellen, wenn ich die Natur nicht mehr genießen könnte», erzählt sie. Ihre Höhenangst wird immer schlimmer. «Als Kind war das nicht so arg, vielleicht, weil ich dort die Gefahr noch nicht so richtig einschätzen konnte.» «Ja, vielleicht. Aber vielleicht gab es in deinem Leben einfach Auslöser, die diese Angst geschürt haben", gebe ich zurück. Sie erzählt, dass ihr sogar dann schwummrig wird und sie die Angst spürt, wenn sie im Fernseher Bilder von Türmen, Bergen oder Wolkenkratzern sieht. Sogar ein Bild von großer Höhe zu betrachten, triggert ihre Angst. «Das ist doch nicht normal», ruft sie entrüstet aus. Ich lache. «Was ist denn schon normal?», frage ich zurück und nun lachen wir beide.

Als Larissa erzählt, was in ihrem Körper bei großer Höhe passiert, bin ich mir ziemlich sicher, dass ihre Echse eine große Rolle spielt. Deshalb erkläre ich ihr, wer ihre Echse ist und was sie für sie tut. «Kann sein, dass deine Echse etwas überreagiert", sage ich. «Dass du deshalb das Gefühl hast, die Kontrolle über deinen Körper zu verlieren.» «Ja, das leuchtet mir ein", sagt sie. «Ich habe wirklich keine Kontrolle mehr über mein Denken und Handeln.» Also grünes Licht für etwas Echsenarbeit und Larissa sucht sich eine Stoffechse in dunkelgrün aus. «Grün ist meine Lieblingsfarbe», lächelt sie. Wir starten und Larissa flegelt sich in den Hängestuhl, der für diese Arbeit bereitsteht.

«Uuuuh, muss ich mir das wirklich vorstellen?», stöhnt Larissa, als ich ihr sage, gedanklich auf eine Gratwanderung zu gehen. «Ja bitte, tu das. Wir wollen die Angst aktivieren. Vielleicht sogar zum letzten Mal», ermuntere ich sie. Larissa fasst Mut und holt tief Luft. «Okay...», kommt es ganz zittrig. «Es fühlt sich wirklich gefährlich an.» Sie spürt ihre Angst wie eine Lavawelle, die vom Bauchnabel aus nach unten fließt. «Da schmilzt alles weg, meine Beine lösen sich auf, ich kann sie nicht mehr kontrollieren.» «Lass uns schauen, woher diese Lava kommt», sage ich und wir schauen uns den Lebensfilm von Larissa an.

Larissa spürt den ersten Lavatropfen bei ihrer Geburt. «Ich war ein Notfallkaiserschnitt", erzählt sie mir. «Kann das ein Grund für solche Ängste sein?» Sie ist erstaunt. «Naja", sage ich. «Stell dir vor, du bist gemütlich und wohlgeborgen im Mutterleib, plötzlich kommt jemand, macht den Reißverschluss auf und zieht dich ins grelle Licht. Was denkst du, wie man sich dabei fühlt?» «Da könntest du recht haben", sinniert Larissa. «Auf jeden Fall spüre ich hier zum ersten Mal diese Lava.» Der Grundstein für die Angst ist gelegt. Larissa wurde unvorbereitet entbunden und hinein ins Leben gezerrt. Wir finden weitere Erinnerungen, die die Lava in ihrem Bauch getriggert haben. Der Sturz vom Klettergerüst, als sie vier Jahre alt war. «Da hat es mir die Luft verschlagen", erinnert sie sich. Aus dem kleinen Lavatropfen wurde ein kleiner Lavastrom und die Echse reagiert zum ersten Mal. «Sie ringt um Luft, hat panische Angst und kann nichts tun. Sie liegt erstarrt auf dem Rücken", beobachtet Larissa. «Sie stellt sich tot», sage ich und weiß, dass wir auf der richtigen Spur sind. Eine weitere Erinnerung mit sieben Jahren: «Ich bin auf dem Spielplatz und schaukle. Ich habe immer am liebsten geschaukelt, ich fand es herrlich, sich so hoch in die Luft zu schwingen», erzählt sie. «Dann, ich weiß nicht wieso, hat sich ein Seil der Schaukel gelöst und ich bin runtergefallen.» Larissa landete unsanft auf dem Gras. «Ein aufgeschürftes Knie, das war der Tribut. Sonst ist nichts passiert.» Sie zuckt mit den Schultern. «Aber hier spüre ich den ganzen Lavastrom. Und die Echse sieht aus, wie tot.» Es ist diese dritte Erinnerung, die diesen Kontrollverlust triggerte. «Ich kann kaum aufstehen", erinnert sich Larissa. «Ich zittere am ganzen Körper und weine haltlos. Dabei war das nicht so schlimm.» «Du hattest damals keinerlei Kontrolle über das, was gerade passiert. Das Seil hat sich gelöst und du wurdest aus dieser Schaukel herauskatapultiert. Das ist sehr wohl ein furchtbares Gefühl von Kontrollverlust.»

In dieser Sitzung beziehen wir den Körper verstärkt ein. Larissa darf spüren, dass ihr Körper in der Lage war, die Schürfungen und Prellungen zu heilen. Dass er im Flug genau gewusst hat, was zu tun ist, um einigermaßen wohlbehalten im Gras zu landen. Larissa findet neues Vertrauen zu diesem Wunderwerk der Natur und zitiert ihre Echse an den runden Tisch. «Es ist nicht nötig, dass du dich gleich totstellst", schimpft sie anfänglich mit ihrer Echse. «Wenn du das tust und ich gerade über einen schmalen Grat balanciere, bringst du mich wirklich in Gefahr.» «Nana", greife ich ein. «Schimpfe nicht zu heftig mit ihr. Sie meinte es gut und will dich vor Gefahr beschützen.» «Ja, das stimmt, aber wenn sie sich so verhält, dann kreiert sie eine neue Gefahr für mich», sagt Larissa. «Erklär ihr das.» Es entsteht eine freundliche Diskussion. Larissa erklärt ihrer Echse geduldig, was damals passiert war. Sie nimmt sie mit auf eine Reise durch ihren Körper: «Schau mal: Hier sind noch kleine Narben von dieser Verletzung damals. Aber die sind verheilt, mein Körper kann das. Kein Grund für dich, so zu reagieren. Schau mal, wie genial dieser Körper funktionieren kann, wenn du nicht dazwischenfunkst.» Ich kann zurücklehnen und das Schauspiel genießen. Larissa hat verstanden, was es mit ihrer Höhenangst auf sich hatte und holt ihre Echse wieder zurück ins Boot. Ich lasse sie wirken.

Das Gespräch verstummt. «Na, Larissa?», frage ich nun. «Hast du alles geklärt?» «Ja, ich glaube schon», sagt sie. «Dann lass uns eine Gratwanderung machen», schlage ich vor. Larissa geht aufs Ganze: «Ich steige in eine Luftseilbahn ein. Das ist noch etwas ungewohnt, aber es geht. Meine Echse ist noch ein bisschen aufgeregt, aber ich kann sie gut beruhigen. Mir geht es auch gleich besser. Wir steigen aus und gehen los. Nun kommt der Grat, der Weg ist schmal und links und rechts nur steile Felswände.» Jetzt bin ich gespannt. «Ich muss genau schauen, wo ich meine Füße hinsetze», sagt Larissa und schweigt einen Moment. «Aber ja, das geht. Es geht wirklich! Ich habe meinen Körper unter Kontrolle! Wow, das fühlt sich super an.» «Fein! Was macht deine Echse?» Da lacht Larissa plötzlich. «Sie hat eine Balancestange in der Hand, streckt etwas angestrengt die Zunge raus und konzentriert sich.» Jetzt schlägt Larissa die Augen auf und schaut mich direkt an. «Du, das geht gut! Mir geht's gut! Ich glaube, das war's.»

Das war es tatsächlich. Eine Woche später erhalte ich ein Foto von Larissa, strahlend winkend zuoberst von einem Bergwipfel. Aus ihrer Brusttasche guckt schelmisch die kleine Stoffechse, die sie nach der Sitzung mitgenommen hat.

«Bloß nicht abheben!» – Flugangst

Sonya erzählt aus ihrer Praxis

Tina, 12

«Wissen Sie, was wir alle wirklich gerne wieder einmal tun möchten?», fragt mich Tinas Mutter im Vorgespräch. «Wir möchten zu gerne mal wieder in Urlaub fliegen. Wirklich, zu gerne!» Ich höre in ihrer Stimme einen leicht gereizten Unterton. «Und woran scheitert das?», frage ich. «An Tina. Wir kriegen sie nicht mehr in ein Flugzeug! Keine Chance.» «Nicht mehr? Seit wann klappt das nicht mehr?», bohre ich nach. «Seit zwei Jahren. Sie beginnt schon zu zittern, wenn sie im Fernsehen sieht, wie ein Flugzeug abhebt.» Soso, dann bin ich mal gespannt, was vor zwei Jahren passiert ist.

Tina ist ein munteres Mädchen am Rande der Pubertät. Sie wirkt cool, ihr schwarzer Hoodie schlabbert um ihren Oberkörper, die angesagten Sneakers wippen mit ihren Füssen auf und ab. Sie rückt ihre Brille zurecht und mustert mich prüfend. «So, Tina", wende ich mich ihr zu. «Du magst nicht mehr fliegen.» «Nö. Das mache ich nicht», gibt sie klar zur Antwort und scheint sich dabei wohl zu fühlen. «Okay, das akzeptiere ich. Du bereist nicht gerne fremde Länder?» Tina schaut mich entrüstet an. «Doch, klar! Ich möchte zum Beispiel unbedingt mal nach Island!» Die Mutter schaltet sich ein: «Tina reitet, seit sie klein ist. Sie will unbedingt dahin, wo ihre geliebten Island-Pferde herkommen.» «Oh ja, Island ist traumhaft schön", bestätige ich. «Dann fahrt doch hin.» Ich grinse schelmisch. «Haha, Sie wissen schon, dass Island eine Insel ist, oder?», antwortet Tina. «Da kann man nicht einfach hinfahren.» «Stimmt. Aber hinfliegen ja wohl auch nicht», sage ich und sehe zu, wie Tina eine kleine Schnute zieht. «Wenn du deine Island-Pferde mal in ihrer Heimat bewundern willst, müsstest du wohl in ein Flugzeug steigen, oder?» «Hm, ja. Vermutlich.», gibt sie zu. «Dann lass uns schauen, dass dir das wieder möglich ist», schlage ich vor. Weil ich merke, dass zwischen diesem Früh-Pubertierchen und seiner Mutter ein leicht gereizter Ton herrscht, schicke ich die Mama aus dem Zimmer.

Jetzt sind wir allein. «Also, Tina. Was ist passiert, dass du plötzlich Angst vor dem Fliegen hast?», frage ich sie. «Fliegen ist einfach gefährlich", belehrt sie mich. «Flugzeuge stürzen ab und dann stirbt man. Einen Flugzeugabsturz überlebt man nicht.» «Das ist wohl so. Aber passiert das häufig?», frage ich nach. Tina zuckt mit den Schultern. «Es reicht, wenn es einmal passiert und ich sitze gerade drin", sagt sie. «Wann hast du dieser Erkenntnis gewonnen?», frage ich nach. «Die muss man nicht gewinnen, das ist so. Aber es ist schon passiert, das weiß ich», gibt sie etwas trotzig zurück. Ich liebe Teenager! «Komm, lass uns mal schauen, ob deine Angst notwendig ist. Möchtest du gerne wieder fliegen können?» So ganz sicher ist sich Tina nicht, zu gefährlich ist der Gedanke daran noch. «Aber ich möchte schon gerne mal nach Island.» Motivation genug, um sich mit mir auf das Abenteuer einzulassen.

Tina traut sich, sich vorzustellen, wie sie im Flugzeug sitzt und erlebt, wie es gerade abhebt. Sie spürt panische Angst im Kopf: «Wir werden abstürzen, ganz sicher! Das überleben wir nicht!» Im ganzen Kopf spürt sie diese Angst, sie kann an nichts anderes mehr denken. «Seit wann «weiß» dein Kopf, dass ihr abstürzen werdet? Lass uns das herausfinden», ermuntere ich Tina und wir starten den Film ihres Lebens. Ganz plötzlich taucht diese Erinnerung und der Grund für diese Angst auf: «Ich bin zehn Jahre alt und liege auf meinem Bett. Ich schaue mir auf YouTube einen Dokumentarfilm über einen Flugzeugabsturz an. Sie sieht die Trümmer, sieht Interviews mit Angehörigen, die ihre Liebsten bei diesem Absturz verloren hatte. Hört, dass die Gründe des Absturzes noch immer ungeklärt sind. Sie ist im Bann dieser Dokumentation gefangen, kann sich nicht lösen und verstrickt sich immer weiter in ihre Angst. «Hier hat es angefangen", erkennt Tina. «Seither kann ich nicht mehr fliegen.» Ich hole Luft. «Weißt du was, Tina, ich plaudere jetzt mal ein bisschen aus dem Nähkästchen. Ich war in jungen Jahren Flugbegleiterin. In diesen Jahren habe ich im Flugzeug viel erlebt – viel Ärgerliches, Nerviges, manchmal sogar Furchterregendes. Ich bin unzählige Male mit dem Flugzeug durch Gewitterfronten geflogen, durch ganz dichte Regenwolken und habe Stürme erlebt. Es gab aber viel mehr wunderbare Momente. Momente, in denen du von oben auf unsere wunderschöne Welt blicken konntest, Momente, wo die Skyline von Weltstädten aufgetaucht sind oder Momente, wo man über das glitzernde Meer geflogen ist. Ich war hoch oben in der Luft, während unten auf der Erde Auto zusammengestoßen sind, Menschen auf dem Fußgängerstreifen von Autos überfahren worden sind, Menschen von Leitern gefallen sind. Da unten passierte so viel Schreckliches, da war es mir lieber, hoch oben am Himmel in meinem Flugzeug zu sein.» «Das konntest du von deinem Flugzeug aus beobachten?», fragt Tina gebannt nach. «Nein. Aber ich weiß es. Jeden Tag passieren auf der Erde Unfälle. Manche gehen glimpflich aus, andere sind schlimmer. Die

Chance, dass hier unten auf der Erde etwas passiert, ist so viel größer als die Chance, dass du mit dem Flugzeug abstürzt.» Wir tauchen wieder in Tinas Vorstellungskraft ein und führen ein Interview mit einem Flugbegleiter, der seinen Job seit über 30 Jahre macht. Ein sympathischer Mann, mit Kindern zuhause, der Tina erzählt, dass sein Job für ihn das Normalste der Welt ist. «Ich steige ein, verteile Kaffee und Zeitschriften und weiß genau, wann wir wieder landen.» «Und wenn was passiert?», fragt Tina den Mann. «Was soll passieren? Das Flugzeug ist technisch auf dem neuesten Stand und wird vor jedem Flug kontrolliert. Der Pilot, das ist ein Top-Mann, der weiß immer, was zu tun ist. Er manövriert seinen Flieger sicher durch stürmische Winde, Regenfronten und Gewitter. Er lässt sich von nichts aus der Ruhe bringen», erzählt er. «Das Schlimmste in den letzten 30 Jahren war ein Passagier, dem ein vereiterter Weisheitszahn Schmerzen bereitete. So viel Whiskey, wie er gegen die Schmerzen trinken wollte, hatten wir nicht an Bord.» Jetzt lacht Tina. «Dann ist es unten am Boden gefährlicher als oben in der Luft?», fragt sie nochmals, um sicher zu sein. «Definitiv! Die Gefahr, morgens aus dem Bett zu fallen, ist millionenfach höher, als mit dem Flugzeug abzustürzen», lache ich.

Tina ist bereit, ihre Angst in den Wind zu schießen. Sie hat einen Perspektivenwechsel gebraucht, um die Gefahr richtig einzuschätzen. Wir machen ein tolles Erlebnis daraus, ihre Angst in eine Rakete zu setzen und ins All zu schießen. Kaum fertig damit, öffnet sie die Augen und sagt: «Jetzt möchte ich nach Island fliegen.»

AUSSTIEG AUS DER ANGST

Ob es Gewitter, laute Geräusche, Flugzeuge, Höhe oder andere Alltagsdinge sind, die dem Kind Angst einflössen, sie sind genau so ernst zu nehmen, wie andere Ängste. Oft sind es Dinge, die tatsächlich ein Risiko bergen: Gewitter können zur echten Gefahr werden. Es besteht eine Möglichkeit, auch wenn sie klein ist, dass ein Flugzeug abstürzen kann. Hier gilt es mit dem Kind herauszuarbeiten, ob die Angst in einem Verhältnis zur realen Gefahr steht. Einfacher gesagt als getan, nicht wahr? Diese Tipps und Anleitungen können dir dabei helfen, dein Kind aus der Angst zu begleiten. Generell gelten bei all diesen Ängsten folgende zwei Punkte.

Perspektivenwechsel

Genau wie Sonya und Tina es mit der Flugangst gemacht haben, kann es auch dir gelingen, eine erdrückend empfundene Gefahr richtig einzuordnen. Dazu verhilft ein Perspektivenwechsel. Nimm dein Kind mit auf eine Reise in seinen Gedanken. Hier wird es möglich, mit Piloten, Flugbegleitern, Autos, oder was auch immer die Angst auslöst, zu sprechen. Auch das Internet kann weiterhelfen. Lass dein Kind erforschen, wie viele Gewitter jährlich Menschen den direkten Tod bringen, es sind verschwindend wenige. Lass es erkennen, dass es Verhaltensregeln gibt, die nützlich sind, wenn eine Naturgefahr droht. Diese Regeln, sofern sie beachtet werden, dienen dazu ein Naturschauspiel zu genießen. Ein furchteinflößendes Ding von einer anderen Seite zu betrachten kann der Schlüssel dazu sein, die Angst loszulassen, bzw. wieder richtig einzuordnen.

Verhandlung mit der Echse

Wenn dein Kind reflexartige Ängste zeigt, die mit Kampf, Flucht oder Erstarren einher gehen, kannst du dir sicher sein, dass das vegetative Nervensystem, also die Echse, seine Finger im Spiel hat. Hier mit der Echse zu verhandeln, bringt allerdings erst etwas, wenn das Kind rationell verstanden hat, dass seine Angst blockierend wirkt und unnötig ist. Du solltest zuerst auf ganz rationelle Art und Weise vorgehen, dem Kind aufzeigen, dass die Angst unnötig ist. Erst dann bringst du die Echse ins Spiel. Gehe so vor:

Lass dein Kind die Augen schließen und sich vorstellen, in der angstauslösenden Situation zu sein. Es soll dabei seine eigene Echse beobachten. Was tut sie in dieser Situation? Liegt sie zufrieden eingerollt, sanft schlummernd da, oder reagiert sie unangemessen? Lass dein Kind erzählen, was es beobachtet. Wenn das Kind erkennt, dass die Echse kämpft, flüchtet oder wie tot in der Ecke liegt, dann weise es an, seine Echse an den runden Tisch zu holen. Dort erklärt das Kind seiner Echse, dass ihr Verhalten sich auf das Kind negativ auswirkt. Im Sinne von: «Wenn du jedes Mal flüchtest, wenn es draußen donnert, dann bringst du mich in Schwierigkeiten. Ich kann nicht einfach aus der Klasse laufen, weil du so reagierst. Das Gewitter ist draußen, ich bin nicht in Gefahr, bitte, beruhige dich.» Lass dein Kind mit seiner Echse verhandeln und du wirst erstaunt sein, wie vernünftig und sachlich es seine Echse informiert und beruhigt. Gib ihm am besten eine Stoffechse in die Hand und ermuntere es, seine Echse zum Beruhigen zu streicheln, den Bauch zu kraulen oder die Füßchen zu massieren. Du wirst dabei beobachten können, wie sich das Kind selbst entspannt und beruhigt.

Die vier Sitzungsfälle, die wir hier beschrieben haben, zeigen vier komplett verschiedene Ängste auf. Auf diese Ängste gehen wir hier ein.

Angst vor lauten Geräuschen – was du tun kannst

Die Reaktion auf ein plötzliches, lautes Geräusch ist eine natürliche menschliche Eigenschaft, die uns von Geburt an einprogrammiert wurde. So ein Geräusch kann echte Gefahr bedeuten. Es ist völlig natürlich, erschrocken zusammenzuzucken, wenn ein Ballon platzt. Entwickelt sich daraus eine Angst wie beispielsweise vor Feuerwerk, Krankenwagensirene, Donner und anderen, nicht vorhersehbaren Geräuschen, ist dies eine unangemessene Reaktion. Kinder sind besonders gefährdet, da ihre Ohren noch auf Höchstleistung laufen und sie empfindlicher als Erwachsene auf Geräusche reagieren. Wenn ein negatives oder traumatisches Ereignis mit einem lauten Geräusch verbunden ist, wird ein Schutzreflex ausgelöst.

Kinder, die unter Phonophobie oder ähnlichen Ängsten leiden, halten sich oft die Ohren zu, beschweren sich, weinen oder laufen weg. Die häufigsten Geräusche, die ihre Ängste auslösen, sind Staubsauger, platzende Luftballons, laute Musik, Klatschen, Lastwagen, schreiende Menschen und Feuerwerk.

Sie fangen an, Situationen zu meiden, in denen diese lauten Geräusche auftreten können, zum Beispiel Marktplätze und andere überfüllte Orte wie Städte und U-Bahnen. Vielleicht vermeiden sie auch Fahrten in Autos oder Bussen, Sportveranstaltungen oder sogar das Essen in Restaurants.

Tipps für dich
- Es kann helfen, wenn ein Kind das Geräusch kontrolliert, indem es zum Beispiel lernt, mit den eigenen Händen zu klatschen. Mach daraus ein lustiges Rhythmusspiel.

- Nimm einige Geräusche auf, die dein Kind ansprechen, und erhöhe mit der Zeit die Lautstärke. Lass das Kind die Lautstärketaste oder die Fernbedienung bedienen. Erzwinge keine extreme Belastung.
- Dein Kind muss nicht jedes lustige Ereignis verpassen. Mit Kopfhörern mit Geräuschunterdrückung kann es sich zum Beispiel ein Feuerwerk ansehen, ohne dass es durch die lauten Geräusche gestresst wird, die sie verursachen.

Höhenangst – was du tun kannst

Etwa 30% der Erwachsenen haben Höhenangst, etwa 5% entwickeln eine Phobie. Früher dachte man, dass alle Kinder eine angeborene Höhenangst haben, aber neuere Forschungen zeigen, dass die Höhentoleranz von Kindern genauso variabel ist wie die von Erwachsenen. Deshalb genießen manche das Gefühl, hoch oben zu sein, während es für andere unerträglich ist. Das Verhalten nervöser und überängstlicher Bezugspersonen in der Höhe beeinflusst die Kinder. Häufig haben Kinder, die Höhenangst haben, mindestens ein Elternteil, das ebenfalls Angst hat. Wenn ein Kind beim Klettern auf Möbel oder Spielgeräte gestürzt ist, kann auch das sein Verhältnis zur Höhe beeinflussen. Die Erfahrung von Höhe, Kontrollverlust und Schmerz hat diese Angst getriggert.

Ein Kind mit Höhenangst kann Symptome wie Schwindel, ein Gefühl der Unwirklichkeit, Panik, Angst, Bewegungsunfähigkeit, Schweißausbrüche, extreme Muskelverspannungen, Übelkeit und Kopfschmerzen zeigen. Es muss nicht eine große Höhe sein, um Symptome auszulösen. Viele alltägliche Aktivitäten können betroffen sein, wie das Benutzen eines Aufzugs, einer Rolltreppe oder einer Treppe, der Blick aus einem höher gelegenen Fenster oder von einem Balkon, das Schaukeln, das Erklimmen von Hügeln, das Überqueren einer Brücke oder eines Stegs und das Benutzen von Spiel- oder Sportgeräten in der Schule.

Tipps für dich
- Ein kontrollierter und schrittweiser Umgang mit der Höhe ist ein guter Ansatz.
- Virtual-Reality-Programme haben in letzter Zeit vielversprechende Ergebnisse gezeigt, wenn es darum geht, dass Kinder lernen, mit ihrer Höhenangst umzugehen oder sie zu überwinden.
- Auch Atem-, Meditations-, Visualisierungs- und Entspannungstechniken haben sich bei dieser Phobie als hilfreich erwiesen.
- Da es sich oft um eine Angst handelt, die bei mehreren Familienmitgliedern auftritt, vor allem bei den Bezugspersonen des betroffenen Kindes, kann es für alle Familienmitglieder hilfreich sein, sich einer Expositionstherapie zu unterziehen. Dadurch wird das Risiko verringert, dass andere Familienmitglieder durch ihr Verhalten die Ängste des Kindes auslösen.
- Visualisierungsübung: Lege ein dünnes Brett auf den Boden, das breit genug ist, damit das Kind darauf laufen kann. Lass das Kind die Arme ausstrecken, die Augen schließen und sich vorstellen, dass es auf dem Brett hoch über der Erde steht. Sobald es sich unwohl fühlt, lass es die Augen öffnen und sich beruhigen. „Siehst du, es geht dir gut, alles ist in Ordnung". Lass es diese Übung sofort wiederholen, bis die Vorstellung, auf einem dünnen Brett hoch oben zu stehen, kein Unwohlsein mehr auslöst. Das Kind sollte diese Übung ein paar Tage hintereinander durchführen, um die Angst allmählich abzubauen. Dies ist eine indirekte Form der Expositionsthera-

pie über die Visualisierung. Sie trainiert das Gehirn, nicht mehr so überbesorgt zu sein.

- Gemäß Studien beruhigt sich ein Angstgefühl nach circa 20 Minuten. Es kann deshalb eine gute, vertrauensbildende Übung sein, mit dem Kind auf eine Erhöhung zu gehen. Das kann ein Balkon, eine Plattform oder sogar ein Turm sein. Sobald die Höhenangst gespürt wird, wird ausgehalten. Frag dein Kind, wie hoch seine Angst nun auf einer Skala von 0 bis 10 ist. Bleib mit deinem Kind dort stehen und lenke es mit lustigen, kurzen Geschichten ab. Frag im Abstand von circa fünf Minuten nach, wie sich die Angst anfühlt und lass es die Angst wieder skalieren. Spätestens nach zehn Minuten wird die Intensität sinken, bis nach 20 Minuten die Angst sich nur noch in den untersten Bereichen bewegt. In diesem Moment wird es möglich sein, sich frei auf dieser Höhe zu bewegen.

Angst in Flug- und Fahrzeugen – was du tun kannst

Fliegen, sich in die Lüfte zu erheben, löst nicht nur in Kindern Ängste aus. Wie weit verbreitet diese Angst ist, zeigen die gut ausgebuchten Flugangstseminare der Fluggesellschaften. Es ist müßig zu erklären, dass Fliegen deutlich sicherer als Autofahren ist. Trotzdem betrifft diese Angst viele Menschen.

Die Angst vor dem Fliegen ist etwas kompliziert, denn sie ist oft eine Mischung aus verschiedenen Ängsten. Da kommt eine ganze Liste zusammen: Angst vor dem riesigen offenen Raum außerhalb des Fensters, den Boden nicht sehen zu können, Angst vor dem Absturz, Höhenangst,

Angst vor dem Tod, Angst, in einem geschlossenen Raum gefangen zu sein, Angst, auf die Toilette gehen zu müssen, Kontrollverlust, Abhängigkeit von anderen, Angst vor Terroristen und viele mehr. Das Flugzeug scheint eine Konservendose für Ängste zu sein.

Es sind schätzungsweise 10 - 25% der Bevölkerung davon betroffen. Das bedeutet, dass die Wahrscheinlichkeit, dass ein Kind seine Ängste von einem Elternteil oder einer Betreuungsperson lernt und widerspiegelt, relativ hoch ist. Es besteht auch die Möglichkeit, dass ein Kind bereits schlechte Erfahrungen gemacht hat. Beim Fliegen können die Veränderungen des Luftdrucks für den noch kleinen, unterentwickelten Körper von Kindern echte Probleme verursachen.

Amaxophobie ist die Angst, in einem Fahrzeug zu sitzen, entweder als Fahrer oder als Beifahrer. Diese Angst kann das Leben für das Kind, das diese Phobie hat, und andere Familienmitglieder sehr schwierig machen. Die Benutzung eines Autos, Busses, Zugs oder Flugzeugs ist stark eingeschränkt oder unmöglich. Sie ist in der Regel mit der starken Angst verbunden, in einen Unfall verwickelt zu werden, zu sterben, oder in einem Fahrzeug eingeschlossen zu werden.

Diese Angst kann durch Erzählungen über Autounfälle, Bilder im Fernsehen oder in Filmen ausgelöst werden oder durch die Erfahrung, dass ein geliebter Mensch bei einem Unfall mit einem Fahrzeug gestorben oder verletzt worden ist.

In öffentlichen Verkehrsmitteln kommt es öfter vor, dass Kinder im Kinderwagen Blickkontakt mit anderen Fahrgästen aufnehmen müssen. Dabei sind sie den Emotionen der Fahrgäste ausgesetzt. Sie spüren deren Nervosität, Unruhe, Gereiztheit oder Not. Stell dir vor, du bist in deinem Kinderwagen gefangen und ein Fremder starrt dich mit Wut, Abscheu oder unpassenden Gedanken in die Augen. Wie wir gelernt haben: Kinder haben feine Antennen für die Gefühle anderer und können mit diesen Gefühlen nicht umgehen. Wir hatten viele Sitzungen, in denen dies die Ursache für die Angst unserer Klienten war. Solche unangenehmen Begegnungen im öffentlichen Verkehr können Auslöser für eine Angst vor Zügen, Bussen und Straßenbahnen auslösen.

Tipps für dich
- Ängstliche Kinder haben oft das Worst-Case-Szenario im Kopf und fixieren sich auf dieses. Hilf deinem Kind aus diesem Katastrophendenken heraus und mache es mit der Realität vertraut: «Wie oft siehst du ein Flugzeug am Himmel, welches gerade abstürzt? Was? Noch nie gesehen? Ich auch nicht.» Ungeschickt wären Vergleiche, um wieviel sicherer fliegen als Autofahren ist. Du könntest damit eine neue Angst schüren.
- Multisensorische Erfahrung anbieten: Verankere positive Gefühle in Düfte und Geräusche. Vielleicht erstellst du eine Playlist von ruhiger, vertrauter Musik für dein Kind. Lass dein Kind schon einige Wochen vor der Reise am Abend mit dieser Musik einschlafen. Suche einen Duft, den dein Kind liebt, vielleicht Vanille, Lavendel, Kokos oder Schokolade und bedufte damit sein liebstes Kuscheltier. Du schaffst so eine multisensorische, schöne Erfahrung. Das Kind liegt geborgen und sicher in seinem Bett, hört die beruhigende Musik, riecht den Duft und hat sein Kuscheltier im Arm. Diese Sinne werden das wohlige, geborgene Gefühl wieder abrufen, wenn die Musik, der Geruch und das Kuscheltier eingesetzt werden: auf dem Flughafen, im Flugzeug oder im Auto.

- Visualisierungsübung «der glückliche Ort»:
    Was wir uns mit allen Sinnen vorstellen, wird für das Gehirn real. Darauf reagieren unsere Gefühle. Wir kennen das alle: Wenn du mitten in einer spannenden Szene deines Buches angelangt bist, lässt du dich kaum von etwas anderem ablenken. Der Fokus deiner Gedanken liegt in dieser aufregenden Szene. Diese Fähigkeit lässt sich wunderbar nutzen, um in unangenehmen Situationen sich selbst zu beruhigen. Im Sinne von: Träum dich weg! Kinder sind wunderbare Meister in diesem Fach. Du kannst deinem Kind dabei helfen, sich selbst in eine andere Welt zu versetzen, gerade dann, wenn die reale Welt nicht angenehm ist. Diese Übung eignet sich nicht nur für Flugangst, sondern auch für Zahnarzt- oder Krankenhausangt. Kreiere mit deinem Kind eine Welt, in der es sich glücklich und wohl fühlt. Lass dein Kind die Augen schließen und sich einen Ort erschaffen, an dem alles perfekt ist. Vielleicht erträumt es sich ein Schlaraffenland, in dem alles aus Zuckerwatte und Schokolade ist, vielleicht landet es in einem Märchenschloss oder auf einem Piratenschiff. Es ist völlig egal, wie der glückliche Ort deines Kindes aussieht, wichtig ist nur, dass es bei der Vorstellung dieses Ortes selig lächelt. Hilf ihm, den Ort bis ins Detail auszuschmücken und mit allen Sinnen wahrzunehmen: «Wie riecht es hier? Was hörst du hier? Wie fühlt sich das an? Wer ist bei dir?» Lass nicht locker, bis du den glücklichen Ort deines Kindes genau kennst und mit deinem Kind ausgeschmückt hast. Idealerweise baust du diesen Ort mit deinem Kind schon eine Weile vor dem Ereignis (Flugreise, Zahnarzt- oder Krankenhausbesuch), so dass genügend Zeit ist, dort viele schöne, entspannende und glückliche

Momente zu erleben. So kann dein Kind später jederzeit, mit nur einem Gedanken, dahin zurückkehren, wenn es in einer Situation gefangen ist, die sich für das Kind als bedrohlich oder unangenehm anfühlt.

Zahnarzt-, Spritzen- oder Krankenhausangst – was du tun kannst

Hier geben wir dir einige Visualisierungsübungen aus unserer Schatzkiste zur Hand, die in solchen Momenten hilfreich sind. Vergiss dabei nicht die obenerwähnte Visualisierungsübung «der glückliche Ort», sie ist wunderbar.

Beim Zahnarzt am Meer

Visualisierungsübung: Die sensorischen Empfindungen beim Zahnarzt kann man ganz toll anders nutzen. Mach daraus für dein Kind einen Tag am Meer. Lass es die Augen schließen und sich vorstellen, dass es auf einem Liegestuhl (Zahnarztstuhl) am Meer liegt. Lass es erleben, wie die Sonne nun ganz hell scheint (Zahnarztlampe) und das Gesicht angenehm wärmt. Lass es das Rauschen und Plätschern des Meeres hören (Spülung), lass es spüren, wie die Gischt sanft das Gesicht benetzt. Nutze die Möglichkeiten dieses Ortes, um das Erlebnis zu verstärken. Leite dein Kind an, zu beobachten, wie andere Kinder Sandburgen bauen. Lass es zuschauen, wie ein Kind sanft auf einer Luftmatratze schaukelt, lass es Gelächter und Geplauder anderer Menschen hören. Trainiere mit deinem Kind, wie es sich anfühlt, in einem Liegestuhl am Meer zu sein, sich durch die Geräusche, Düfte und Empfindungen zu entspannen und wohlzufühlen. Beim Zahnarzttermin kannst du deinem Kind dann damit helfen, indem du es ins Behandlungszimmer begleitest und den Strandbesuch anstupst.

Angst vor Spritzen und Impfungen – was du tun kannst

Visualisierungsübung: Eine Spritze, mit dieser langen spitzen Nadel, kann schnell Ängste auslösen. Aus Erfahrung wissen wir, dass gerade kleinere Kinder sich vor Dingen fürchten können, die keine Emotionen zeigen, die keine Persönlichkeit haben. Solche Gegenstände wecken keine Empathie oder positive Gefühle in einem Kind. Gerade bei Spritzen kann es helfen, wenn der Spritze eine Persönlichkeit verliehen wird. Nimm dein Kind mit auf eine Visualisierungsreise: «Schau mal, das hier ist Spritzi. Vielleicht zeichnest du eine lustige Spritze mit Armen, Beinen und einem lustigen Gesicht. Spritzi ist ein echter Held, denn Spritzi hat schon Milliarden von Menschen das Leben gerettet. Manchen Menschen verabreicht Spritzi ein Medikament, welches den Menschen wieder gesund gemacht hat, anderen Menschen hat Spritzi geholfen herauszufinden, was ihm fehlt. Wieder andere Menschen haben wegen Spritzi keine Schmerzen mehr. Spritzi ist ganz toll! Aber Spritzi ist etwas traurig, denn ganz oft rennen Kinder, wie du eins bist, vor ihm weg. Diese Kinder glauben, dass Spritzi ihnen weh tun will, dass Spritzi böse ist. Und dann sitzt Spritzi ganz traurig in einer Ecke und weint. Spritzi meint es doch nur gut und will helfen. Spritzi möchte, genau wie du auch, geliebt werden. Schau mal, wie traurig Spritzi ist. Magst du Spritzi trösten?» Schmücke diese Geschichte genau so aus, wie du sie gerade benötigst: für eine Impfung, eine Betäubungsspritze oder für eine Blutabnahme. Sobald dein Kind Empathie zur Spritze aufbaut, wird es ihm besser gelingen, die Prozedur über sich ergehen zu lassen.

Die magische Wolke im Krankenhaus

Visualisierungsübung: Die magische Wolke ist eine schöne Gedankenreise für Kinder, die einen Krankenhausaufenthalt oder einen Zahnarztbesuch vor sich haben. Sie entführt das Kind in eine zauberhafte, magische Welt, die voller Möglichkeiten ist. Diese Übung kannst du mit deinem Kind so vorbereiten, dass es jederzeit auf seine eigene, magische Wolke klettern und Abenteuer erleben kann.

«Schließ deine Augen und stell dir vor, dass ganz langsam eine weiche, flauschige Wolke auf dich zufliegt. Es ist deine eigene Wolke, eine Wolke, die genauso aussieht, wie du magst und mit der du gleich eine zauberhafte Reise machen kannst.» Sobald dein Kind die Wolke sieht, frag es, welche Farbe die Wolke hat. Du hilfst so deinem Kind, sich alles noch lebendiger und detaillierter vorzustellen und das Visualisierte noch realer werden zu lassen. «Ach wie schön! Deine Wolke hat alle Farben des Regenbogens und glitzert? Toll! Nun schau zu, wie die Wolke neben dir landet und du auf sie drauf klettern kannst. Spür mal, wie weich und flauschig deine Wolke ist. Spürst du das? Nun bist du bereit für eine schöne Reise auf deiner Wolke. Langsam hebt sie ab. Fliegt los.» Mache diese Vorstellung für dein Kind so real wie möglich, indem du ihm genügend Zeit gibst, in diese Vorstellung hinein zu tauchen, zu spüren, wie weich die Wolke ist und wonach sie duftet. Nun lass dein Kind auf seiner Wolke aufsteigen, genauso hoch, wie es mag und über Märchenwälder, Zauberschlösser, Berge, Täler, tropische Inseln, Abenteuerländer, Piratenschiffe reisen. Wo immer es mag, darf es landen und Abenteuer oder Märchen erleben. Sobald es genug hat, darf es wieder auf seine Wolke aufsteigen und weiterfliegen. Du wirst erstaunt sein, wie dein Kind diese magische Reise genießt, sich in diese Welten einfühlen und tolle Dinge erleben kann – und wie schnell dabei die Zeit vergeht. Diese Visualisierungsübung setzen wir immer wieder erfolgreich in unseren Praxen ein, um Kindern über Krankenhausaufenthalte oder längere Arztbehandlungen hinwegzuhelfen.

WERDE ICH
ÜBERLEBEN?

ANGST VOR DEM EIGENEN KÖRPER

Was für ein seltsamer Titel, nicht wahr? Wer hat schon Angst vor seinem eigenen Körper? Was hier kurz etwas befremdlich klingt, ist ein Thema, welches uns sehr oft in der Praxis begegnet. Es passiert viel schneller, als man meint, dass ein Kind das Vertrauen in den eigenen Körper verliert. Es benötigt dazu keine große, traumatische Erfahrung. Eine Blasenentzündung, die dem Kind die Körperkontrolle raubt, ein kleiner, chirurgischer Eingriff, der dem Kind das Gefühl gibt, machtlos und schwach zu sein, sogar kleinere Unfälle mit einem schmerzenden, aufgeschlagenen Knie können Auslöser sein. Unzählige Ängste beziehen sich auf den Körper, auf seine Funktion, aber auch auf sein Aussehen.

Körperbezogene Ängste können sich in vielen, verschiedenen Lebensbereichen zeigen. Sei es ein Waschzwang, weil der Körper vermutlich – so die Angst – mit Bakterien und Keimen nicht klarkommt und ernsthaft krank wird, unbekannte Lebensmittel, die vermutlich zu einer Vergiftung führen, Angst vor Blut, weil es den Körper nicht verlassen darf. Emetophobie, die Angst vor dem Erbrechen, welche dazu führen kann, dass Kinder die Nahrungsaufnahme verweigern, Magersucht, weil die Angst besteht, dass sich der Körper nicht gesellschaftskonform entwickelt, Angst vor Menschenkontakten, weil die Gefahr besteht, sich eine Krankheit zuzuziehen, die unweigerlich zum Tod führt. Es sind oft hartnäckige Ängste, weil sie sich meistens auf die Angst um das eigene Leben drehen. Sehr oft entwickeln sich aus solchen Ängsten tatsächlich körperliche Störungen, weil dem Körper Nahrung oder notwendige Medikamente oder Untersuchungen entsagt werden. So kann sich beispielsweise eine Spritzenangst zum echten Problem entwickeln, wenn eine wichtige Blutuntersuchung ansteht, eine Betäubungsspritze beim Zahnarzt notwendig ist oder per Infusion Medikamente zugeführt werden müssen. Kinder, die gesunde Lebensmittel verweigern, können an Mangelerscheinungen leiden. Was Zwänge oder Magersucht auslösen können, müssen wir vermutlich hier nicht näher schildern.

Es sind also viele Ängste mit dem Körper verbunden und schlussendlich meist mit einer Angst vor Krankheit oder Tod. Bevor es hier zu ernsthaften, psychischen oder physischen Störungen kommt, sollte man dringend eingreifen. Dies tun wir täglich in unserer Praxis und begegnen dabei so vielfältigen Ursachen und Gründen, dass wir hier nur die Wichtigsten aufzählen. Sie führen uns unweigerlich immer wieder auf die menschlichen Urängste zurück: die Angst vor Tod, sozialer Ausgrenzung und Ohnmacht. Ein schwieriges Kapitel also! Wir nehmen dich mit in unsere Praxen und zeigen dir aufgrund von vier Fällen, wie solche Ängste entstehen.

«Die schützende Waschmaschine» – Angst vor Erbrechen

SONYA ERZÄHLT AUS DER PRAXIS

Julie, 9 Jahre

«Bitte, Frau Mosimann, benutzen Sie das Wort Erbrechen nicht, wenn Julie dabei ist", bittet mich die Mutter im Datenblatt «Sie beginnt schon zu weinen, wenn man das Wort nur erwähnt.» Hoppla, das ist ein schwerer Fall von Emetophobie, dieser Angst vor dem Erbrechen, denke ich. «Es ist wirklich übel, wie Julie seit ihrer Magen-Darm-Grippe vor sechs Monaten reagiert.» Die Mutter schreibt, dass Julie kaum noch imstande ist, normal zu essen. «Kann ich das verdauen? Das fragt sie mich jedes Mal, wenn ich Essen zubereite. Dann sitzt sie misstrauisch vor dem gefüllten Teller und stochert darauf herum. Ich bin schon froh, wenn sie ein paar Bissen zu sich nimmt.» Sie erzählt weiter, dass Julie nur noch ganz kleine Portionen isst, weil sie das Gefühl, Essen im Magen zu haben, nicht ertragen kann. «Nur wenn sie noch hungrig vom Tisch aufsteht, geht es ihr gut.» Sie war mit Julie schon beim Kinderarzt, weil sie befürchtete, dass sie schon an einer Mangelernährung leidet. «Der Kinderarzt hat gelassen reagiert. Es sei noch kein Kind am gedeckten Tisch verhungert, sagte er. Aber ich fühle mich unsicher und vor allem möchte ich, dass mein Kind wieder fröhlich und unbeschwert sein kann.»

Nun kommt die kleine Julie. Sie scheint wirklich etwas blass und durchscheinend. Sie wirkt scheu und weiß nicht recht, was sie von dieser ganzen Sache hier halten soll. «Na Julie? Weißt du, warum du bei mir bist?», frage ich sie und gieße ihr ein Glas Wasser ein. «Ich glaube, weil ich nicht viel essen mag», antwortet sie leise und mustert mich fragend. «Ja, auch das, Julie. Und weil du so heftig Angst davor hast, dass dein Körper das Essen wieder hergibt.» Ich lasse das Unwort Erbrechen absichtlich weg, sehe aber trotzdem, wie sie bei diesem Gedanken zusammenzuckt. «Weißt du, dein Körper ist unglaublich toll und weiß genau, was er zu tun hat. Das darfst du auch erfahren», muntere ich sie auf. Ich überlege gerade, wie ich Julie dazu bewegen kann, sich vorzustellen, wie sie während ihrer Magen-Darm-Grippe erbrechen musste, ohne sie dabei zu quälen. Da kommt mir die Idee: «Weißt du, wir werden Momente besuchen können, in denen dir das passiert, wovor du dich so sehr fürchtest. Dann kannst du von weitem zuschauen, ohne dass es dich wirklich betrifft. Was meinst du?» Das findet Julie eine gute Idee und wir legen los.

Wir beide gehen ins Kino. Dort wollen wir als Zuschauer, ausgerüstet mit Popcorn und Eis, die kranke Julie zuhause besuchen. So traut sich Julie an diese Situation heran. «Komm, wir schauen wie es Julie geht", sage ich zu ihr. Der Kinofilm läuft und wir sehen, wie die Magen-Darm-Grippe Julie beutelt: «Sie sitzt im Bett und hält einen Eimer. Sie hat furchtbares Bauchweh und sie würgt und würgt. Es ist schrecklich», erzählt mir Julie zittrig. «Was fühlst du, wenn du die kranke Julie so beobachtest?» Ich weiß, dass diese dissoziierte Beobachtung Julie hilft, sich nicht in der Angst zu verlieren, sie die Angst vor dem Erbrechen dennoch fühlt. «Die Angst ist in meinem Bauch, ganz dick und schwer, und sie zieht sich immer wieder zusammen, ganz schmerzhaft.» «Gut gemacht. Lass uns den Film weiterschauen", sage ich, «und nachschauen, wann dieses Gefühl so stark geworden ist.» Wir lassen die kranke Julie im Bett und spannen einen neuen Film ein. «Hier läuft der Film deines Lebens, Julie", sage ich ihr. «Lass uns neues Popcorn holen.» Ich erkläre ihr, dass ihre Emetophobie irgendwann ihren Anfang nahm und dass wir erfahren müssen, was damals passiert ist. «Wir suchen in deinem Lebensfilm diesen furchtbar schweren, dicken Angstknäuel in deinem Bauch, einverstanden?» Julie nickt, jetzt ist sie wieder entspannt und genießt den weichen Kinosessel. Wir richten uns im Kino gemütlich ein und starten den Film.

Julie war ein kerngesundes Kind. Sie konnte futtern, was sie wollte, sie verdaute alles. Erbrechen war ein Fremdwort, etwas, dass ihr völlig ungekannt war. So wundert es mich nicht, dass Julie in den ersten sieben Lebensjahren ihre Angst im Bauch nicht spürte. «Alles gut", sagt Julie jedes Mal, wenn ich nach dem Angstgefühl frage. Dann: «Du bist jetzt sieben Jahre alt, spürst du hier diese Angst im Bauch?» «Oh ja!», ruft Julie aus. «Hier spüre ich sie.» «Komm, wir schauen, was damals genau passiert ist.» Wir spulen den Film genau zu diesem Moment, als Julie die Angst zum ersten Mal spürt. «Ich bin in der Schule am Mittagstisch. Neben mir sitzt Valerie. Plötzlich erbricht sie sich, es ist ganz furchtbar. Sie würgt und stöhnt, sie krümmt sich und es schüttelt sie ganz heftig durch», erzählt Julie stockend. «Es riecht furchtbar, nein, es stinkt! Und alles ist voll…» In diesem Moment schießen Julie viele Gedanken durch den Kopf: «Was hat sie? Ist sie krank? Hat sich mich angesteckt? Werde ich auch erbrechen müssen?» Zudem hört sie die anderen Kinder, wie sie wegspringen, sich ekeln, wie Valerie danach ausgelacht wird. Mir ist klar, dass sich hier körperliche Eindrücke mit Ängsten verbunden haben: die Geräusche und der Geruch beim Erbrechen und die Angst, krank zu werden und ebenfalls ausgelacht zu werden. Eine toxische Mischung, die zusammengebraut wurde. «Sie hört gar nicht mehr auf", berichtet Julie.

«Sie muss wirklich sehr krank sein, vielleicht stirbt sie sogar.» «Sag mal, wie geht es Valerie heute?», frage ich. «Gut, wir sitzen nebeneinander in der Schule.» «Sie ist wieder gesund?», bohre ich weiter. «Ja, ganz gesund», sagt Julie. «Was glaubst du, weshalb sie damals so furchtbar erbrechen musste?» «Naja, weil sie krank war, denke ich.» «Genau. Komm, wir sprechen mal mit Valeries Körper.» Wir reisen gemeinsam zum Körper von Valerie und er muss sich vielen Fragen stellen. «Warum hast du das getan?», fragt Julie schon fast vorwurfsvoll. «Das war furchtbar! Sie hatte Schmerzen und da kam ganz viel raus und es hat fürchterlich gerochen.» Der Körper wehrt aber ab: «Aber hallo! Weißt du, was passiert wäre, wenn dieses Essen im Körper geblieben wäre? Dann wäre Valerie wirklich krank geworden. Da war nämlich was dabei, was nicht gut für sie war. Also raus damit, oder was hättest du gemacht?» Julie überlegt. «Ja, okay…aber…» «Nichts aber! Was meinem Menschen nicht gut tut, das werfe ich raus. Genau, wie damals. Dass das nicht gut riecht und für Valerie nicht angenehm war, ist mir klar. Aber immer noch besser, als krank zu werden.» Jetzt wird Julie etwas kleinlaut: «Ja, da hast du wohl recht.» «Eben. Schau, ich weiß ganz genau, was zu tun ist, wenn mein Mensch in Gefahr ist. Ich tue den ganzen Tag nix anderes als Schäden zu reparieren, Giftstoffe auszuscheiden und den Körper zu putzen. Ich bin wie eine Waschmaschine, die alles, was dir nicht guttut, auswäscht und eine Reparaturwerkstatt, die Schäden repariert. Oder was denkst du, wer die Kratzer von deiner Katze heilen lässt?» Man merkt, der Körper ist etwas beleidigt, dass er von Julie so angegriffen wird. Sie gibt klein bei: «Ja, gut, das machst du. Das sehe ich ein.» Sie überlegt einen Moment. «Aber es tut weh, wenn du Essen aus dem Magen pumpst!» «Kann sein", gibt der Körper zu. «Aber soll ich das Gift drin lassen? Wäre dir das lieber?» «Nein», Julie gibt nach. «Weißt du, ich weiß genau, was ich tue. Du kannst deinem Körper vertrauen», beendet der Körper das Gespräch. Ich gebe zu, dass ich bei diesem Dialog etwas mitgeholfen habe, aber Julie hat genau verstanden, was ihr Körper für sie tut.

Bevor sie bereit ist, diese Angst vor dem Erbrechen loszulassen, gibt es noch einiges zu tun. Wir müssen die Nase putzen, um sie vom üblen Geruch des Erbrochenen zu befreien, die Ohren werden tiefengereinigt, um die würgenden Geräusche auszuputzen und ich freue mich, Julie dabei zuzusehen, wie sie in diese Visualisierungen eintaucht, sie mit allen Sinnen erlebt und spürt. Ich spüre, dass sie bereit ist, ihrem Körper wieder zu vertrauen und sich mit ihm zu versöhnen. «Du Julie, jetzt, wo du alle Gerüche und Geräusche aus deinem Körper gewaschen hast, möchtest du deinen eigenen Körper etwas besser kennenlernen, mit ihm sprechen und dich mit ihm versöhnen?», frage ich sie. «Oh ja», ruft sie begeistert und wir treten eine abenteuerliche Reise durch ihren Körper an. Julie steigt in ein Mini-U-Boot, mit welchem sie durch ihren Körper reist. Sie staunt über ihre starken Knochen, dehnbaren Muskeln, begutachtet ihren Magen und findet dort noch eine halbverdaute Karotte und rutscht über die Abenteuerrutschbahn ihres Darmes. Sie lacht und kichert, entdeckt kleine Reparaturarbeiten ihres Körpers und bewundert ihn für seine Fähigkeiten. Julie findet Vertrauen und neuen Spaß an ihrem Körper. Nun ist es Zeit, ihre Emetophobie endgültig in den Wind zu schießen. «Bereit, Julie?» Wie immer, wenn wir ein blockierendes Gefühl von Kindern loswerden wollen, darf die ganze Fantasie mitspielen. «Wie möchtest du diese schwere, klumpige Angst in deinem Bauch loswerden?» Julie kichert. «Mein Körper möchte sie so loswerden, wie er andere Giftstoffe loswird.» Mir schwant Böses. «Und das wäre?», frage ich ahnungsvoll.

«Ich kotze sie aus!», jubelt Julie und beginnt theatralisch zu würgen. Das ist ein Schauspiel! Julie würgt und keucht lustvoll, zeigt mit dem Finger, wo ihr Angstklumpen schon ist, und ich feuere sie dabei an. «Los, lass sie raus, deine Angst!» So geht das ein paar Minuten, bis Julie triumphierend den Mund öffnet und etwas Imaginäres ausspuckt. «So,", sagt sie zufrieden, «das haben wir!»

Bevor ich Julie nach Hause schicke, will ich sicher sein, dass ihre Emetophobie besiegt ist. «Also gut, Julie, stell dir vor, dass du was Schlechtes gegessen hat.» Julie konzentriert sich. «Was macht dein Körper?» «Oh, er hat das sofort gemerkt. Mein Magen zieht sich zusammen und ich spuke es wieder aus. Ist zwar eklig, aber gut für mich», sagt sie daraufhin gelassen. Wir sind beide zufrieden.

«Bloß sauber bleiben!» – Angst vor Krankheiten

CLAUDIA ERZÄHLT AUS DER PRAXIS

Serena, 14 Jahre

Serena sitzt mit ihrer Mama bedrückt in meiner Praxis. Dass sie sich überhaupt hinsetzt, ist nicht selbstverständlich. Es benötigte dazu eine regelrechte Prozedur: Der Sessel musste von ihr persönlich dreimal feucht abgewischt werden, das Getränk hat sie mitsamt sauber verpacktem Becher selbst mitgebracht und darf auf keinen – auf KEINEN Fall! – auf dem Glastisch abgestellt werden. Ebenso wenig darf ihr Rucksack den Boden berühren. So sitzt sie jetzt, auf ihren Knien eine Getränkeflasche, den Becher und ein sperriger Rucksack. «Da drin hat sie alles, was sie zum Überleben braucht", erklärt mir die Mutter. «Desinfektionsmittel, sterile Mulltücher, Handschuhe – unfassbar.» Sie schüttelt verständnislos den Kopf und Serena schrumpft im Sessel zusammen. «Du leidest an einem Waschzwang", wende ich mich nun Serena zu. «Seit wann machst du das?» Sie zuckt die Schultern. «Ungefähr seit zwei Jahren, glaube ich», sagt sie und blickt ratsuchend zu ihrer Mutter. Die nickt. «Ja, das hat mit dem Beginn der Pandemie begonnen. Anfänglich wollte sie einfach das Haus nicht mehr verlassen. Das musste sie ja auch nicht. Die Schule war geschlossen, die Wirtschaft im Lockdown und alles fand zuhause statt. Dann wurde es nach und nach schlimmer.»

Serena entwickelte große Ängste. Am liebsten hätte sie dafür gesorgt, dass kein Familienmitglied das Haus je wieder verlässt. «Was hat dir so Angst gemacht, Serena?» Sie blickt mich an: «Was nützt es, wenn ich zuhause bleibe, um dem Virus fernzubleiben, wenn Papa täglich zur Arbeit geht? Und Mama zum Einkaufen das Haus verlässt?» Serenas Augen füllen sich mit Tränen und ich merke, wie belastet das Mädchen ist. Die Mama übernimmt und erzählt weiter. «Wir konnten regelrecht zuschauen, wie Serena Zwänge entwickelt. Sie desinfizierte ihre Hände, bis sie wund und schorfig waren, trug den ganzen Tag Latexhandschuhe, wenn sie etwas berühren sollte. Kein Wasserhahn, keine Schublade, keinen Stuhl, sogar den Esstisch berührte sie nur noch mit Handschuhen. Das wurde immer schlimmer, bis sie begann, ihre Füße in Plastiksäcke einzupacken, wenn sie duschen ging. Die Zwänge – oder eben anders gesagt, die Ängste – nahmen immer weiter zu, bis schlussendlich ein normales Zusammenleben mit Serena kaum noch möglich war. «Sie limitiert uns überall. Die Wäsche soll gebügelt werden, sogar die Unterwäsche, damit kein einziger Virus oder Keim überlebt, wir sollen die Möbel und Gegenstände in der Wohnung nicht ohne Handschuhe berühren. Sogar beim Kochen habe ich strengsten Hygieneregeln zu folgen. Es geht so nicht mehr weiter!» Unterdessen fließen bei Serena die Tränen. «Sag mal, Serena, wenn du heute meine Praxis ohne deine Angst verlassen würdest, wie wäre das für dich?» Ich ahne, dass es nicht leicht werden könnte. Durch ihre Zwänge meint sie, die Kontrolle über ihre Angst zu haben. «Ich weiß nicht", sagt Serena. «Dann wäre das Leben vermutlich sehr gefährlich.» Sie hat meine Befürchtung bestätigt. Um einen Zwang loslassen zu können, braucht es ungemein viel Vertrauen und absolute Sicherheit. Das wird heute ein Meisterstück, da bin ich mir sicher.

Im Datenblatt lese ich, dass Serena schon für acht Wochen in einer Kinderpsychiatrischen Einrichtung stationär aufgenommen wurde. Leider ohne Erfolg. Seither besucht sie wöchentlich einen Kinderpsychologen, der mit ihr zusammenarbeitet. «Bisher hat sich nichts verändert. Darum sind wir hier», sagt die Mutter verzweifelt. Ich weiß, wir haben ein hartes Stück Arbeit vor uns. Zuerst gilt es, Serena mit ins Boot zu holen. «Warst du schon mal krank, Serena?» «Ja, klar. Ich hatte schon mal die Grippe, eine Blasenentzündung und viele Erkältungen.» «Okay. Was passierte dann mit dir?», frage ich weiter. «Nichts. Ich blieb zuhause und irgendwann war das vorüber. Nur bei der Blasenentzündung, da musste ich Medikamente nehmen.» «Aha. Hast du dich schon mal verletzt? Dein Knie aufgeschlagen, dich irgendwo geschnitten oder verbrannt?» Serena nickt. «Ja, schon oft. Klar.» «Wurdest du immer wieder gesund?» «Natürlich, sonst säße ich ja jetzt nicht hier!», gibt sie mir zur Antwort. «Glaubst du, dass dein Körper die Fähigkeit hat, Schäden und Krankheiten zu besiegen und reparieren?» Jetzt zuckt Serena leicht zusammen. «Bisher schon, ja», gibt sie zu. «Dann lass uns doch schauen, ob du deinem Körper nicht unrecht tust, wenn du ihn so übermäßig beschützt. Was meinst du?» Nun schaut mir Serena direkt in die Augen. «Ich tue ihm nicht unrecht, ich beschütze ihn», gibt sie zurück. «Ach so. Was glaubst du, ist die Aufgabe und Kernkompetenz deines Körpers?» Sie zuckt mit den Schultern. «Genau das. Er beschützt dich. Er hat alle Möglichkeiten und Strategien, die er braucht, um dich kräftig und gesund zu halten. Du nimmst ihm seinen Job weg. Komm, lass uns schauen, was er dazu sagt.» Sie guckt mich groß an und ich erkläre, wie unser Visualisierungscoaching funktioniert. Auch ihre Echse erkläre ich ihr, wie immer, wenn ich mit Zwängen arbeite. «Vielleicht müssen wir mit deiner kleinen Echse ein ernsthaftes Gespräch führen", schließe ich ab. Jetzt, wo Serena weiß, dass ich sie keinen Corona-Viren aussetze, um sie von ihrem Zwang zu befreien, sondern dass sie ihre Vorstellungskraft nutzen darf, ist sie zur Zusammenarbeit bereit.

Genau wie ich mir das gedacht habe, fühlt Serena ganz große, starke Ängste. Der Gedanke, eine Oberfläche ohne Handschuhe zu berühren, schüttelt das Mädchen regelrecht durch, sie bekommt Gänsehaut und erste Tränen fließen. Sie fühlt eine übermächtige Angst, panische Angst sogar. Wir schauen nach ihrer Echse. Sie reagiert wie erwartet: anfängliche Fluchtversuche bis hin zur totalen Erstarrung. «Da haben wir's", sage ich zu Serena. «Du wirst gerade von deiner Echse gesteuert. Sie hat die Kontrolle übernommen.» Wir wollen genauer wissen, was die Echse dazu treibt und suchen in ihrem Lebensfilm nach dem auslösenden Moment. Es dauert nicht lange, bis wir ihn finden: «Ich bin 12 Jahre alt. Ich sitze vor dem Fernseher und schaue Nachrichten. Sie zeigen, wie in China vermummte Gestalten mit großen Behältern die Straßen und Gebäude desinfizieren. Es sieht aus wie in einem Science-Fiction-Katastrophenfilm. Das macht mir Angst.» Auch ihre Echse tänzelt nervös von einer Ecke zur andern. Kurz später in ihrem Film: «Wieder schaue ich die Nachrichten. Sie zeigen furchtbare Szene von nackten Menschen, die auf der Intensivstation auf dem Bauch liegen. Sie werden beatmet und man sieht, wie diese Leute mit Luft vollgepumpt werden. Ganz ruckartig, es sieht brutal aus. Jetzt zeigen sie einen Bericht aus Norditalien, wo Menschen röchelnd in Krankenhausfluren liegen. Es sieht aus, wie wenn alle sterben würden.» Serena weint und ihre Echse erstarrt. Sie stellt sich tot, sie hat die Machtlosigkeit in dieser Situation erkannt und entscheidet sich gegen Kampf und Flucht. Hier, in diesem Moment, wurden Serenas Zwänge geboren. Sie will leben, gesund bleiben und deshalb bleibt sie zuhause und beginnt zwanghaft, ihre Umgebung sicher zu machen. Wir haben die Ursache gefunden, nun liegt der Weg zurück ins Leben vor uns. Es gilt, Vertrauen zum Körper aufzubauen.

Wir holen ihn an den runden Tisch, den jungen, gesunden Körper von Serena. Da sitzt er und ist bereit, sich den Herausforderungen des Lebens zu stellen. Serena begutachtet ihn anfänglich misstrauisch. «Los, Serena", ermutige ich sie. «Untersuche ihn mal auf Schwachstellen!» Serena nimmt ihn in kritischen Augenschein und bemerkt: «Er wirkt etwas blass.» Der Körper lächelt traurig und meint: «Ja, kein Wunder. Du machst meinen Job, ich werde immer schwächer und müder. Ich bräuchte mal wieder frische Luft, Bewegung und Lebensfreude.» Serena verzieht die Mundwinkel, ihr wird langsam bewusst, dass ihr Körper sie auf eine ganz andere Art und Weise braucht. Der Körper zeigt ihr Stellen, wo er schon tätig war: «Siehst du hier diese kleine, weiße Narbe? Das war damals, als du dir den Unterschenkel an einem rostigen Nagel aufgerissen hast. Da hatte ich zu tun! Der Riss war tief und den Rost musste ich auch wieder aus dir herauswaschen. Aber schau es dir an, sieht toll aus, nicht wahr?» Ich lehne jetzt zurück und muss lächeln. Serena hört ihrem Körper gut zu und lässt mich teilhaben. «Erinnerst du dich an den Sommer in Italien, wo du dir einen Sonnenbrand geholt hast? Da war ich ganz schön gefordert, aber jetzt ist alles wieder gut, oder nicht?», zählt ihr Körper weiter auf. Serena kommt in Fahrt. Ihr Gespräch mit dem Körper tut ihr sichtlich gut. «Frag mal deinen Körper, was es bedeuten würde, wenn du dir den Corona-Virus einfangen würdest», schlage ich vor. «Ufff", stöhnt da Serena. «Also gut.» Der Körper antwortet: «Okay, den kenne ich noch nicht, diesen Virus. Aber hey, ich bin jung, gesund und stark.

Damit werde ich fertig. Du müsstest mir allerdings versprechen, dass du ein bisschen im Bett bleibst, damit ich genügend Kraft für diesen Kampf habe.» Serena erschrickt. «Also doch Kampf? Kein Spaziergang, oder?», fragt sie ängstlich zurück. «Moment", sagt der Körper. «Ich möchte dir jemand vorstellen: die Soldaten unseres Immunsystems.» Der Körper fährt harte Geschütze auf: unzählige kräftige, stramme Soldaten marschieren vor Serenas innerem Auge auf, jeder einzelne schwer bewaffnet und voller Tatendrang. «Das sind meine strammen Männer", erklärt der Körper. «Die sind oft im Einsatz. Denn ohne, dass du es merkst, dringen ständig fremde Keime in dich ein. Dann schicke ich meine Elitetruppen los, die den Feind besiegen. Ich verrate dir etwas: Je öfter die ausrücken müssen, desto stärker werden sie! Wenn du dich draußen in der Natur und an der Sonne bewegst, dann fütterst du sie gleichzeitig mit Kraftfutter. Wenn sie Keime, Viren und Bakterien bekämpfen, die du dir einverleibt, dann ist das wie Kraft- und Muskeltraining für sie. Sie werden immer stärker, je öfter sie im Einsatz sind.» Nun staunt Serena. «Dann soll ich schmutzige Oberflächen berühren? Macht es nichts, wenn ich was in den Mund stecke, was nicht ganz sauber ist?» Sie will es genau wissen. «Du kannst von mir aus auch Erde essen", lacht der Körper. «Das hast du als Baby übrigens oft getan. Mir egal, ich weiß, was zu tun ist.» Serena atmet tief ein. Ich frage nach: «Wenn du jetzt keine Handschuhe mehr hättest, kein Desinfektionsmittel, keine Seife, nichts. Wie würdest du dich fühlen, mit deinem starken Körper an deiner Seite?» Serena fühlt in sich hinein. «Hm. Schon sicherer. Aber irgendwas ist noch nicht ganz beruhigt.» «Ja, und ich weiß auch was", sage ich. «Schau dir deine Echse an.». Da sitzt sie, die kleine Echse, nagt an ihren Fingernägeln, zittert leise vor sich hin und wirkt unsicher. «Jetzt, wo dein Körper dir gezeigt hat, wozu er alles fähig ist, solltest du mit deiner Echse sprechen und sie beruhigen. Hol sie zu uns an den runden Tisch.» Es entsteht eine leise, aber eindringliche Diskussion mit ihrer Echse. «Ich weiß, dass du mein Leben schützen willst", sagt Serena zu ihr. «Aber das ist ein bisschen zu viel. Wegen dir komme ich ja zu nichts anderem, als ständig alles zu desinfizieren und zu putzen. Ich komme ich gar nicht mehr raus! Dabei möchte mein Körper frische Luft, Sonnenschein und sogar Dreck. Komm jetzt, beruhige dich.» Es dauert eine Weile, bis Serena erkennt, dass sich ihre Echse beruhigt. Nun ist es Zeit, gemeinsame Abenteuer zu erleben. Ich schicke Serena mit ihrem Körper und ihrer Echse raus in die Natur, lasse sie im Dreck wühlen, lasse sie Türen öffnen, Oberflächen berühren. Ich lasse sie alles tun, was sie sich in den letzten zwei Jahren verboten hatte. Von Minute zu Minute steigt die Freude, die Lust, alles auszuprobieren, zusammen Spaß zu haben und das Vertrauen in ihren Körper und in das Leben.

Nach knapp drei Stunden intensivem Visualisierungscoaching sind wir am Ende. Es war eine anstrengende Arbeit, es musste viel getan werden und so sind wir beide ziemlich erschöpft. Wir setzen uns an den Tisch und ich hole ein paar Kekse. Dabei beobachte ich Serena genau. Sie greift sich eines meiner Gläser, gießt sich frisches Wasser ein, schnappt sich einen Keks und steckt ihn sich in den Mund. Plötzlich hält sie inne: «Das wäre vorher überhaupt nicht möglich gewesen!»

«Gemüse ist böse!» – Angst vor bestimmten Lebensmitteln

Sonya erzählt aus der Praxis

Anita, 11 Jahre

«Anita war schon als kleines Kind sehr heikel", schreibt die Mutter im Datenblatt. «Sie wollte nie etwas Neues probieren, Früchte und Gemüse hat sie komplett verweigert. Sie hat einen ausgeprägten Geschmackssinn. Am liebsten isst sie Pasta, Fleisch und Käse. Aber ich kann sie doch nicht so einseitig ernähren, schließlich kommt sie bald in die Pubertät und der Körper benötigt Nährstoffe. Können Sie was tun?» Vermutlich schon, denke ich und freue mich auf den ersten Termin.

Anita steht da wie ein hochgeschossenes, junges Reh. Sie ist groß für ihr Alter und entsprechend vorlaut. «Wenn Sie glauben, dass ich nachher Karotten und Bananen esse, dann täuschen Sie sich aber gewaltig!», gibt sie zu Beginn lauthals bekannt. Mir ist sofort klar, dass Anita mit diesem Thema eine Angst verbindet. Aber immer langsam mit den jungen Pferden, eines nach dem anderen. «Soso", lache ich. «Weißt du, mir ist es eigentlich egal, ob du Karotten oder Bananen isst.» «Ach so?» Da ist Anita überrascht. «Ich dachte, das wäre heute Ihre Aufgabe?» «Meine Aufgabe ist es, herauszufinden, weshalb du Obst und Gemüse nicht essen magst", erkläre ich ihr. «Aber egal, was mein Ziel ist, ich brauche dich dazu. Ich möchte wissen, was dein Ziel ist.» Jetzt setzt sich Anita auf den angebotenen Stuhl. «Aha, ja, ich weiß nicht recht. Meine Mama findet, dass ich Obst und Gemüse essen sollte.» Die Mama lächelt und meint: «Ja, wie ich Ihnen schon geschrieben habe. Ich möchte einfach, dass sie gesund bleibt. Dazu gehört gesunde Ernährung.» «Damit hat deine Mama wohl recht», grinse ich. «Ich finde Gemüse einfach ekelhaft", sagt Anita, und das Wort ekelhaft zieht sie dabei in die Länge. «Wirklich eeekelhaft.» «Was passiert, wenn du etwas eklig findest?», frage ich. «Dann stecke ich mir das ganz sicher nicht in den Mund!», ruft sie aus. Mir ist klar, dass es nicht nur um Ekel, sondern auch um Angst geht. «Wollen wir mal schauen, weshalb du so viele Lebensmittel ekelhaft findest? Und was mit dir passieren würde, wenn du dir trotzdem so etwas in den Mund steckst?» «Aber ich muss hier nicht etwas essen, oder?», ruft Anita erschrocken aus. Ich weise auf den Raum: «Findest du hier irgendwo Karotten oder Bananen?» «Nein.» «Eben", lache ich.

Anita lässt sich auf die Arbeit ein und wir tauchen in ihre Vorstellungskraft ein. «Stell dir vor, du würdest in eine Karotte beißen», bitte ich sie. Anita verzieht angewidert das Gesicht, beginnt zu husten und würgen und sagt: «Pah, das ist wirklich ekelhaft!» «Du spürst also Ekel, okay», sage ich. «Dann bitte schluck die Karotte jetzt hinunter.» Jetzt sehe ich sie, diese Angst, die ich schon im Vorgespräch gespürt habe. «Das geht nicht, das geht überhaupt nicht», stammelt Anita und spukt die imaginäre Karotte aus. «Was fühlst du?» «Ich habe Angst!», ruft sie aus. «Okay, Anita. Sag mal, gehören diese Angst und der Ekel zusammen?» Anita wundert sich einen Moment über diese Frage, horcht in sich hinein und sagt: «Ja, die gehören zusammen. Komisch.» «Ja, du sagst es. Lass uns schauen, wie es dazu gekommen ist.» Wir schauen zusammen den Lebensfilm von Anita an, um herauszufinden, wann Angst und Ekel in ihr Leben getreten sind. Anita ist neugierig und arbeitet motiviert mit.

«Hier!», ruft Anita aus, während wir ihre Kleinkinderzeit unter die Lupe nehmen. «Jetzt, da, mit zwei Jahren, hier spüre ich die Angst!» Wir folgen der Angst zu ihrem Ursprung zurück und finden heraus, dass Anita hungrig ein Stück Karottenkuchen isst. Sie mag die Süßigkeit und isst entsprechend schnell. Da passiert das, was die Geburtsstunde ihrer Angst ist: Sie verschluckt sich am Kuchen. Reflexartig hustet und keucht sie, um den Fremdkörper aus ihrer Luftröhre zu entfernen und ihre Echse wird geweckt. Ihr Mensch ist in Gefahr und droht zu ersticken! Dieser Schutzreflex der Echse pflanzt den Samen der Angst vor Karotten. «Ahaaa!», kommt es von Anita. «So war das damals.» Wir suchen weiter. Kurz darauf spürt Anita den Ekel: «Ich bin drei Jahre alt und esse gerade verdorbenes Gemüse. Es riecht ganz furchtbar und ich spüre einen Würgereflex. Das ist unglaublich ekelhaft!», erzählt sie mir. In diesem Moment, verändert sich Anitas Verhältnis zu Obst und Gemüse. Entweder man erstickt daran oder es ist giftig. Bloß Hände weg davon!

«Verstehst du, was passiert ist?», frage ich Anita. «Dir sind Dinge passiert, die uns allen schon passiert sind. Man kriegt was in den falschen Hals und hustet reflexartig, um nicht daran zu ersticken. Oder man schieb sich mal was in den Mund, was verdorben ist und spukt es schnellstens wieder aus. Bei dir waren diese beiden Ereignisse kurz hintereinander und haben deine Echse geweckt. Seither hindert sie dich daran, Gemüse oder Obst zu essen. Sie glaubt, dass du dann in Gefahr bist.» Anita guckt mich erstaunt an und nickt. «Ich habe geglaubt, dass ich das Zeug einfach nicht mag.»

Wir gehen nochmals zu diesen Ereignissen zurück, verarbeiten das Erlebte und setzen uns mit der Echse an den Tisch. Ich genieße die Vorstellung, die Anita mir bietet. «Hör zu, Echse", sagt sie und krault die

Stoffechse dabei am Bauch. «Du hast da was gründlich missverstanden. Ich habe schon viel Kuchen gegessen, ohne daran zu ersticken. Damals war nicht die Karotte schuld, sondern ich selbst, weil es mir nicht schnell genug gehen konnte. Verdorbenes Gemüse muss ich nicht essen. Zudem wäre das nicht so schlimm, weil mein Körper das Gift einfach wieder ausspucken würde. Also entspann dich, ja?» Ich grinse und höre dem Vortrag zu. Die beiden diskutieren miteinander, Anita beschwichtigt und beruhigt und dann verstummen die beiden. «Okay Anita", sage ich. «Hat deine Echse verstanden, was sie zu tun hat, wenn du Gemüse oder Obst essen willst?» «Ich glaube schon", meint Anita. «Gut, dann lass uns das zusammen mal ausprobieren», sage ich. Anita öffnet ein Auge und guckt mich misstrauisch an. «Echt, jetzt?», fragt sie. «Nein, natürlich nicht. Nur in deiner Vorstellung», beschwichtige ich das Mädchen. Ich präsentiere Anita in ihrer Vorstellung eine wunderbare, knackige und frische Rohkostplatte. «Schau mal, hier gibt es frische Karotten, Tomaten, Gurke, Paprika, Apfel, Banane, Melone…», zähle ich auf. Ich beobachte Anita und sehe, wie sie bei einzelnen Gemüse- und Obstsorten etwas den Mund verzieht. Trotzdem nimmt sie mit spitzen Fingern davon und steckt sich eins nach dem anderen in den Mund. Dabei kommentiert sie: «Apfel… schmeckt süß, ist okay. Banane hat eine ganz eigenartige Konsistenz, komisch. Karotte? Hm, schmeckt komisch, aber auch süß irgendwie. Melone mag ich! Aber ganz ehrlich – Banane mag ich nicht.» «Weißt du was, Anita?», frage ich. «Ich finde es absolut nicht schlimm, dass du Banane nicht magst. Du musst nicht alles mögen! Sag mir nur eins: Hattest du Angst, in die Banane zu beißen? Oder war da ein anderes Gefühl?» Anita zögert. «Nein, Angst war da nicht. Eher das Gefühl, dass das ungewohnt ist. Aber Angst? Nöö.» Ziel erreicht.

Wir besuchen zum Abschluss noch den Kontrollraum ihrer Sinne, um ihre Geschmacksknospen auf dieses neue Abenteuer einzustellen. «Meine Geschmacksknospen sind sehr empfindlich und hoch eingestellt", erkennt Anita. «Das ist nicht nötig.» Also reguliert sie, bis sie zufrieden ist. Auch der Geruchssinn wird gedrosselt. «Was komisch oder ungewohnt riecht, ist nicht unbedingt giftig», weist Anita ihre Nase an. Derart ausgerüstet beenden wir die Sitzung. Wir holen die Mama wieder rein. Anita erzählt ihr, was wir erlebt haben, ich spüre ihre Freude und beobachte, wie erstaunt die Mutter der Schilderung folgt.

«Rot = tot» – Angst vor Blut

CLAUDIA ERZÄHLT AUS DER PRAXIS

Paul, 10 Jahre

«Paul ist ein seltsames Kind, wenn ich das so sagen darf. Im Alltag ist er wild und mutig, sehr beliebt in der Schule und im Freundeskreis. Er ist sportlich und liebt Wettbewerbe. Gleichzeitig ist er fürchterlich ängstlich, wenn es um rote Dinge geht. Nichts darf rot sein. Rot ist ein rotes Tuch für ihn. Sein Zimmer ist komplett frei von roten Dingen, aber im Garten stehen rote Rosen und andere rote Blumen. In der Schule trifft er genauso auf Rot. Da wird er fast panisch.» «Hä?», denke ich. «So was hatte ich noch nie.» Da bin ich gespannt, was mich mit Paul erwartet. Blöd nur, dass es in meiner Kinderpraxis ebenfalls rote Dinge gibt. Kurzerhand entschließe ich mich, mit Paul im anderen Raum zu arbeiten, dort, wo ich sonst mit Erwachsenen arbeite.

Nun ist er da. Komplett mit blauen Klamotten, etwas verwundert, wie er hier gelandet ist. Ich beobachte, wie seine Augen schnell und routiniert den Raum absuchen und an einem Buch mit rotem Umschlag hängen bleiben. Mist, habe ich vergessen! «Du magst rot nicht, gell?», frage ich ihn und lasse das Buch verschwinden. «Nein. Ich hasse Rot!», gibt er zur Antwort und lässt sich in den Sessel fallen. «Das kann man wohl sagen", stöhnt die Mutter, die hinter ihm in den Raum getreten ist. «Ich bin mir aber nicht sicher, ob «hassen» der richtige Ausdruck ist», fügt sie hinzu.

Ich nicke. «Paul, wie siehst du das?», frage ich ihn. Er zuckt die Schultern. «Ich ertrage Rot einfach nicht", sagt er. «Sie schmerzt in meinen Augen.» «Also, sei mal ehrlich, Paul", greift da die Mutter ein. «Das geht weit darüber hinaus, als ein bisschen Schmerz in deinen Augen. Du rennst meist panisch davon!» «Quaaatsch», entgegnet Paul und ich merke, dass ihm das Thema peinlich ist. Die Mutter verwirft die Hände und blickt mich hilfesuchend an. «Na gut, Paul", übernehme ich. «Du bist deswegen heute bei mir. Wollen wir gucken, was mit dir passiert, wenn du Rot siehst?» Ich stehe auf und hole das rote Buch aus der Schublade. «Fang!», rufe ich und werfe ihm das Buch zu. Er springt auf, das Buch fällt zu Boden. «Nein!», ruft er ängstlich aus. «Was wäre passiert, wenn du das Buch gefangen hättest?», frage ich. «Das kann ich nicht berühren, es ist rot.» «Können Sie sich vorstellen, was für ein Drama es beim Kinderarzt ist? Blutuntersuchungen? Sind vermutlich nur unter Vollnarkose möglich. Auch wenn er sich irgendwo verletzt: Kaum sieht er Rot, wird es schlimm.» Mir fällt es wie Schuppen von den Augen. «Ich glaube, du fürchtest dich gar nicht vor der Farbe", mutmaße ich. «Lass uns Detektive spielen und herausfinden, wofür diese Farbe steht.» Detektiv spielen findet Paul gut und er lässt sich auf die Sitzung ein.

Rot ist der Auslöser für Angst. Ich will wissen, was passiert, wenn Paul sich mit Rot konfrontiert sieht. «Stell dir vor, ich gäbe dir ein rotes Tuch in die Hand", sage ich. Jetzt werde ich mit einer wirklich heftigen Reaktion konfrontiert. Paul springt aus dem Sessel, reißt die Augen auf und schüttelt wild den Kopf. «Was fühlst du jetzt gerade?», frage ich. «Ich habe furchtbar Angst!», er zittert am ganzen Körper. «Ich glaube, ich sterbe.» Diese Angst spürt Paul ausgehend von seinem Herzen, sie fließt wie schnelle, dicke Ströme durch seinen ganzen Körper. Ich bin mir ziemlich sicher, dass seine Aussage genau den Kern der Sache trifft, mit Rot verbindet Paul Lebensgefahr. «Komm, setz dich zu mir", fordere ich Paul auf und wir setzen uns in die Gesprächsecke. «Du hast echt Angst vor dieser Farbe, nicht wahr? Du glaubst, dass du stirbst?» Er nickt. «Ich erkläre dir was. Du hast einen sehr mächtigen Beschützer in deinem Kopf.» Ich erkläre ihm, was es mit seinem Reptiliengehirn auf sich hat. Paul hört interessiert zu, langsam entspannt er sich und er ruft plötzlich aus: «Dann wäre das meine Echse, die an dieser Angst schuld ist, nicht wahr?» «Genau", bestätige ich ihm. «irgendwas muss passiert sein, dass deine Echse dich plötzlich vor dieser Farbe beschützen muss. Lass es uns herausfinden.»

Wir tauchen wieder in Pauls Bilderwelt ein und beobachten seine Echse. Kaum erkennt sie Rot, beginnt sie zu fauchen, um sich zu schlagen und rennt panisch davon. «Siehst du, Paul?», sage ich. «Sie gibt dir vor, was du zu tun hast.» Er nickt. «Ja, sie ist wie mein Spiegelbild», staunt er. «Lass uns ins Kino gehen und schauen, wann deine Echse zum ersten Mal so reagiert hat», sage ich und wir schauen uns den Lebensfilm von Paul an. Paul staunt, als er sieht, dass er als Kleinkind Rot sogar gemocht hat: «Ich habe ein rotes T-Shirt an und spiele mit meinem kleinen Bruder", erzählt er von seinem vierten Geburtstag. «Auf meiner Geburtstagstorte sind rote Kerzen und mir macht das überhaupt nichts aus!» Paul staunt. Wir gehen weiter. Plötzlich, im Alter von sechs Jahren, eskaliert seine Echse. «Oh ja, da bin ich im Urlaub bei meinem Cousin.» «Was war da, erzähl mal.» «Das war nicht schön. Ich bin bei meinem Cousin auf dem Bauernhof. Als wir beide am Morgen aufstehen und zum Spielen rauswollen, ist der Schlachter auf dem Hof.» Was für den Cousin von Paul zum Alltag auf dem Bauernhof gehört, war für Paul ein Bild des Grauens: Ein frisch geschlachtetes Schwein wurde ausgeblutet. Paul beobachtet diese Szene, sieht wie rotes Blut aus dem toten Tier schießt und ist schockiert. «Wir müssen das Schwein ausbluten, denn wenn alles Blut draußen ist, ist es wirklich tot», erklärt ihm sein Cousin fachmännisch. In diesem Moment entstand diese Angst vor Rot: rot wie Blut. Blut gleich Leben. Paul erkennt: «Blut gehört in den Körper, sonst sind wir tot.» Ab diesem Moment konnte Paul Rot nicht mehr ertragen. Er verknüpfte die Farbe an diesen gewaltsamen Akt auf dem Bauernhof, wo er zusehen musste, wie ein Schwein ausgeblutet wurde. Ab sofort bedeutete die Farbe Rot den Tod.

«Das Schwein musste sterben, weil es auf den Tellern der Familie landen sollte, nicht wahr?», frage ich Paul. Die Erinnerung nimmt ihn sichtlich mit. «Hat das Schwein noch gelebt, als es ausgeblutet wurde?» «Nein, es war schon tot. Es lag ganz still.» «Das war kein schöner Anblick, das glaube ich dir", sage ich zu Paul. «Du hast erkannt, dass das Schwein vorher schon tot war, als das Blut noch im Körper war – stimmts?» «Ja, das stimmt", merkt Paul. Wir haben eine Weile damit zu tun, diesen Moment zu verarbeiten, zu erkennen, dass Rot nicht den Tod bedeutet, dass sogar der Blutverlust bei einer kleineren Verletzung vom Körper ganz wunderbar ausgeglichen werden kann. Um mit der Echse zu verhandeln, redet Paul ihr gut zu und sagt: «Weißt du, früher mochte ich Rot gerne. Ich hatte sogar rote Kleidung. Rot bedeutet nicht, dass man sterben muss. Ich kann aus einer Wunde bluten und mir passiert nichts. Mein Körper weiß, was zu tun ist und macht wieder neues Blut. Du brauchst mich nicht so stark zu beschützen, wenn ich rotsehe.» Er verhandelt lange mit seiner Echse und ist erfolgreich. «Sie will eine rote Decke haben", erzählt er mir und grinst. Ich glaube, der Moment ist gekommen, wo wir diese neue Zusammenarbeit mit seiner Echse testen können: «Magst du dir vorstellen, wie du ein rotes T-Shirt anziehst?», frage ich ihn. Er taucht in diese Vorstellung ein und sagt: «Cool, Rot steht mir gut!» «Finde ich auch, Paul. Lass uns einen Schritt weitergehen. Stell dir vor, du hast dich beim Fußball verletzt und blutest nun am Knie. Wie fühlt sich das an?» Es bleibt einen Moment still. «Hm. Es tut weh. Aber ich wasche das Blut einfach ab und spiele weiter.» Paul grinst stolz. «Wow, du bist ja tapfer!», lobe ich. «Was macht deine Echse?» «Sie kümmert sich ganz lieb um mein Knie.» Paul lächelt. «Ich glaube, ich mag Rot wieder gerne.»

AUSSTIEG AUS DER ANGST

Leider kommen körperbezogene Ängste immer häufiger vor. Wir können nicht abschließend beurteilen, woran das liegt. Werden unsere Kinder heutzutage überbehütet? Manchmal scheint es so. Gerade Kinder, die ihre eigene Kraft, ihren Körper nicht ausreichend austesten und erleben dürfen, reagieren auf Krankheiten, Unfälle oder andere körperliche Herausforderungen ängstlich. Dabei ist es so, wie schon unsere Großmütter wussten: Kinder sind zäh! Ihr Körper ist jung, unverbraucht, voller Kraft und kann viel aushalten. Um solchen Ängsten möglichst vorzubeugen, raten wir dir, Kinder in der Natur toben zu lassen. Zur Kindheit gehören aufgeschürfte Knie, Beulen, Kratzer und Kinderkrankheiten. Für ihren Körper ist das nichts Außergewöhnliches, er kann damit umgehen. Ängstliche, überbesorgte Eltern, die bei einem aufgeschlagenen Knie fast in Ohnmacht fallen, schüren Ängste bei ihren Kindern. Landkinder, die sich oft in der Natur aufhalten, zeigen deutlich weniger körperbezogene

Ängste. Sie tollen im Wald, fallen von Bäumen, stecken sich die schmutzigen Finger in den Mund und schlucken Erde und sind wunderbar starke, gesunde Kinder. Ihr Immunsystem arbeitet auf Hochtouren und lernt täglich Neues dazu. Ein Wunderwerk!

Pandemiezeiten, in denen auf übertriebene Hygiene geachtet werden muss, schüren solche Ängste und Kinder verlieren ihr Vertrauen in die Kraft ihrer Körper. Eltern können dem entgegenwirken, indem sie ihren Kindern die Möglichkeit geben, den eigenen Körper kennenzulernen. Folgende Tipps helfen, Kindern das Vertrauen ins Leben und in ihren Körper zurückzugeben.

Krankheiten machen stärker

Wenn wir über Krankheiten sprechen, möchten wir ausdrücklich darauf verweisen, dass wir von alltäglichen Kinderkrankheiten sprechen. Schwere Erkrankungen wie Autoimmunerkrankungen oder Krebs sollen hier ausgeschlossen werden. Grippe, Magen-Darm-Erkrankungen, kleinere Verletzungen oder Unfälle können das Immunsystem eines Kinder herausfordern, es aber auch schulen. Es hilft, wenn du dein krankes Kind tröstest: «Gerade jetzt, wo du dich so schlecht fühlst, wird dein Körper immer schlauer. Er hat den Feind erkannt und kämpft mit allen Mitteln gegen ihn. Du musst ihm die Ruhe geben, die er dafür braucht. Freue dich: Wenn du wieder gesund bist, hast du einen viel stärkeren Körper!» Du nimmst deinem Kind die Angst, dass diese Krankheit ein schlimmer Schicksalsschlag ist und es lernt, seinem Körper zu vertrauen und auf ihn zu hören. Kleinere Verletzungen, die schmerzen und verarztet werden müssen, kannst du für eine Lektion in Körperkunde nutzen: «Schau mal, wie dein Körper gerade deine Wunde säubert. Das Blut wäscht die Keime aus und verschließt später die Wunde. Du wirst jeden Tag zusehen können, wie genial dein Körper arbeitet und diese Wunde wegzaubert. Bald wirst du davon nichts mehr sehen. Es ist wie Magie.»

Mit einer positiven, vertrauensvollen Haltung gegenüber Krankheiten und Verletzungen hilfst du deinem Kind, zu verstehen, welches Wunderwerk ihr Körper ist. Sie fassen Vertrauen zu ihrem Körper und stärken damit das Vertrauen in die eigenen Fähigkeiten.

Vielleicht hast du dein Kind in einem der oben geschilderten Fälle erkannt. Hier geben wir dir ein paar Tipps, die deinem Kind helfen können.

Angst vor Erbrechen

Emetophobie ist die Angst, sich übergeben zu müssen oder in der Nähe von jemandem zu sein, der sich übergeben muss. Dieses Problem ist weiter verbreitet, als du denkst. Bei manchen Kindern ist die Angst so stark, dass selbst das Aussprechen des Wortes oder das Aufschreiben zu viel für sie ist und ein Gefühl der Panik auslösen kann. Neben der Angst ist die Emetophobie auch stark mit dem Gefühl des Ekels verbunden. Oft ist die Vorstellung vor dem Erbrechen schlimmer als das eigentliche Erbrechen. Der erlebte Kontrollverlust über den Körper, wenn man erbricht, wird als belastend empfunden. Wir stellen fest, dass mehr Mädchen als Jungs von diesem Problem betroffen sind. Die Erfahrung aus unseren Visualisierungscoachings hat gezeigt, dass die Ursache für die Angst oft darin liegt, dass sie starke Schamgefühle ertragen mussten, wenn sie sich vor Anderen erbrochen haben.

Es ist üblich, dass Kinder eine Vermeidungsstrategie entwickeln. Sie meiden bestimmte Lebensmittel, Menschen oder Orte, die Erbrechen auslösen könnten. Sie meiden Menschen, die sich krank fühlen oder blass aussehen. Dieses Vermeidungsverhalten verstärkt die Angst auf negative Weise.

Wenn die Phobie überhandnimmt, kann sich das ganze Leben des Kindes und das Leben der Familie um dieses Problem herum entwickeln. Solche Kinder sind ständig auf der Hut, denn jeder in ihrer Umgebung könnte sich jederzeit übergeben. Wann immer sie jemanden sagen, hören „Mir ist schlecht", geraten sie in Panik.

Angst vor Erbrechen – was du tun kannst:

Wenn die Angst aktiv ist, können achtsame Atmung, progressive Muskelentspannungstechniken und natürlich Visualisierung Linderung bringen. Diese Techniken zwingen den Körper und die Atmung des Kindes, sich schnell zu beruhigen. Bei regelmäßiger Anwendung kann ein Kind lernen, Macht über seine Angst zu haben und sie zu stoppen, bevor sie überhandnimmt.

Achtsame Atmung

Leite dein Kind an, fünf Sekunden lang durch die Nase einzuatmen, den Atem drei Sekunden anzuhalten und die Luft während sieben Sekunden durch den Mund wieder auszuatmen. Diese Atmung sollte zehn- bis zwanzigmal wiederholt werden. Das vegetative Nervensystem wird beruhigt und dein Kind findet einen Weg aus der Angst.

Progressive Muskelentspannung

Weise dein Kind an, einzelne Muskelgruppen so stark anzuspannen, wie es kann. Lass es das linke Bein, den linken Arm oder die Fäuste anspannen, die Spannung für fünf Sekunden aufrechthalten und dann für zehn Sekunden entspannen. Arbeite dich durch den ganzen Körper – das

Kind kann sich schnell beruhigen und entspannen.

Gefühl in Gestalt

Wenn sich dein Kind vorstellt, dass es sich selbst oder eine andere Person in seiner Umgebung erbricht, welches Gefühl wird dann genau ausgelöst? Angst, Ekel, Panik, Kontrollverlust? Erlaube deinem Kind, diesem Gefühl ein Gesicht zu geben und es gegenüber stehen zu sehen. Sieht das Gefühl aus wie ein mürrischer Mensch oder ein seltsames Fantasiewesen? Lass dein Kind seine Fantasie nutzen, um dem Gefühl eine Gestalt zu geben. Sobald ein sonst nicht greifbares Gefühl Gestalt annimmt, hat dein Kind Handlungsmöglichkeiten. Es soll sich vorstellen, wie es dieser Gestalt gegenübersteht und ihm mal kurz die Meinung geigen: «Ich mag dich nicht! Du bist nicht mein Chef und hast nicht über mich zu bestimmen. Es ist gerade umgekehrt, ich bin hier der Boss! Ich befehle dir, dorthin zurückgehen, wo du hergekommen bist. Also troll dich!» Ermuntere dein Kind, mit dem unerwünschten Gefühl zu schimpfen, laut zu werden und bestimmt aufzutreten. Das Gehirn hört zu und wird auf die Worte reagieren. Wann immer die negativen Gefühle auftauchen, lass dein Kind den Satz wiederholt laut wiederholen.

Angst vor Lebensmitteln

Angst oder Ekel, dies sind die beiden häufigsten, grundlegenden Gefühle, die uns unsere Klienten in Sitzungen genannt haben. Oft war es ein Erlebnis, welches die Angst ausgelöst hat. Kann sein, dass ein Bissen im Hals steckengeblieben ist, dass man sich verschluckt hat oder dass ein unbekannter, starker Geschmack Unsicherheit ausgelöst hat. Auch Lebensmittelunverträglichkeiten, die Unwohlsein ausgelöst haben, verdorbene

Lebensmittel, die mit Erbrechen verbunden waren oder eine neuartige, unbekannte Konsistenz eines Lebensmittels kann die Ursache sein.

Im Visualisierungscoaching stoßen wir immer wieder auf das Phänomen, dass der Geschmacks- und Geruchssinn ausgeprägter als bei anderen Kindern ist. In dieser Hinsicht kann eine Überempfindlichkeit auch eine Schutzreaktion des Körpers auslösen: Was so stark riecht, könnte giftig sein.

Angst vor Lebensmitteln – was du tun kannst

Sinnesorgane regulieren

Wenn du denkst, dass dein Kind überempfindliche Sinnesorgane hat, dann kann folgende Visualisierungsübung helfen.

Leite dein Kind an, in seinem Kopf nach dem «Sinnesraum» zu suchen. Erkläre ihm, dass es ein Zimmer ist, in dem alle Sinnesorgane, also Augen, Ohren, Nase, Mund und Haut abgebildet sind und reguliert werden können. Lass dein Kind diesen Raum betreten und nachschauen, wie seine Sinne reguliert werden müssen. Ist hier was zu stark, zu schwach oder gerade richtig eingestellt? Findet dein Kind Handlungsbedarf, lass es sich vorstellen, wie es beispielsweise seinen Geschmackssinn von 200% auf 100% zurückdreht. Diese Übung sollte einige Male wiederholt werden, insbesondere vor dem Essen.

Geschmacksknospen-Training

Wie sagte schon Oma, wenn ein Kind am Tisch Gemüse nicht essen wollte? Sie klatschte einen Löffel davon auf den Teller und beschied: «Probieren musst du.» Tatsächlich muss ein kindlicher Körper sich erst an alle Geschmacksrichtungen gewöhnen. Es ist nicht verwunderlich, wenn Kleinkinder sich mit dem Geschmack von Gemüsen und Früchten schwertun. Die Geschmacksknospen machen eine neue Erfahrung, an die sie sich gewöhnen müssen. Man schätzt, dass neue Geschmacksrichtungen fünfmal probiert werden müssen, bevor entschieden werden kann, ob dieser Geschmack nun lecker oder eben eklig ist.

Die Ampel

Erstelle mit deinem Kind eine Liste mit allen unbeliebten Lebensmitteln und ordne sie in drei Kategorien: rot für stark gefürchtete Lebensmittel, gelb für mittel gefürchtete Lebensmittel und grün für Lebensmittel, die keine starken Gefühle auslösen. Jedes Lebensmittel bekommt nun fünf Chancen. Wählt täglich ein Lebensmittel aus der Liste aus, welches heute eine Chance erhält. Erst, wenn ein Lebensmittel fünfmal nicht überzeugen konnte, kann das Kind davon ausgehen, dass es den Geschmack tatsächlich nicht mag. Durch diese fünf Versuche haben die Geschmacksknospen die Chance, sich an den neuen Geschmack zu gewöhnen und dieses Lebensmittel als genießbar zu identifizieren.

Angst vor Krankheiten

Die Angst krank zu werden oder zu erkranken, kann sehr einschränkend sein. Keime und Bakterien sind allgegenwärtig. In die Schule zu gehen, einzukaufen oder öffentliche Verkehrsmittel zu benutzen kann bedrohlich wirken. Aus Angst vor Krankheiten entwickeln Kinder oft einen Zwang zum Händewaschen, übertriebener Hygiene und Vermeidungsstrategien, um zu verhindern, dass unerwünschte Besucher in ihren Körper gelangen.

Während einer Sitzung stellen wir häufig fest, dass das zugrunde liegende Gefühl in Wirklichkeit die Angst vor dem Sterben ist. Die Angst, krank zu werden, ist oft nur eine Folge der Angst vor dem Sterben. Es ist wichtig, sich das vor Augen zu halten, damit das richtige Gefühl angesprochen und bearbeitet werden kann.

Übermäßig beschützende Eltern, die alles desinfizieren und versuchen, ihr Kind vor jeder Form von Keimen zu schützen, schüren diese Ängste zusätzlich. Kinder verstehen dadurch, dass ihr Körper für dieses Leben mit seinen Herausforderungen zu schwach ist. Hinterfrage in einem solche Falle immer auch deine Handlungsstrategien zuhause.

Angst vor Krankheiten – was du tun kannst

Kinder, die sich ständig davor fürchten, krank zu werden, benötigen eine gesunde und vertrauensvolle Haltung gegenüber ihrem Körper. Hier ist eine einfache, aber sehr effektive Visualisierungsübung:

Reise durch den Körper

Leite dein Kind an, die Augen zu schließen. «Setz dich an den runden Tisch und stell dir vor, dass dein Körper sich dir gegenübersetzt. Schau ihn dir an. Siehst du, wie stark und gesund er dasitzt? Frage ihn, was passieren würde, wenn du krank wirst.» Lass dein Kind mit seinem Körper sprechen und greife ein, falls es nötig ist. Dein Kind soll von seinem Körper erfahren, wie stark und klug er ist, wie gezielt und gekonnt er auf Eindringlinge losgeht, wie groß und stark seine Armee von Gesundheitssoldaten ist und was er täglich für Reparaturarbeiten ausführt. Du kennst den Körper deines Kindes gut genug und kannst auf dieses Wissen zurückgreifen, indem du das Wort für den Körper ergreifst: «Erinnerst du dich an diesen tiefen Kratzer deiner Katze quer über deinen Arm? Na? Habe ich den Kratzer repariert oder nicht?» Auch eine U-Boot-Fahrt durch den Körper, bei der dein Kind zusehen kann, wie der Magen die Speisen zerkleinert, der Darm genau weiß, was raus muss und was drin bleiben kann, das Herz wie ein Schweizer Uhrwerk tickt, das Gehirn seine Fühler nach Wissen ausstreckt, die kleine Echse im Hinterkopf genau aufpasst, dass alles richtig läuft, sorgt für neues Vertrauen zu diesem Wunderwerk Körper.

Solche Gespräche und Reisen mit und durch den Körper ermöglichen deinem Kind, sich selbst besser zu erfahren, zu verstehen und Vertrauen aufzubauen.

Angst vor Blut

Hämophobie ist eine extreme Angst davor, das eigene Blut oder das Blut anderer zu sehen. Meistens beginnt sie in der Kindheit und wird oft durch ein traumatisches Ereignis ausgelöst, bei dem Blut im Spiel war. Auch Szenen im Fernsehen oder in einem Buch können diese Angst auslösen. Bis zu 80% der Menschen mit Hämophobie haben eine vasovagale Reaktion, wenn sie Blut sehen. Panik, Angst und Stress führen dazu, dass der Blutdruck sinkt und der Herzschlag sich verlangsamt, was wiederum zu Ohnmacht führt. Natürlich ist es möglich, wie bei jeder anderen Angst auch, dass ein Kind die Angst von einer seiner Bezugspersonen gelernt hat. Wenn die Mama jedes Mal fast in Ohnmacht fällt und hysterisch reagiert, wenn sie das aufgeschürfte Knie ihres Kindes verarzten soll, dann wundert es nicht, wenn das Kind später genauso reagiert. Denn – wie schon erwähnt – die Eltern haben immer recht. Genieße das noch, in der Pubertät ist es umgekehrt.

Angst vor Blut – was du tun kannst

Kognitive Verhaltenstherapie und Visualisierungsübungen bieten die effektivste Erleichterung im Umgang mit diesem Problem. Es gibt eine Visualisierungsübung, die wir oft in unseren Sitzungen verwenden und die sich bewährt hat.

Das rote Blut löst bei vielen Menschen schnell Aufmerksamkeit aus. Wer hinfällt, ohne zu bluten, wird meist ignoriert. Sobald Blut fließt, wird interveniert. Das heißt, dass das rote Blut eine medizinische Intervention nötig macht und dies kann Ängste schüren. Hier scheint eine Verletzung zu sein, das Blut muss gestoppt werden, sonst droht Todesgefahr. Selbst bei Menschen ohne Phobie löst der Anblick von Blut Dringlichkeit und sogar Angst aus. Im Visualisierungscoaching zu diesem Thema hilft eine Visualisierungsübung weiter:

Farbenwechsel

Lass dein Kind an einen Moment denken, wo es Blut sieht. Das muss nichts Schreckliches sein, etwas Nasenbluten oder ein kleiner Katzenkratzer reicht schon aus. Dein Kind soll sich die Verletzung anschauen und sich dabei vorstellen, dass das austretende Blut nicht mehr rot, sondern weiß ist. Diese Übung kann es mit verschiedenen Szenen wiederholen, so lange, bis es ihm schnell gelingt, das austretende Blut weiß zu sehen. Dieser Farbwechsel nimmt der Situation den dringlichen Schrecken und die Angst verflüchtigt sich.

Dieses und jenes zum Abschluss

Wir haben dich vorgewarnt: Es gibt so viele, unterschiedliche Ängste, dass wir ihnen in einem Buch gar nicht gerecht werden können. Wir werden in unserem Praxisalltag mit so unterschiedlichen, spannenden Anliegen konfrontiert, dass wir uns hier, in diesem Buch, nur mit den gängigsten Ängsten beschäftigen konnten. Wie du vielleicht gespürt hast, benötigt es oft echte Detektivarbeit, um der ursprünglichen Angst oder dem auslösenden Ereignis auf die Spur zu kommen. Darauf sind unsere eigenen Spürnasen getrimmt! Wir möchten dir zum Schluss dieses Buches drei wichtige Dinge mitgeben, die uns in der Praxis immer wieder begegnen.

Der sekundäre Krankheitsgewinn

Manchmal bleibt uns nichts anderes übrig, als nach einem Vorgespräch die geplante Sitzung abzubrechen. Der Grund dafür ist meist ein sekundärer Krankheitsgewinn. Ein Gewinn, den ein Kind aus seiner Angst zieht. Beispiel: Wenn ein Kind nur bei den Eltern im Bett schlafen kann, weil es nachts so große Angst vor der Dunkelheit hat, dann besteht die Möglichkeit, dass es diese Angst nicht loswerden will. Warum? Weil es weiß, dass es wieder alleine im eigenen Bett schlafen muss, wenn es die Angst besiegt hat. Dabei ist es in der Kuhle zwischen Mama und Papa doch so schön! Das Kind befürchtet den Verlust des Privilegs, bei Mama und Papa zu schlafen. Wenn wir in der Praxis in solchen Fällen sehr oft eine pragmatische Lösung finden, um den sekundären Krankheitsgewinn auszutricksen, gibt es dennoch Fälle, die den Abbruch der Zusammenarbeit rechtfertigen.

Vielleicht lachst du jetzt, weil du genauso ein Kind zuhause hast? Vielleicht magst du einen unserer Tipps gegen die Angst auszuprobieren, deinem Kind aber trotzdem die Türe offenzuhalten: «Du darfst deine Angst besiegen und trotzdem noch so lange bei uns schlafen, wie du das möchtest.» So gibst du deinem Kind die Möglichkeit, sich ernsthaft um seine Angst zu kümmern, ohne die Angst zu haben, das gemütliche Nest zwischen Mama und Papa zu verlieren.

Die Angst, eine Angst zu spüren

Wer sich ganz schrecklich vor etwas fürchtet, entwickelt oft eine Angst vor dieser Angst. Eine Negativspirale, die kontinuierlich nach unten führt. Im Sinne von: «Wenn ich jetzt in den Wald gehe und dort Ameisen sehe, werde ich fürchterliche Angst haben. Ich habe also Angst davor, in den Wald zu gehen, weil ich dort Ameisen begegnen könnte.» Du spürst, in dieser Angst liegt eine enorme Blockade, eine die Menschen daran hindert, Dinge zu tun, die sie eigentlich gerne tun würden. Es hilft nicht, die Angst vor der Angst zu beseitigen, im Sinne von: «Ich konfrontiere mich jetzt trotzdem mit dem Wald und den Ameisen.» Erst mal muss die Angst vor Ameisen aufgearbeitet werden, bevor man daran gehen kann, diese gedankliche Blockade zu entfernen. Nebenbei bemerkt: Ist die Angst vor Ameisen besiegt, wird sich die Angst vor dem Waldspaziergang von selbst verziehen. Es ist wichtig, solche Angst-Konstrukte zu erkennen, denn oft kommen Klienten zu uns und legen uns die sekundäre Angst vor die Füße: «Ich habe Angst vor Waldspaziergängen.» Unsere Fragen zielen immer darauf ab: «Was könnte dir im Wald passieren?» «Was würde passieren, wenn du in den Wald gehst?» Bis wir die wahre Ursache für diese Blockade gefunden haben. Vielleicht leidest du selbst unter einer solchen Blockade, dann frag dich, was dir passieren könnte, wenn du es trotzdem tust. Welche Angst zeigt sich nun?

Besondere Ängste

Angst vor Knöpfen, von Enten beobachtet zu werden oder vor Salatgurken – es sind wirklich unendliche Listen, die wir hier aufzählen könnten. Selbst wenn gewisse Ängste einem ein Lächeln entlocken, sie sollten ernst genommen werden. Jede blockierende Angst hat einen Ursprung. Diesen zu finden ist unsere Spezialität. Besonders merkwürdige Ängste einfach wegzuwischen mit der Bemerkung: «Was soll dir ein Knopf schon Böses wollen?» führt in die falsche Richtung. Sie verstärkt im schlimmsten Falle die Angst noch. Wir können dir nicht verallgemeinert sagen, was die Ursache für solche Ängste sind. Meist sind es Ereignisse im frühen Kindesalter, einem Alter, wo rationales, logisches Denken noch nicht schlüssig möglich ist und das Kind auf seine Emotionen zurückgeworfen wird. Wenn wir mit Erwachsenen an solchen Ängsten arbeiten, dann erkennen sie beim Erleben des damaligen Auslösers meistens, dass diese Erinnerung im heutigen Leben nicht mehr relevant ist. Diese Erkenntnis reicht oft aus, um eine Angst als irrelevant einzustufen und sie so loslassen zu können. Oder die Erinnerung führt zu einem anderen Punkt im Leben, der besonderer Aufmerksamkeit bedarf. Oft finden wir gerade bei Erwachsenen bei der Arbeit mit Ängsten Themen, die der dringenden Verarbeitung bedürfen. So ist die Arbeit mit Ängsten immer spannend und ursachenorientiert.

Zu guter Letzt ein Aufruf an dich als Mama oder Papa: Mach dein Kind stark fürs Leben!

Denke daran, dass dein Kind deine Ängste, bösen Ahnungen, Vorbehalten und Nöte spürt. Was für dich als wichtigste Bezugsperson des Kindes schwer wiegt, wiegt auch für dein Kind schwer. Es orientiert sich an dir, viel stärker, als du glaubst. Wo in den Ängsten deines Kindes steckt deine eigene Angst? Wenn du darüber nachdenkst und spürst, dass es bei dir Ängste gibt, dann solltest du diese anpacken. Vielleicht ist es deine eigene Verlustangst, die dich veranlasst, dein Kind in Watte zu packen und sorgsam zu beschützen? Vielleicht ist es deine eigene Trennungsangst, die dein Kind dazu treibt, nicht in die Schule zu gehen? Wo sind deine Anteile in den Ängsten deines Kindes? Was wir hier so provokativ fragen, ist in unserer täglichen Arbeit immer wieder der Grund für übermäßige Ängste unserer kleinen Klientinnen und Klienten. Wenn du ein starkes, mutiges Kind auf sein Leben vorbereiten möchtest, solltest du bei dir selbst anfangen. Stell dich deinen eigenen Ängsten, werde stärker und gib diese Kraft und diesen Mut an dein Kind weiter.

Lehre dein Kind, dass das Leben immer wieder neue Herausforderungen bereithält, die es aus eigener Widerstandskraft, eigenem Mut und echtem Vertrauen ins Leben meistern wird. Wir wünschen dir viel Freude, Mut und Vertrauen dabei!

Zum Schluss bleibt unser Dank an unsere großen und kleinen Klientinnen und Klienten, die uns tagtäglich voller Vertrauen, Tatkraft und

Mut in unserer Praxis besuchen. Dank dafür, dass wir ihre Geschichte erzählen durften und so vielleicht etwas Hoffnung in Familien bringen konnten. Ihr seid die wahren Helden!

Eure
Sonya & Claudia